청소년지도방법론

청소년 지도방법론

Youth Guidance Methodology

김동일
박경원
천은영
유승창
강동주
전대성
고경자
오현숙
공저

동문사

PREFACE

머리말

현대 사회는 그 어느 때보다 미래를 예측하기 힘들 정도로 빠르게 반응하고 변화되는 시대이다. 우리의 미래를 이끌어갈 주역인 청소년 역시 이러한 시대의 한 가운데에서 살고 있다. 그들은 무한한 가능성과 잠재력을 지니고 있기에 이를 발휘할 수 있는 환경과 지원이 주어진다면, 충분히 자신의 길을 개척해 나갈 수 있을 것이다. 그러나 현대 사회는 청소년들이 맞닥뜨리는 다양한 갈등과 문제 등의 어려움이 많아지고 있는 복잡한 시대이다. 급변하는 사회 구조, 기술의 발달, 정보 과부하, 그리고 다양한 사회적 갈등과 문화적 변화는 청소년들에게 새로운 기회와 함께 어려움을 제공하고 있다. 이러한 환경 속에서 청소년들을 효과적으로 지도하고 지원하는 방법론은 그 어느 때보다 중요하다.

이 교재는 청소년지도에 관심을 가지고 있는 현장 지도자, 교육자, 사회복지사, 부모, 그리고 청소년과의 상호작용을 통해 그들의 성장을 돕고자 하는 모든 분들을 위한 실질적이고 체계적인 지침서로 기획되었다. 이 책에서는 청소년들의 발달 특성을 깊이 이해하고, 그들이 처한 환경적, 심리적, 사회적 맥락을 고려하여 적절한 지도 방법을 설계하고 적용하는 데 필요한 이론과 실제를 다루고자 한다.

특히, 이 교재는 다음과 같은 세 가지 핵심 목표를 중심으로 구성되었다. 첫째, 청소년 발달에 대한 심리학적, 사회학적 이론을 바탕으로 그들의 특성과 요구를 이해할 수 있도록 돕는다. 둘째, 다양한 지도 기법과 전략을 체계적으로 제시하여 청소년들과 효과적으로 소통하고 협력할 수 있는 방법을 제안하였다. 셋째, 현장에서 실제로 적용할 수 있는 프로그램과 활동을 포함하여 실질적인 도움을 제공하고자 한다. 이 모든 내용을 통해 독자들은 청소년 지도에 대한 통찰력과 자신감을 얻을 수 있을 것이다.

청소년 지도는 단순히 지식을 전달하거나 행동을 교정하는 것을 넘어, 그들의 삶에 진정한 변화를 이끌어내는 일이라고 할 수 있다. 이는 곧 청소년 개개인의 성장과 함께 사회 전체의 건강한 발전을 도모하는 일이기도 하다. 그러므로 청소년 지도에 대한 연구와 실천은 단기적인 효과를 넘어 장기적인 관점에서 접근해야 하며, 이를 위해 꾸준한 학습과 성찰이 요구된다.

이 책이 청소년 지도 현장에서 일하는 모든 분에게 실질적인 길잡이가 되고, 나아가 청소년들과 함께 더 나은 미래를 만들어가는 데 조금이나마 기여할 수 있기를 바라며, 이 교재를 통해 청소년 지도에 대한 이해와 실천이 더욱 깊어지고 확장되기를 기대한다.

끝으로, 이 교재가 나오기까지 도움을 주신 모든 분에게 진심으로 감사드리며, 독자 여러분의 현장에서 이 책이 빛을 발할 수 있기를 간절히 바라고, 여러분의 귀중한 피드백을 통해 앞으로 더 나은 내용을 담아낼 수 있기를 희망한다.

2025년 2월

저자 일동

CONTENTS

차 례

01

Chapter

청소년지도의 이해

1. 청소년지도의 의미

1) 청소년지도의 개념

청소년지도(Youth Guidance & Development)는 청소년과 관련된 자원봉사활동, 상담, 교류활동, 보호활동, 치료활동, 교도활동, 선도활동, 육성활동을 학생생활지도, 진로지도, 학업지도 등과 같이 사용하였지만, 최근에는 청소년지도라는 독립된 분야로 정의되고 있다. 청소년지도라는 사회적 행위는 사회적 운동 차원을 뛰어넘어 하나의 학문영역으로 발전하게 되었다. 하지만 청소년지도라는 정의가 합의된 것이 아니다 보니 학자들에 따라 다음과 같이 다양하게 정의되고 있다(김영인 외, 2017).

청소년지도는 청소년들에게 포괄적인 삶의 경험을 제공해서 그들 나름대로 삶을 즐기고 영위해 나가게 함으로써 성인이 되어가는 그들의 노력을 적극적으로 지원해주는 것이다(문용린, 1997). 또한 학교 교육에 있어서 교사가 수행하는 역할을 의미하는 교수(敎授, teaching or instruction)에 대응하는 개념으로서 청소년 육성의 영역에서 그 내용과 관련한 구체적 상황에서 청소년들을 지원함으로써 그들의 도덕적 능력을 함양하고자 하는 활동을 말하며 보다 좁은 의미로는 일정한 자격과 능력을 가진 청소년지도사가 청소년 수련을 지원하는 활동을 뜻한다(오치선 외, 2001). 이뿐만 아니라 청소년지도는 청소년들이 그들의 생활 세계에서 직면한 여러 가지 문제(교육적, 가정적, 사회적, 직업적, 신체적, 정서적 문제)를 해결할 수 있도록 적극적으로 개입하고 지원하며, 청소년들의 잠재력(인지적, 사회적, 정서적, 신체적 영역)이 바람직하고, 건전하며, 온전한 상태로 성장할 수 있도록 조력하고 지원하는 조직적인 일련의 과정이다(김진화, 2004). 또 청소년지도란 근대 이후 등장한 사회적 개념인 청소년을 대상으로 전문적인 지도자가 청소년들의 건강한 발달을 지원하기 위해 적극적으로 개입하기 위한 조직적이고 구체적인 행위활동

(천정웅 외, 2011), 한상철은 전문 지도사(guide or mentor)가 청소년을 지도하는 행위 또는 과정으로서 상담의 의미를 내포하고 있으며 청소년들로 하여금 자기 주도적 능력을 갖도록 환경을 조성하고 안내하고 지원하는 일련의 조력 활동이라고 하였다(한상철, 2014). 배규한 등은 청소년의 긍정적인 잠재적 역량을 최대한으로 계발하여 인간적 성장과 시민적 역량 강화를 도모하는 체계적이고 의도적인 청소년지도자의 안내 활동이다. 이를 소극적인 차원과 적극적인 차원에서 생각해 볼 수 있다. 소극적 차원에서 청소년지도는 청소년 문제의 발생을 예방하고 위험 요인으로부터 보호하는 활동이라고 한다면, 적극적 차원에서는 청소년을 긍정적으로 보고 청소년의 역량을 계발하고 강화하려는 활동이라고 할 수 있다(배규한 외, 2014). 광의적 의미에서 청소년의 긍정적인 성장과 발전을 위한 다양한 조력 활동인 반면 협의적 의미에서 보다 전문적인 청소년지도 인력에 의해 이루어지는 활동을 강조한다(이미리 외, 2014).

이처럼 청소년지도에 대한 학자들 정의의 공통점을 살펴보면 다음과 같다(오윤선 외, 2024; 김창현, 2023; 김영인 외, 2017; 성준열 외, 2016; 김진화, 2004).

첫째, 청소년지도는 일정한 목적지향과 가치함축성을 지닌다. 청소년지도는 몰가치적이거나 자유방임적인 것이 아니라 바람직하고 온전한 상태로서의 성장과 발달 그리고 주체적이고 자율적인 인격체로서 역량강화를 지원하는 목적지향적인 활동이다.

둘째, 청소년지도의 실제적인 지도 활동 내용을 담고 있다. 청소년활동을 지원하고 안내하는 과정이지 어떤 이념이나 가치, 내용을 처방적으로 지시하거나 주입하는 것이 아니다. 때때로 청소년지도는 문제청소년을 대상으로 하는 대중적 처방 혹은 강제적 구속성을 갖는 지시적 행위 등을 포함할 수는 있다. 하지만 청소년지도의 원뜻은 형태와 내용에 있어 청소년의 바람직한 성장과 발달을 위한 조력활동이란 개념에서 자유로울 수 없다. 휴먼서비스에 있어서 조력은 일종의 따뜻한 개입(warm intervention)을 말한다. 인간의 발달과정에서 타인이 지원하는 조력활동인 개입의 주체는 내가 아닌 타인이지만, 의사결정의 주체는 자기임을 전제하는 용어가 바로 개입이다. 따라서 청소년지도의 개입 주체는 지도자이지만, 그로 인한 자기 결정 행위의 주체는 바로 청소년이다. 따라서 청소년지도는 청소년이란 대상 집단이 지도활동 전반에 있어 뚜렷한 결정 주체임을 보여주는 용어이다.

셋째, 청소년지도의 주체와 객체를 포함하고 있다. 청소년지도의 개입 주체는 전문적 능력과 경험을 갖추고 있는 청소년지도사, 청소년상담사, 사회복지사를 의미하고 객체는 당연히 청소년이다. 하지만 여기서 청소년은 수동적이며 일방적인 수혜자가 아닌 자기 의사결정의 주체이자 청소년지도자와 수평적이고 유기적인 상호작용 관계를 맺고 변화를 일으키는 동력으로서의 의미를 지닌다.

넷째, 청소년지도의 장소적 속성에 관한 것이다. 과거 학교라는 형식적 교육시설이 이루어지는 교육과정은 청소년활동이라 할 수 없으며 학교 외 교육 장면(out of school education)의 활동으로 제한하였지만, 최근 학교교육의 일부에서 청소년 전문 지도인력의 활동기회가 확대되면서 장소적 속성에 따른 경계가 모호해지고 있다. 창의적 체험활동, Wee클래스, 방과후 특기적성 활동 등 학교 내에서 지역의 다양한 기관과의 연계 협력을 통해 청소년지도사나 청소년상담사의 지도가 이루어지고 있다. 따라서 청소년지도의 장소를 굳이 학교를 제외한 그 밖의 시설 등으로 한정하지 않고 청소년을 대상으로 이루어지는 모든 지원 활동으로 확대되고 있다.

위와 같이 청소년지도의 개념을 종합하여 정의하면, “청소년지도는 전문성을 인준받은 청소년지도자가 신체적, 인지적, 도덕적, 심리적, 정서적, 사회적, 영적 문제에 직면한 청소년에게 청소년지도 원리와 실제를 활용하여 청소년의 의미 있는 변화와 성숙에 이르며 전인적 인간으로 성장할 수 있도록 청소년 활동 프로그램을 중심으로 지속적이고 체계적인 안내 · 지원 활동”이라고 할 수 있다.

2) 청소년지도의 유사개념

(1) 청소년교육

청소년교육(youth education)이란 청소년을 대상으로 하는 모든 형태의 교육을 의미한다. 즉, 청소년을 대상으로 하는 형식교육, 비형식교육, 무형식학습을 청소년교육이라 할 수 있다. 따라서 청소년교육은 학교 교육과정 외에 청소년을 대상으로 학교 내외에서 이루어지는 다양한 형태의 교육활동을 의미한다. 다시 말해 학교에서 재학하고 있는 청소년을 대상으로 하는 학교 안팎에서 이루어지는 정규교육 이외의 교육활동도 청소년교육이고, 학교에서 재학하고 있지 않은 청소년을 대상으로 이루어지는 다양한 형태의 교육도 청소년교육이다(양홍권, 2017).

청소년교육은 청소년기로부터 사회경제적으로 독립하여 한 가정을 부양할 수 있는 능력을 가지고 성인의 역할을 수행할 수 있을 때까지 계속되는 교육을 말한다. 청소년을 대상으로 하는 교육의 형태는 가정교육, 학교교육, 지역사회교육 등의 세 가지 교육적 형태가 각 청소년교육의 담당을 고려하여 포괄하는 개념을 담고 있다(이복희 외, 2018). 또한 청소년에게 정규학교 교육과정 이외의 내용을 학습하도록 하는 체계적인 교육활동이다(권이종 외, 2001). 이러한 개념은 청소년을 학교교육의 주된 학습자로 이해할 것이 아니라, 평생교육 차원에서도 여전히 중요한 학습대상임을 시사하고 있다. 평생교육 관점에서 전인적인 발달을 할 청소년으로서 선호하는 교육 경험 제공에 주목한다고 볼 수 있다. 학교교육뿐만 아니라 학교 외의 장소에서 참여할 수 있는 인성교육, 체험교육, 수련활동 등 다양한 방면에서 조화롭게 성장할 수 있도록 돕기 위해서 교육활동이 일상생활의 여러 영역에서 균형적으로 벌어질 수 있음을 의미한다. 청소년교육의 구체적인 실천은 체험활동, 자연관찰, 노자교육 등과 같은 제도권의 일반적인 학교교육에서 충분히 다루기 어려운 경험들을 청소년에게 제공하려는 대안교육에서 찾아볼 수 있다(김한별, 2019).

한편 청소년교육을 평생교육의 일부라는 의미로 해석되기도 한다. 「평생교육법」 제2조에 따라 평생교육을 학교의 정규교육과정을 제외한 학력보완교육, 성인 문해교육, 직업능력 향상교육, 성인 진로개발역량 향상교육, 인문교양교육, 문화예술교육, 시민참여교육 등을 포함하는 모든 형태의 조직적인 교육활동을 말한다. 즉, 학교교육의 정규교육과정을 제외하고 평생교육활동에서 나타나는 조직적인 교육인 비형식적(non-formal) 교육을 평생교육으로 정의하고 있다. 그러나 평생교육에서 말하는 청소년교육의 의미는 청소년지도가 추구하는 이상과 목표, 내용과 방법 등에서 근본적인 차이가 있다. 비형식교육을 청소년지도로 이해할 경우 형식적 기준을 어디에 둘 것인가에 따라 무형식교육까지 청소년지도에 포함되는 등 청소년지도의 경계가 달라질 수 있다. 또한 평생교육을 교육장소에 초점을 맞추어 학교 밖에서 이루어지는 교육활동(out-door education)으로 정의하기도 한다. 이러한 의미에서 학교가 교내에서 실시하는 학생 이외의 대상자를 위한 교육활동을 어떻게 볼 것인가 하는 문제뿐만 아니라 학교 밖에서 이루어지는 학원교육이나 각종 사설 강습도 청소년지도에 포함되는 문제가 생긴다. 그러므로 청소년지도와 청소년교육은 청소년의 전인적인 성장을 돕기 위한 활동으로 유사한 개념으로 볼 수 있으나 구체적인 목표, 내용, 방법 등에 있어서 별도의 개념으로 이해해야 한다(오윤선 외, 2024).

(2) 청소년개발

청소년개발(youth development)이란 청소년의 잠재능력을 보다 바람직한 방향으로 성장시키고 개발하는 일련의 적극적인 과정으로 정의할 수 있다(Pittman, 1996). 1990년대 이후 청소년을 사회의 문화적 · 경제적 자원인 동시에 성인과 함께 사회변화를 이끌어 가는 적극적이고 긍정적인 존재로 인식해야 한다는 개념이다.

과거 청소년에 대해 문제 중심적 접근(problem-based approach)으로 바라봤다면, 오늘날에는 청소년의 잠재력과 가능성을 강조하는 강점 중심적 접근(strengthfocuses approach)으로 변화하고 있다. 문제중심 접근법은 청소년을 부정적이고 수동적인 존재로 보며 이들을 위험 요인으로부터 보호하고 격리함으로써 청소년문제와 비행 발생을 억제하는 데 중점을 두는 반면, 강점중심적 접근법은 청소년을 성인과 함께 사회 발전을 견인해 내는 능동적이고 주체적인 존재로 인식하고 적극적인 입장에서 지도한다. 최근 청소년개발은 인적자원에 대한 교육, 훈련, 육성, 역량개발, 경력관리 및 개발 등을 관리하는 체계를 만들어 가는 인적자원개발(Human Resources Development, HRD)의 개념과 관련하여 강조되고 있다.

| 표 1-1 | 문제 중심적 접근과 강점 중심적 접근의 비교

문제 중심적 접근	강점 중심적 접근
• 청소년의 문제, 일탈, 결점 등 부정적인 것들에 초점을 둠	• 청소년의 잠재력, 아이디어, 장점 등 긍정적인 것들에 초점을 둠
• 청소년을 객체, 대상으로 봄	• 청소년을 주체, 행위자로 봄
• 보호와 격리, 지적과 처방, 문제에 대한 수동적인 반응, 단기적인 개입을 중시함	• 지역사회 현안에 대한 참여와 역할 부여, 격려와 칭찬 미래 지향적인 전향성, 장기적인 지원을 중시함
• 청소년을 성인, 가족, 이웃, 학교, 지역사회 등의 사회적 맥락과 분리하여 고려함	• 성인, 가족, 이웃, 학교, 지역사회 등의 사회적 맥락과 청소년의 유기적 연관성을 고려함
• 청소년 시설, 단체 등의 활동이 고립 또는 경쟁적인 것이 되게 함	• 청소년 시설, 단체 등의 활동이 협동적인 것이 되게 함
• 청소년 지도의 성공을 청소년 문제의 감소로 측정함	• 청소년 지도의 성공을 긍정적인 행동·태도·기능의 향상으로 측정함
• 전문가의 전문성과 지도에 주로 의존함	• 전문가, 지역사회 인사 등 사회구성원에게 적절한 지도 역할을 부여함

출처: 김영인 외. (2017). 청소년 지도방법론. 서울: 창지사.

(3) 청소년수련

수련활동(discipline activities)은 청소년의 자율적인 체험활동을 통해 행동 변화와 잠재력 개발, 공동체의식 함양 등이 생기도록 노력하며, 모험적이고 극기적이며 자연친화적인 방법을 포함하고 있는 수련중심의 기술적 활동을 의미한다.

청소년지도는 이러한 성격을 지닌 청소년 캠프나 야영, 스카우트 활동과 농촌 4-H(Head, Heart, Hands, Health) 활동과 같은 수련활동을 통해 발전해 왔다. 청소년 수련과 청소년지도는 불가분리의 관계이며 상호보완적 관계에 있는 것이다. 청소년수련 활동이 청소년에 의한 자율적인 체험활동이라고 하더라도 체험이 이루어질 수 있는 환경과 여건을 조성해 주어야 하며, 또 그들의 체험활동이 의미 있고 가치 있는 방향으로 전개될 수 있도록 프로그램화되어야 하며 동시에 그들의 흥미와 동기가 지속되고 강화될 수 있도록 관리되어야 한다(한상철, 2014). 이러한 일련의 모든 개입은 전문 청소년지도자에 의해 체계적이고 계획적으로 이루어지는 청소년지도이다. 결론적으로 청소년지도는 전문 청소년지도자가 청소년이 자율적인 참여와 체험을 통해 의미 있는 변화와 성숙에 이르도록 다양한 수련활동을 계획적이고 체계적으로 지도하는 과정이라 할 수 있다.

(4) 청소년 육성

청소년정책과 관련하여 가장 대표적인 개념은 청소년 육성(youth fostering)이다. 1991년 한국청소년기본계획 수립과 청소년기본법이 제정되면서 청소년 육성이라는 개념이 등장하였는데 이는 청소년교육을 대체하는 개념으로 널리 사용되었으며 청소년정책을 대변하는 개념이 되었다. 육성은 사전적으로 '길러냄', '길러 자라게 함'이라는 의미로 사용되며, 생물학적인 성장을 통한 자연스러운 성숙을 강조한다. 동시에 청소년을 양육하고 기르는 주체로서 성인 지도자의 역할을 강조한다.

「청소년기본법」에 따르면, 청소년 육성은 "청소년활동을 지원하고 청소년의 복지를 증진하며 사회 여건과 환경을 청소년에게 유익하도록 개선하고 청소년을 보호하여 청소년에 대한 교육을 보완함으로써 청소년의 균형 있는 성장을 돕는 것"을 말한다. 즉, 청소년의 균형 있는 성장을 목적으로 청소년활동(수련활동, 문화활동, 교류활동 등), 청소년복지, 청소년보호, 사회 환경 개선을 아우르는 종합적인 청소년 지원활동으로서 교과활동과 지식교육을 중심으로 하는 학교교육에 대칭되는 것이다. 청소년 육성에서 균형 있는 성장은 지(知) · 덕(德) · 체(體)의 조화를 이룬 성장이지만, 지(知)를 중심으로 한 학교교육을 보완한다는 점에서 덕(德) · 체(體)를 중심으로 한 도덕적 능력 함양과 체력증진에 중점을 둔다. 이렇게 청소년 육성은 청소년복지, 사회환경 개선을 아우르는 종합적인 청소년 지원활동으로 교과활동과 지식교육을 중심으로 하는 학교교육과는 대칭되는 개념이다. 이처럼 처음부터 법령에 근거한 제도적 개념으로 출발한 청소년 육성은 수련활동을 중심으로 다양한 활동과 체험학습을 포함하면서 청소년과 관련된 여러 요소와 기능을 포괄하고 있다.

청소년 육성의 핵심은 청소년지도라고 할 수 있다. 지도(指導)는 어떤 목적이나 방향으로 남을 가르쳐 이끄는 것으로 인위적인 계획과 구체성을 강조한다. 청소년지도에 있어서 지도자는 일방적인 양육이 아닌 청소년과 상호교류를 바탕으로 한 안내와 조력을 통해 청소년이 능동적이며 지속적인 교육 활동으로 청소년의 전인적 성장을 가능하도록 하기 때문이다. 나아가 궁극적으로는 청소년지도의 효과와 효율성을 높이기 위해서 청소년정책도 존재하는 것이다.

2. 청소년지도의 필요성 및 특성

1) 청소년지도의 필요성

청소년지도는 주로 지식 내용을 중심으로 하는 학교 교육과는 달리 청소년의 활동을 중심으로 이루어진다. 청소년의 활동을 중심으로 하는 청소년지도에 있어서는 청소년 활동을 촉진시키고 지속시키기 위한 다양한 전략과 도구, 기술 등이 매우 중요한 위치를 차지한다. 이런 전략, 도구, 기술 등을 매개로 청소년지도의 목표와 내용이 구체적으로 드러나고 전달되기 때문이다. 이러한 점에서 청소년지도방법은 중요한 의의를 가진다.

특히 청소년지도는 지식 내용보다는 도덕적 덕목과 신체적 기능을 함양하기 위한 청소년 활동을 중심으로 이루어지기 때문에, 청소년지도는 청소년지도방법이라고 해도 지나치지 않을 정도로 청소년지도에서 지도방법이 차지하는 비중은 크다. 따라서 청소년지도가 효율적으로 이루어지기 위해서는 청소년지도방법이 부단히 연구되고 새롭게 개발되어야 한다. 이를 위해서는 청소년지도방법에 대한 체계적인 학문적 분석과 연구를 담당할 학문이 필요하다. 이런 필요성에 의해서 대두한 학문영역이 청소년지도방법론이다. 청소년지도방법론은 청소년지도방법에 초점을 두어 과학적으로 연구하는 새로운 학문이라고 할 수 있다(김영인 외, 2017).

따라서 청소년지도는 다음과 같은 과제를 해결해야 할 것이다(전희일 외, 2018).

첫째, 청소년 개인의 욕구와 사회적 욕구를 동시에 충족시켜 주어야 한다.

둘째, 청소년 특성에 맞는 프로그램에 기초한 경험학습이 이루어져야 한다.

셋째, 청소년의 자발적인 참여가 전제되어야 하며, 지도기관의 홍보, 다양한 프로그램 개발의 노력, 청소년정책의 개선과 행정적·제도적 대책이 지속적으로 보완되어야 한다.

넷째, 청소년의 특성을 과학적으로 이해하고, 잠재력을 신장시켜 주어야 하며, 청소년들의 욕구를 충족시켜 주면서 사회적 적응을 합리적으로 조력 또는 지원할 수 있는 청소년 전문지도사에 의한 지도활동이 되어야 한다.

다섯째, 청소년지도는 지속적인 전문가의 활동이 되어야 한다.

여섯째, 청소년지도는 조력과정(helping) 또는 지원과정(coaching)이어야 한다. 지시나 통제, 감시와 훈련 등의 개념과는 대치되는 개념이어야 한다.

일곱째, 청소년지도의 결과로써 의도한 목표를 달성하였는가에 대한 효과성(effectiveness)과 목표를 최소의 비용, 시간, 노력으로 달성하였는가에 대한 효율성(efficiency), 그리고 청소년의 흥미와 동기유발을 시켰는가에 대한 매력성

(attractiveness)이라는 평가의 준거를 생각하여야 한다.

최근 청소년지도와 관련하여 평가의 개념이 강조되고 있다. 이는 청소년지도 현장에서 청소년지도자의 지도력이 얼마나 참여 청소년에게 학습효과, 즉 지도효과가 있었는지 등을 질문하고 있다. 청소년지도자에 의해 청소년활동에 참여하였지만 청소년에게 변화가 일어나지 않았다는 의문이 있다는 것이다. 마치 학교에서 학생이 학교교육에 참여하였지만 교육적 변화(학습효과)가 구체적으로 나타나지 않고 있다는 평가와 맥락을 같이 하고 있다. 결국 학교교육의 결과나 학교 밖 지도의 결과가 교육현장 또는 지도현장에 참여하였지만 의미 없는 결과, 즉 교육이나 지도를 받았지만 변화하지 못한, 성숙하지 못한 인재를 육성하고 있다면 이는 교육이나 지도효과의 부재일지도 모른다는 것이다. 아울러 교수방법이나 지도방법의 문제이기도 하며, 교사나 지도자의 지도 능력의 문제라고 생각된다. 현재 우리 사회의 청소년지도는 많은 사회적 관심의 대상이 되고 있으며, 그 중요성을 더해가고 있는 가운데, 형식적인 청소년지도나 또한 의미가 배제된 지도방법으로는 청소년을 변화시킬 수 없다는 인식을 가지고 효과적인 청소년지도를 이루기 위한 올바른 청소년지도방법이 수행되어야 할 것이다. 이런 면에서 청소년지도는 국가의 인재양성 정책수행 과정에 있어서 학교의 교수-학습과정과 더불어 매우 중요한 과제로써, 청소년지도사에게는 청소년을 대상으로 어떻게 가장 효과적인 전인적 지도방법을 발휘할 수 있을까를 고민하게 하는 과제이며 청소년지도를 연구해야 하는 필요성일 것이다(전희일 외, 2018).

2) 청소년지도의 특성

청소년지도란 청소년들의 긍정적인 성장과 발전을 위한 다양한 개입(interventions)을 말한다. 그런데 청소년을 지도하기 위한 적절한 개입은 청소년들과 그들의 가족들에게만 국한해서는 안 된다. 오히려 학교, 청소년단체, 부모, 지역사회, 국가도 대상이 된다. 최근 청소년지도는 단순히 학교교육의 보완이나 대안 수단으로써만 그 가치를 인정해서는 안 되고 청소년의 성장과 발달에 직접 관련된 본질적인 차원을 강조하여 새로운 사회적 가치로 수용해야 한다. 다시 말해 청소년지도라는 개념은 학교 밖에서 이루어지고 있는 청소년을 위한 총체적인 학습활동과 교육을 통칭하는 개념으로 학교교육과 파트너십을 발휘하여야 할 국가사회의 공적인 시스템으로 이해해야 한다. 이 시스템 속에는 청소년을 위한 다양한 실천적 행위로 청소년육성, 청소년선도, 청소년보호, 청소년치료, 청소년상담, 청소년수련활동, 청소년봉사활동 등이 포함된다. 청소년지도란 청소년의 전인적 성장과 잠재력의 긍정적인 신장, 사회의 적응 및 사회공동체의식을 함양하고자 하며, 더 나아가서 청소년들의 자립과 지체, 위기를 극복하도록 지도하고 현대를 사는 청소년들에게 올바른 성장과 창조적 희망을 심어주며, 사랑과 관심으로 조력하고 지도하는 데 있다. 봉사하다, 지원하다, 촉진하다 등의 의미를 지닌 말로써 청소년지도는 지시, 통제, 감시, 훈련 등의 개념과 대치가 되는 것이다. 그러므로 청소년지도는 체계적으로 설계된 프로그램을 근거로 전문 청소년지도사에 의해 수행되는 지원 및 조력의 과정이라고 할 수 있다(한상철, 2014). 따라서 청소년지도방법은 다음의 특징을 지니고 있다(오윤선 외, 2024; 배규한 외, 2014).

첫째, 청소년지도방법은 그 자체가 목적성을 지닌 것이 아니라 도구적이고 수단적인 성격을 지닌다. 청소년지도방법은 청소년지도의 이념과 목표를 실현하기 위한 것이다. 청소년지도의 이념으로서 민주주의, 평화주의, 생태주의나 목표로 지 · 덕 · 체 함양, 시민역량의 강화 등을 위한 구체적인 기술이자 계획의 성격을 가진다.

둘째, 청소년지도는 청소년 개개인의 다양한 욕구와 사회적 요구를 반영한다. 이는 개인의 욕구충족과 사회 및 기관의 목적 달성을 동시에 고려하는 것으로, 이를 기초로 지도목표를 설정하게 된다.

셋째, 청소년지도는 지도목표를 갖는 의도적인 활동이다. 따라서 무의도적이거나 반의도적인 교육과는 구별된다.

넷째, 청소년지도는 지도목표, 내용선정 및 조직, 실행계획, 평가의 전 과정이 체계적인 프로그램에 근거하여 이루어지므로 계획적이고 체계적인 활동이다. 청소년지도방법은 목적, 대상, 공간에 적합하게 사전에 치밀하게 준비하고 선정한다.

다섯째, 청소년지도는 청소년의 자기 주도적이고 능동적·자발적인 참여를 전제로 한다. 학교나 가정 또는 사회기관 등에 의해 강제적 또는 반강제적으로 동원된 학생들을 대상으로 하는 훈육 및 행사활동은 엄격한 의미에서 청소년지도라고 보기 어렵다. 청소년지도가 성공하기 위해서는 청소년지도방법을 통해서 청소년의 마음을 움직여 청소년지도 내용을 스스로 내면화시킬 수 있어야 한다. 자발적인 참여에 의한 지도야말로 지도의 효과성과 효율성을 극대화할 수 있으며, 진정한 의미의 청소년지도가 가능하다고 할 수 있다.

여섯째, 청소년지도는 청소년 전문지도자와 청소년 사이에서 상호작용하여 이루어진다. 청소년지도방법은 전문적인 교육을 받아 일정한 자격요건을 갖춘 사람에 의해서 주도된다. 이런 청소년지도자의 대표적인 예로 국가에 의해서 공인된 청소년지도사를 들 수 있다. 따라서 청소년지도 과정에는 청소년들의 특성을 합리적으로 조력하기 위한 전문지도사를 필요로 한다.

일곱째, 청소년지도는 지속적인 활동이다. 지금까지 대부분의 청소년지도는 일회성의 행사중심으로 이루어져 왔다고 해도 과언이 아니다. 사회기관 또는 학교 차원에서 동원된 학생들을 대상으로 얼마만큼의 예산에 따라 한시적으로 운영되었다. 청소년지도는 행사중심의 일회성 활동이 아니라 지속적인 활동이며, 피드백을 통해 계속적인 개선과 발전을 지향해 나가는 활동이다.

여덟째, 청소년지도방법은 주로 학교 밖의 장에서 실행된다. 청소년지도방법이 실행되는 학교 밖의 대표적인 공간은 대자연이다. 대자연의 체험을 통해서 청소년은 자연의 순리를 체득하고 호연지기를 기르게 된다. 청소년활동 시설로는 청소년수련원, 청소년수련관, 청소년문화의 집, 청소년 이용시설 등을 들 수 있다.

아홉째, 청소년지도는 청소년들의 다양한 활동을 조력하는 과정이다. 여기서 과정이란 청소년지도가 의도한 목표의 성취 정도에 초점을 두는 것이 아니라 지도행위 자체에 초점을 두며, 평가를 통한 피드백과 계속적인 수정 및 개선을 전제로 하고 있음을 뜻한다.

3. 청소년지도의 원리

청소년지도의 원리는 청소년지도자가 청소년 개인과 집단을 지도하기 위한 실천적 가치이자 철학적인 준거를 제시하는 데 있다. 그러므로 청소년의 지도활동을 효과적으로 수행할 수 있게 하는 기초를 제공해 준다는 점에서 중요한 의미가 있다(김종옥 외, 1995). 청소년지도의 기본 원리를 살펴보면 다음과 같다(류정희 외, 2024; 오윤선 외, 2024; 전희일 외, 2018; 김영인 외, 2017).

1) 존중의 원리

과거 청소년을 바라보는 관점은 문제와 일탈 그리고 비행을 일삼는 소수 집단(minority group)으로 보는 부정적 측면이 컸다. 존중의 원리는 인격과 자율성을 귀중하게 대하는 것이다. 청소년지도는 청소년이 미성년자이고 피지도자라 해서 함부로 대해서는 안 된다. 청소년의 인격을 존중하고 기본적인 예의를 지켜야 한다. 청소년지도자가 청소년을 존중하는 마음이 없다면 그들의 마음을 움직일 수 없고 성공을 거두기 어렵다. 청소년지도는 인격 대 인격의 만남 속에서 인간을 변화시키는 작업이기 때문에 상호존중은 필수적이다. 청소년들은 그들의 특성, 발달, 성장환경 등에 있어서 다양한 차이가 있으며, 이에 따라 그들의 욕구 또한 매우 다양하다. 따라서 각 개인의 고유한 특성과 욕구를 인정하고 수용할 수 있도록 다양한 프로그램과 지도방법이 요구된다.

2) 자기주도의 원리

자기주도성이란 개인이 처해 있는 환경을 스스로 의도적이고 직접적으로 개입하여 변화를 꾀하고자 하는 개인의 성향을 의미한다(Bateman et al., 1993). 자기주도성이 높은 수준의 개인은 변화의 기회를 파악하고 이를 실현시키기 위해 적극적인 행동을 나타낸다. 스스로 선택하고 결정하는 자율적 결정, 즉 자기결정은 내재적 동기를 증가시킨다(Ryan et al., 2000). 청소년지도방법에 있어서 청소년이 활동의 주체가 되어 적극적으로 참여하고, 활동의 목적, 내용, 시기, 속도 등을 선택하여 결정할 수 있도록 하는 것이다. 청소년지도방법은 지시보다는 청소년이 스스로 자신에게 필요한 능력을 함양하도록 자기주도성에 토대를 둔다.

청소년지도자에게 일방적으로 의존하도록 하기보다는 청소년에게 선택권을 부여하면 청소년 스스로 선택하는 것이 중요하다. 최근에는 다양한 수련활동에서 자기주도성이 강조되고 있다. 청소년 자기주도형 봉사활동의 경우, 기존의 봉사활동에 더하여 청소년들이 지역사회에 관심을 갖고 자신의 재능을 활용하여 문제해결 및 개선을 위해 스스로 활동의 목표와 방법을 정하고 이를 실행하는 봉사활동으로 청소년의 자기주도성을 강조한다(류정희 외, 2024).

3) 활동중심의 원리

활동중심의 원리란 청소년지도방법에 있어서 청소년의 실천적 행위와 체험이 중심이 되어야 함을 의미한다. 청소년 스스로의 체험을 통해서 탐구하고 깨닫도록 하는 데 주안점을 두는 것이기 때문에 지도자의 일방적인 주입이나 교화가 되어서는 안 된다. 체험(practical experience, lived experience)은 개인적·집단적 참여를 통해 자연과 관련되거나 사회적으로 맥락화한 지식, 기능(skill), 태도 따위를 얻게 되는 실제적·실천적 경험이다(김병욱, 2012). 체험활동 중심의 지도방법은 청소년들에게 활동 자체의 재미와 분명하고 즉각적인 피드백이 명확한 목적성을 갖게 한다. 활동 혹은 체험을 중심으로 청소년지도방법이 구안될 때 청소년의 흥미와 동기를 유발할 수 있고, 이는 오래 기억에 남는 절정 경험(peak experience)과 같은 사건이 됨을 알 수 있다(류정희 외, 2024).

활동중심의 원리는 몰입을 돕기 위함이기도 하다. 칙센트미하이(Csikszentmihalyi, 1990)에 의해 제안된 몰입(flow)이란 스스로 좋아서 하게 되는 어떤 일이나 놀이, 또는 어떤 활동에 집중하여 즐기게 될 때 느끼는 긍정적 정서 및 의식의 상태를 말한다. 칙센트미하이는 몰입했을 때의 느낌을 '물 흐르는 것처럼 편안한 느낌', '하늘을 날아가는 자유로운 느낌'이라고 하였다. 몰입하는 활동은 그 자체가 재미있는 일이며, 활동을 지속시키고 증진시키게 된다. 몰입 경험을 유발하는 활동은 활동과제 수준과 청소년 능력 간의 적절한 균형에 의한 도전감, 활동 자체의 재미, 분명하고 즉각적인 피드백, 명확한 목적성 등의 특징을 갖는다(Csikszentmihalyi, 2000). 청소년지도자는 활동을 중심으로 지도방법을 설계하고 운영할 때 이런 점을 유념할 필요가 있다(Csikszentmihalyi, 2003). 또한 구체적 경험인 활동의 의미를 내면화시키는 반성적 성찰(reflective thinking)의 과정이 중요하다. 반성적 과정을 통해서 신체적·감각적 경험 내용의 의미를 자신에 맞게 구성할 수 있다.

4) 다양성의 원리

다양성의 원리란 청소년지도방법에 있어서 청소년의 다양한 차이와 요구를 감안하여 이에 적합한 방법을 모색해야 함을 의미한다. 우선 성장해온 배경과 문화가 다르다. 인간의 가치, 태도, 성격, 품성 등은 환경과 문화에 영향을 받으면서 형성된다는 점을 감안하면, 청소년의 성장배경과 문화적 차이를 고려하지 않고서 청소년을 올바로 지도할 수 없다. 또한 청소년이 속한 사회계층, 지역적 특성, 가족관계와 분위기, 종교 등을 파악하여 유연한 개입방안을 고려해야 한다.

청소년들 각각의 능력이나 재능도 같지 않다. 가드너(Gardner)의 다중지능이론에 따르면, 모든 사람은 언어지능, 논리-수학 지능, 신체운동 지능, 공간 지능, 음악 지능, 대인 간 지능, 개인 내적 지능(자기이해 지능), 자연 지능, 실존 지능이 있다(Gardner, 1999). 또한 같은 능력을 수직적 차원에서 보더라도 우열이 있어 동일하지 않다. 이런 능력의 차이를 고려하여 청소년지도방법을 선택할 필요가 있다. 이외에도 청소년의 다양한 요구와 성별의 차이도 청소년지도방법을 선택하고 적용할 때 고려될 필요가 있다. 다양성의 원리를 극대화하여 청소년의 개별적인 요구에 부응한 맞춤형 지도방법을 고려할 필요가 있다.

| 표 1-2 | 다중지능이론 관련 활동

지능	설명	다중지능 활용 과제의 종류
언어	구어와 문어에 대한 민감성, 언어학습능력, 특정한 목표를 달성하기 위한 언어활용능력	특정한 인터뷰하기, 편지쓰기, 토론하기, 시 또는 뉴스 기사 쓰기, 발표하기, 구호 만들기, 라디오 프로그램 만들기
논리-수학	문제를 논리적으로 분석하고, 수학적 조작을 수행하며, 과학적인 방법으로 문제를 탐구하는 능력	법칙으로 바꾸기, 실험을 계획하고 수행하기, 전략 게임 만들기, 도식을 활용하여 설명하기, 삼단논법 구성하기
신체운동	문제를 해결하거나 산물을 형성하기 위해 자신의 몸 전체 또는 손이나 입과 같은 신체 일부를 사용하는 능력	역할극, 흉내 내기, 동작을 통해 개념 설명하기, 모형 만들기, 과학기술을 활용하여 신체놀이 해보기
공간	좁은 공간뿐만 아니라 항해사나 비행기 조종사들이 활동하는 넓은 공간을 인지하고 다루는 능력	도표 · 지도 · 그래프 그려보기, 벽보 · 게시판 · 벽화 디자인하기, 삽화 제작하기, 광고 만들기
음악	연주하거나 음악적 양식을 이해하고 작곡하는 능력	음악 반주와 함께 발표하기, 노래 가사 써보기, 짧은 뮤지컬 만들기, 교육 효과를 높이기 위해 배경음악 사용하기
대인	타인의 욕구와 동기, 의도를 이해하고 타인과 효과적으로 일을 할 수 있는 능력	짝과 소리 내어 문제해결하기, 입장 바꾸어 행동하기, 다른 사람을 가르치기, 지역이나 세계적 문제를 이해하기, 피드백 주고받기
개인내적 (자기 이해)	자신을 이해하고 자신의 욕구, 두려움, 재능 등을 잘 다루어 효율적인 삶을 살아가게 하는 능력	목표 설정하기, 자신의 강점 지능이 진로에 있어 유리한 점 알아차리기, 공부하는 이유 설명하기, 자신이 한 일을 스스로 평가하기
자연	자신이 살아가고 있는 환경의 동 · 식물군을 비롯한 방대한 종들에 대한 인식과 분류에 탁월한 전문 지식과 능력	식물과 동물 길러보기, 관찰 일기 써보기, 기상 현상 비교하기, 야외활동에 참여하기
실존	인간의 존재에 대한 근원적 물음, 즉 정체성에 대해 사고할 수 있는 능력	여러 활동에 의미 부여하기, 인간과 인간 또는 인간과 환경의 관계성 탐색하기, 내가 세상에 기여할 수 있는 활동 찾기

출처: 신현숙 외. (2022). 교육심리학: 이론과 실제. 서울: 학지사.

5) 맥락의 원리

청소년지도는 청소년이 처한 상황과 관계를 총체적으로 고려하여 청소년을 이해하고 그 삶의 맥락에 적합한 방법을 구성해야 한다는 측면에서 맥락의 원리라고도 한다. 맥락이란 언어적으로 보면 사물 따위가 서로 이어져 있는 유기적 관계를 뜻한다. 따라서 청소년을 맥락적으로 이해한다는 것은 청소년을 다른 모든 것과 분리하여 이해하지 않고 청소년을 둘러싼 사람, 상황, 문화, 역사적 배경 등과의 유기적인 관련성 속에서 구체적으로 파악하는 것을 의미한다. 청소년을 포함한 모든 사람은 이런 맥락 속에서 삶을 영위하는 존재이기 때문에 맥락을 함께 고려하지 않고서는 어떤 사람을 온전히 이해한다고 할 수 없다. 따라서 청소년을 정확하게 이해하기 위해서는 그 청소년을 둘러싼 모든 요소들의 관계, 즉 맥락을 파악하여 전체 속에서 청소년을 보아야 한다. 이렇게 청소년을 이해하게 되면 청소년은 구체적이고 다원적이며 상대적인 모습을 띠게 된다. 왜냐하면, 청소년이 처한 맥락은 다양하고 이 다양한 맥락은 시간과 공간에 따라서 변화되기 때문이다. 따라서 청소년을 효율적으로 지도하기 위해서는 지도방법도 맥락에 따라서 다르게 구성되어야 한다. 이런 맥락의 원리는 기계론, 환원주의, 획일주의 등을 배제한다. 어떤 하나의 이론이나 방법을 교조적이고 기계적으로 모든 시간과 공간에서 적용하려는 것은 맥락의 원리에 비추어 보면 타당하지 않다.

6) 협동성의 원리

협동성의 원리는 청소년 간에 유기적인 협력이 이루어질 수 있도록 청소년지도방법이 구안되고 실행되어야 함을 의미한다. 집단구조는 청소년들의 동기에 큰 영향을 준다(Ames, 1984). 집단구조는 경쟁구조, 개별구조, 협동구조로 구분된다.

첫째, 경쟁구조는 승패관계(win-lose relation), 영합관계(zero-sum relation)를 활동의 기본으로 삼는다. 특정 청소년이 목표를 달성하면 다른 청소년들의 목표 달성 확률이 감소하는 구조를 말한다. 상대적인 비교를 중시하는 경쟁구조는 다른 청소년들이 실패해야 목표를 달성할 수 있다. 그래서 다른 청소년들보다 능력이 우수하다고 생각하면 동기가 높아지나, 다른 청소년보다 열등하다고 생각하면 동기가 낮아진다. 경쟁이 지나쳐 갈등과 대립을 조장하고 소수만이 목표를 달성하여 다수가 낙오하는 문제점을 낳는다. 또한 나를 제외한 다른 사람들의 잘못이 나에게는 이득이 되는 부정적인 상호 의존 관계를 통해서 심성이 왜곡될 가능성이 커진다. 결과적으로 경쟁구조에서는 청소년들의 동기수준이 전반적으로 낮다.

둘째, 개별구조는 구성원 각자가 개별적으로 학습하고 개별적인 성취나 노력을 기준으로 보상받는 구조를 말한다. 다른 사람과 관계를 갖지 않는 무상호의존성을 기본으로 한다. 특정 청소년의 목표달성 여부가 다른 청소년의 목표 달성에 전혀 영향을 주지 않는다. 청소년 각 개인의 수준에 적합한 활동과 방법을 제공하여 개인의 자율성과 특수성을 최대한 살릴 수 있지만, 다른 사람과의 관계를 단절시켜 극단적이고 편협한 개인주의자를 만들 가능성이 크다.

개별구조는 다른 청소년들과 비교하는 것이 아니라 스스로 설정한 표준에 비추어 비교한다. 그래서 과거에 비해 향상되었다고 생각하는 청소년은 자기효능감을 경험하고 동기가 높아진다(권대훈, 2015).

일반적으로 학교에서 이루어지는 교육은 경쟁을 기초로 하고 있다. 학교에서는 청소년들 개개인에 대한 평가를 바탕으로 우열이 나뉜다. 이러한 경쟁체제를 기초로 한 학습은 학습자 간에 선의의 경쟁을 통하여 발전하려는 노력을 보장하는 측면도 있지만, 학습자 간 대립과 경쟁을 심화시켜 오직 각자의 목표만을 위해 학습하는 형태로 변질될 우려가 크다. 이렇게 되면 학습자들의 상호작용이나 협력을 기대하기는 어렵다. 청소년활동을 구성함에 있어 단순히 청소년의 흥미유발뿐 아니라, 청소년의 동기를 지속시키며 협력 경험을 할 수 있고 성취감을 느낄 수 있는 활동에 대한 고려가 필요할 것이다(류정희 외, 2024).

셋째, 협동구조는 구성원들이 공동목표를 달성하기 위해 함께 노력하는 구조를 말한다. 상생관계(win-win relation)를 바탕으로 상대방의 발전이 나의 발전이 되고, 나의 이득이 상대방의 이득이 될 수 있는 긍정적인 상호 의존성을 기본으로 한다. 이 구조는 개인의 목표 달성 여부가 집단의 목표 달성 여부에 좌우된다. 모든 구성원이 목표를 달성해야 개인도 목표를 달성할 수 있으므로 동기에 긍정적인 영향을 준다. 이러한 협동적 활동구조를 통해서 경쟁적 활동구조와 개별적 활동구조의 문제점을 극복할 수 있다. 체험적인 활동을 중심으로 하는 청소년 지도방법에서 협동적 활동구조의 창출을 통해서 의사소통 기능, 사회적 책무성, 협동심 등을 함양하여 민주시민의 역량을 갖추게 할 수 있다. 청소년 지도방법에서는 청소년과 청소년 간의 협동적 활동구조의 창출뿐만 아니라, 청소년과 청소년지도자, 청소년지도자와 학교·가정·지역사회 간의 협동적이고 유기적인 관계가 창출될 필요가 있다(김영인 외, 2017).

7) 창의성의 원리

창의성의 원리는 청소년 지도방법에서 창의적인 방법의 계발, 청소년의 창의적인 능력 함양을 고려해야 하는 것을 의미한다. 창의성의 원리에 바탕하여 청소년 지도방법은 상황과 대상에 맞게 적절하게 변용되고 항상 새롭게 구안될 필요가 있다. 또한 지식정보사회에서는 창의적인 능력이 가장 중요한 능력 중 하나이기 때문에 청소년지도방법은 청소년의 창의성을 계발하는 것을 항상 염두에 두어야 한다.

미국의 토랜스(Torrance, 1977)는 "창의성이란 곤란한 문제를 인식하고, 그것을 해결하기 위해 아이디어를 내고 가설을 세워 검증하며, 그 결과를 전달하는 과정"이라고 정의하였으며, 토랜스 창의적 사고 검사(Torrance Test of Creative Thinking: TTCT, 1974)를 개발하였다.

길포드(Guilford, 1967)에 따르면, 창의성은 많은 해결책을 생성해 낼 수 있는 유창성, 아이디어를 정교화하거나 부가적으로 세부사항을 첨가하는 정교성, 비범한 해결책을 생성해 낼 수 있는 독창성, 새로운 과제나 변화하는 상황에 따라서 접근법을 바꿀 수 있는 융통성 등을 창의성의 하위 요인이라 불리기도 한다. 또한 창의성은 인간의 사고 중 하나의 답을 논리적으로 찾아가는 수렴적 사고(convergent thinking, 폐쇄적 질문)와는 다른 여러 가지 가능한 방안과 해결책을 찾아가는 발산적 사고(divergent thinking, 개방형 질문)와 관련된다. 발산적 사고는 주로 청소년들이 정답에 도달하는 과정을 중시하고 정답의 옳고 그름은 부차적으로 여기는 반면, 수렴적 사고는 대답의 옳고 그름을 강조한다(Rogers, 1972).

이러한 길포드의 견해를 따라 청소년지도방법에서 청소년에게 창의적 환경이 되기 위해서는 다음과 같은 노력이 필요하다.

첫째, 청소년들의 실수를 허용하고 독창적인 발언을 인정해주는 환경에서 청소년들은 여타의 사람들이 하지 않는 과제를 시도하거나 새로운 관점을 발표하는 등 모험을 두려워하지 않고 창의적 아이디어들을 발상한다(Sternberg et al., 2010).

둘째, 다양한 관점을 가진 또래들로 이질 집단을 구성하고 소집단별로 상호작용할 수 있는 협동학습을 격려함으로써 새롭고 다양한 아이디어들을 제안하도록 도울 수 있다.

셋째, 다양한 주제의 프로젝트를 선택하고 반성적으로 심사숙고할 기회와 시간을 허용하는 환경 안에서 청소년들의 창의성이 계발될 수 있다.

8) 효율성의 원리

효율성의 원리는 청소년지도방법에서 효과성(effectiveness)과 능률성(efficiency)을 동시에 표현하는 용어로, 가장 능률적인 방법으로 최대의 목표를 달성하는 것을 말한다(윤정일 외, 2015). 효율성의 원리는 능률적인 방법, 즉 가장 적은 시간, 비용, 에너지 등을 투입하여 원래 설정한 청소년지도의 목표를 달성하는 것을 나타내는 개념이다. 따라서 청소년 지도방법의 설계나 실행에 있어서 최소의 자원을 투입해서 목표를 달성하는 것을 염두에 두어야 한다. 이것은 이 지구상에서 유한한 자원을 가지고 지속적으로 살아갈 수밖에 없는 인간의 존재적 요청이자 규범적인 당위이기도 하다.

9) 즐거움의 원리

청소년을 지도하는 방법에 있어 강조되어야 할 가장 중요한 요소 중 하나는 즐거움이다. 영상매체의 숲에서 자란 오늘날의 청소년들은 과거에 비해 매우 감각적이고 감수성이 풍부하다. 심각하고 따분한 것은 싫어하고 재미있고 즉각적인 반응을 추구한다. 이들은 "지금-여기"의 현실 중심적 가치를 추구하며 일상의 소중함과 즐거움을 추구하는 행동양식을 지니고 있다. 따라서 청소년지도방법에 있어서도 오락적 기능을 발휘할 수 있는 지도방법을 활용하는 것이 요구된다. 청소년들이 프로그램을 통하여 진심으로 흥미를 느끼고 감동을 받을 때 비로소 그들은 자발적이고 적극적으로 참여하게 되고 지도자가 의도했던 변화에 도달할 것이다. 다만 유의해야 할 사항은 즐거움이 단순한 흥미유발 활동으로 끝나지 않도록 목적 및 방향성을 유지하는 것이다.

02 Chapter

청소년지도와 청소년육성의 관계

1. 청소년지도의 역사적 이해

1) 청소년지도의 변천

우리나라의 청소년지도는 넓은 의미에서 부모나 기성세대 등과 같은 성인에 의해 일찍부터 존재해 왔다. 청소년의 지도 행위는 관습과 문화상 당연한 것이며 세대 간의 전통을 계승하는 힘이라고 할 수 있다. 하지만 전통사회의 청소년 지도 행위는 오늘과 같은 전문적인 청소년지도 행위라고 하기는 어렵다.

일제강점기 청소년의 계몽과 지도를 위한 왜관소년회(1919), 천도교소년회(1921), 스카우트 정신을 바탕으로 한 조선소년군(1992), 색동회(1923), YMCA의 조선척후단, 흥사단의 청소년 계몽 활동 등과 같은 청소년 운동 단체, 해방 이후 미국에서 태동한 4-H 운동의 도입을 통한 농촌 4-H 클럽, 1965년 한국청소년단체협의회 설립 등과 같은 청소년단체, 1961년 「미성년자보호법」 제정, 1964년 청소년의 달 지정과 청소년보호 대책위원회 설치, 1977년 청소년 대책위원회 등과 같은 국가적 관심에 의한 청소년 관련 제도 마련에서 그 단초를 찾을 수 있다(김영인 외, 2017).

우리나라에서 청소년학은 1990년 이후 본격적으로 청소년학이라는 분과학문의 정체성을 수립하는 연구가 시작되면서 학술적 논의가 본격화되었고, 처음으로 한준상(1992)이 '청소년지도론의 학문적 성격과 과제'를 논하였으며 뒤를 이어 함종한(1992), 오치선, 권일남(1998), 배규한(2007), 한상철(2008) 등 학술적 연구가 논의되었다. 이후 2000년대에는 청소년 수련시설의 개선, 단체 활동의 활성화, 청소년수련활동 활성화 방안 연구를 청소년지도학과와 한국청소년개발원, 청소년단체가 중심이 되어 추진하여 오고 있으나 아직은 타 분야에 비해 매우 미흡한 연구 영역이라 할 수 있다. 연구방법 또한 대부분 실태조사와 요구조사를 중심으로 한 설문조사방법이 주를 이루고 있다(오윤선 외, 2024). 또한 대학 내

청소년 관련학과는 물론 심리학, 교육학, 상담학, 사회학, 복지학 등의 인접 사회과학 분야 그리고 연구소를 중심으로 많은 학자들이 청소년 관계법이나 정책과는 별도로 청소년지도와 관련한 실천적 기법 등을 과학적인 방법으로 탐구하며 학문적 체계와 깊이를 갖추어가고 있다(한상철, 2014).

청소년지도 개념은 청소년 육성이란 용어의 사용과 더불어 학교시설 외의 '청소년의 심신단련과 정서 계발을 목적으로 설치된 시설'로서 청소년시설을 규정한 1987년 「청소년 육성법」 제정, 1991년, 「한국 청소년기본계획」 수립, 1991년 「청소년 육성법」을 대체한 「청소년기본법」 제정 등을 통해서 본격적인 등장의 발판을 마련하였다. 당시 학계에서는 입시 교육을 위한 지육(知)에만 치우쳐 청소년의 전인적인 성장을 저해하고 있는 학교 교육을 비판하고, 덕육(德)을 중심으로 이를 보완할 수 있는 이론 및 실천 체제를 모색하였다. 이 결과 학교 교육에 대응한 청소년 육성이라는 개념을 창출하였다. 그리고 '학교 교육학교 - 교육과정 - 교사 - 교수 활동(敎授活動)'이라는 기존학교 교육체제에 대응하여, '청소년 육성 - 청소년시설 청소년수련 활동 프로그램 - 청소년지도사 - 청소년지도'라는 청소년 육성체제를 고안하였다.

| 표 2-1 | 학교교육체제와 청소년 육성체제의 비교

학교교육체제	청소년육성체제
학교	청소년시설
교육과정	청소년수련활동 프로그램
교사	청소년지도사
교수활동	청소년지도

출처: 오윤선 외. (2024). 청소년지도방법론(2판). 파주: 양서원.

청소년 육성이란 용어를 법의 명칭에 사용하고 있음에도 불구하고 청소년 육성의 개념을 명확하게 하지 못하고 있던 「청소년 육성법」을 대체하여 같은 해 만들어진 「청소년기본법」에 청소년 육성의 개념을 청소년 육성이라 함은 "청소년의 복지를 증진하고, 청소년의 수련 활동을 지원하며, 청소년 교류를 진흥하고, 사회 여건과 환경을 청소년에게 유익하도록 개선하여 청소년에 대한 교육과 상호 보완함으로써 청소년의 균형 있는 성장을 돕는 것"을 규정하였다.

| 표 2-2 | 청소년기본법상 청소년 육성 관련 개념

개념	정의	청소년상
구(舊) 1987년 청소년육성법 (목적)	청소년의 인격형성을 도모하고, 청소년의 보호 · 육성 · 선도 및 지원에 관한 사업을 효율적으로 추진함으로써 청소년이 국가 · 사회발전에 이바지할 수 있는 건실하고 유능한 국민으로 성장하도록 함	건실하고 유능한 국민
청소년육성 (구(舊) 1991년 청소년기본법)	청소년의 복지를 증진하고, 청소년의 수련활동을 지원하며, 청소년교류를 진흥하고, 사회여건과 환경을 청소년에게 유익하도록 개선하여 청소년에 대한 교육과 상호 보완함으로써 청소년의 균형 있는 성장을 돕는 것	
청소년육성 (청소년기본법)	청소년활동을 지원하고 청소년의 복지를 증진하며 근로 청소년을 보호하는 한편, 사회 여건과 환경을 청소년에게 유익하도록 개선하고 청소년을 보호하여 청소년에 대한 교육을 보완함으로써 청소년의 균형 있는 성장을 돕는 것	청소년의 균형 있는 성장
청소년활동 (청소년기본법)	청소년의 균형 있는 성장을 위하여 필요한 활동과 이러한 활동을 소재로 하는 수련활동 · 교류활동 · 문화활동 등 다양한 형태의 활동	
청소년복지 (청소년기본법)	청소년이 정상적인 삶을 누릴 수 있는 기본적인 여건을 조성하고 조화롭게 성장 · 발달할 수 있도록 제공되는 사회적 · 경제적 지원	조화로운 성장 · 발달(정상적인 삶, 행복한 삶)
아동복지 (아동복지법)	아동이 행복한 삶을 누릴 수 있는 기본적인 여건을 조성하고 조화롭게 성장 · 발달할 수 있도록 하기 위한 경제적 · 사회적 · 정서적 지원	
청소년보호 (청소년기본법)	청소년의 건전한 성장에 유해한 물질 · 물건 · 장소 · 행위 등 각종 청소년 유해 환경을 규제하거나 청소년의 접촉 또는 접근을 제한하는 것	청소년의 건전한 성장(건전하게 성장, 건전한 사회구성원)

<table>
<tr><td>목적
(소년법)</td><td>반사회성(反社會性)이 있는 소년의 환경 조정과 품행 교정(矯正)을 위한 보호처분 등의 필요한 조치를 하고, 형사처분에 관한 특별조치를 함으로써 소년이 건전하게 성장하도록 돕는 것</td><td rowspan="2">청소년의 건전한 성장(건전하게 성장, 건전한 사회구성원)</td></tr>
<tr><td>목적
(학교폭력예방 및 대책에 관한 법률)</td><td>학교폭력의 예방과 대책에 필요한 사항을 규정함으로써 피해학생의 보호, 가해학생의 선도 · 교육 및 피해학생과 가해학생 간의 분쟁조정을 통하여 학생의 인권을 보호하고 학생을 건전한 사회구성원으로 육성함</td></tr>
<tr><td>목적
(학교 밖 청소년 지원에 관한 법률)</td><td>「청소년기본법」 제49조 제4항에 따라 학교 밖 청소년 지원에 관한 사항을 규정함으로써 학교 밖 청소년이 건강한 사회구성원으로 성장할 수 있도록 함</td><td>건강한 사회구성원</td></tr>
</table>

출처: 기은광. (2023). 청소년육성제도론(제3판). 서울: 동문사.

청소년기본법상의 청소년육성은 수단 측면과 목적 측면으로 구분된다. 청소년육성의 목적은 청소년의 균형 있는 성장을 돕는 것을 지향하고, 수단 측면은 ① 청소년 활동 지원, ② 청소년 복지증진, ③ 청소년 보호, ④ 근로 청소년 보호, ⑤ 사회 여건 환경 개선으로 구분되며 청소년정책을 통해 청소년정책 사업이나 프로그램으로 나타난다(기은광, 2023).

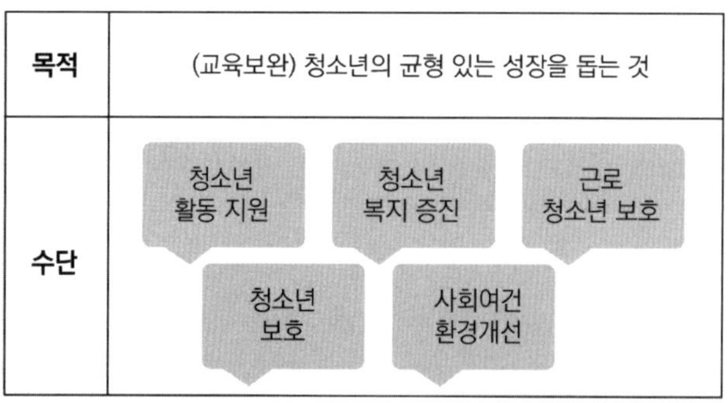

| 그림 2-1 | 청소년기본법상의 청소년육성 개념 구분

출처: 기은광. (2023). 청소년육성제도론(제3판). 서울: 동문사. 재구성.

청소년 육성체제의 핵심은 청소년지도라고 할 수 있다. 청소년지도라는 전문적이고 능동적이며 지속적인 교육적 활동을 통해서 청소년의 균형 있는 성장이라는 청소년 육성의 목표 달성이 가능하기 때문이다. 청소년시설을 중심으로 한 현장에서 청소년지도를 전문적이고 효율적으로 수행하기 위해서 청소년지도사라는 청소년지도 전문사 국가 공인 자격 시스템을 마련하였다(김영인 외, 2017).

2) 청소년지도와 청소년육성

(1) 균형 있는 성장

청소년육성 최고의 목적은 청소년의 균형 있는 성장을 돕는 것으로, 균형 있는 성장은 신체발달, 인지발달, 정서발달, 사회발달을 중심으로 인격체로서의 발달과 더불어 시민으로서의 발달을 모두 포함한다. 청소년육성제도에서 청소년은 발달 단계상 아동기의 후반부와 제2차 성징이 나타나는 사춘기 그리고 성인 초기에 해당하는 발달의 과정에 걸쳐 있다. 이 시기에 신체적으로나 인지적으로 성장하게 되며, 정서발달과 사회발달 관련한 과업들을 수행한다(기은광, 2023).

청소년발달은 인간발달, 참여발달, 직업발달로 구분된다. 인간발달은 다시 신체발달, 인지 · 언어발달, 정서 · 사회발달로 구분된다. 인간발달은 청소년의 신체적, 인지적, 언어적, 정서적, 사회적 발달을 의미하며, 넓은 의미에서는 참여발달과 직업 발달을 포함한다. 조영승 등(2003)은 청소년정책 영역을 청소년노동, 청소년참여, 청소년교육, 청소년복지, 청소년보건으로 구분하였다.

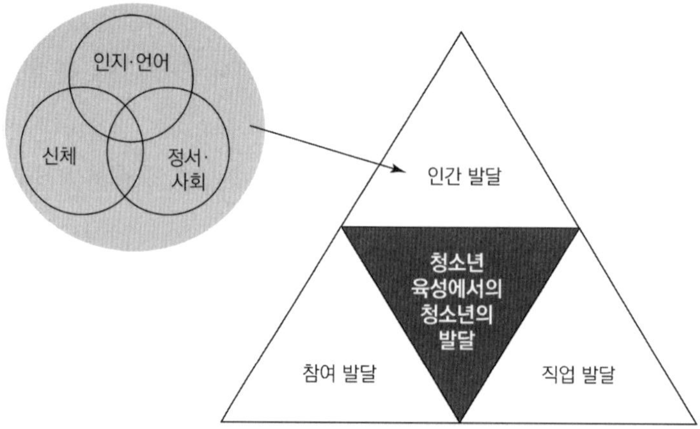

| 그림 2-2 | **청소년육성과 청소년 발달 영역**

출처: 기은광. (2023). 청소년육성제도론(제3판). 서울: 동문사.

(2) 청소년상

청소년육성에서 나타나는 청소년상은 청소년의 균형 있는 성장이며 이는 1991년 제정 당시부터 유지되어 온 것이다. 1991년 청소년기본법에 비해 현행 청소년기본법은 청소년육성 수단에 청소년 복지증진과 근로 청소년보호, 청소년보호가 추가로 포함되어 있다. 구 청소년육성법은 그 목적에서 건실하고 유능한 국민이 청소년상임을 나타내고 있다. 청소년기본법과 구 청소년육성법은 청소년을 보는 시각에서 큰 차이를 보이며 이는 청소년에 대한 청소년육성제도의 시각 변화와 관련이 있다. 청소년기본법은 청소년 스스로가 만들어가는 청소년의 모습을 강조한다면 구 청소년육성법은 국가에서 필요한 청소년의 모습을 강조하고 있다. 구청소년육성법에서 청소년을 국가의 자원이자 수단으로 본 측면이 강하였다.

청소년육성 수단과 관련해서 살펴보면, 청소년활동의 청소년상은 청소년육성과 같은 균형 있는 성장을 하는 청소년인 반면, 청소년복지는 조화로운 성장·발달, 청소년보호는 건전한 성장을 하는 청소년이다. 청소년보호법과 학교폭력 예방 및 대책에 관한 법률, 소년법은 건전한 성장을 지향하는 청소년상을 갖고 있다. 아동복지는 조화로운 성장발달이라는 측면에서는 청소년복지와 같으나, 청소년복지는 정상적인 삶을 강조하고, 아동복지는 행복한 삶을 강조한다. 학교 밖 청소년 지원에 관한 법률의 청소년상은 '건강한 사회구성원'이다.

(3) 청소년육성과 학교교육

청소년기본법상의 청소년육성 개념 중 가장 문제가 되는 것은 "교육을 보완"이라는 문구이다. 이 문구는 청소년육성을 청소년교육에 부수적인 개념으로 오인하게 하는 표현임과 동시에 청소년육성의 중요성을 가볍게 볼 수 있게 하는 표현이다.

청소년육성과 학교교육을 바라보는 관점은 학교교육 중심으로 보는 관점, 이를 상호보완으로 보는 관점, 그리고 청소년육성 중심으로 보는 관점으로 나눌 수 있다.

학교교육 중심적으로 보는 관점은 지식이 개방되어 가는 현대사회의 흐름과 맞지 않을 뿐만 아니라 학교교육이 성장이나 발달의 전제가 되어야 한다는 오해를 가져올 수 있다. 반면, 청소년육성 중심으로 보는 관점은 청소년 성장의 다양한 가능성과 방법을 열어 놓고 있다는 장점이 있으나 상당수의 청소년이 학교교육을 받는 현실을 간과하게 할 위험이 있다.

상호보완 관점은 청소년육성과 학교교육의 차이점을 인정하고 이들이 유기적으로 작용하여야 한다는 점에서 합리적으로 보일 수 있으나, 학교교육 중심 입장이나 청소년육성 중심 입장에서 나타나는 문제를 모두 가질 수 있다.

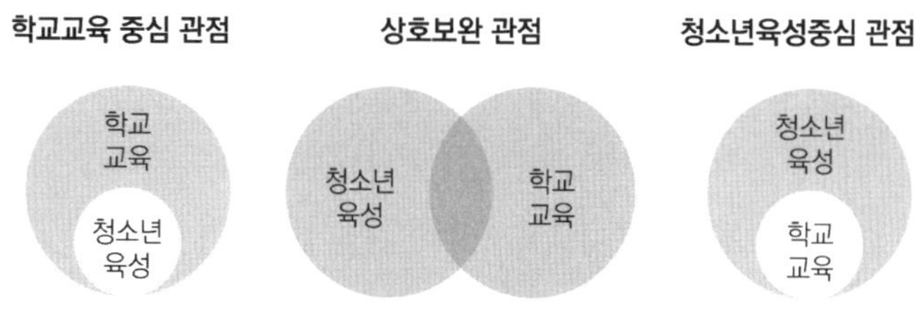

| 그림 2-3 | 청소년육성과 학교교육을 바라보는 관점

출처: 기은광. (2023). 청소년육성제도론(제3판). 서울: 동문사.

2. 청소년지도와 청소년정책

1) 청소년정책

청소년정책은 학자에 따라 다양하게 정의되고 있다. 임동호 등(2019)에 의하면 청소년정책은 "청소년을 위한", "청소년에 관한", "청소년에 의한 정책"이라고 한다. 조영승 등(2003)은 "청소년에 관한 모든 공정 정책"으로 파악한다. 천정웅과 김윤나(2013)는 청소년정책을 "청소년들이 그 본래 역할과 사명을 다할 수 있도록 육성·지원하기 위한 정책과제와 재정 운용의 기본방침과 청소년활동의 지침을 국가가 제시한 것"으로 보고 있다. 임동호 등과 조영승 등은 청소년과 관련성이 있으면 모두 청소년정책으로 파악하여 청소년정책을 넓은 의미로 보는 입장이라면, 천정웅 등은 청소년의 육성·지원, 청소년활동과 관련한 것으로 청소년정책을 좁은 의미로 입장이다.

이를 종합하면, 청소년정책이란 정책의 대상이나 정책의 수혜집단이 청소년이라는 특징을 가지고 있으며, 국가가 권위를 부여한 공공적인 성격을 가진 의사결정이다.

청소년정책의 대표적인 형태가 청소년기본법에서 다룰 "청소년정책 기본계획"으로 5년 단위로 청소년정책의 전반을 다루고 있으며, 여성가족부뿐 아니라 관계부처 모두가 참여하는 범부처적 성격을 갖는다.

2) 청소년정책 변천

우리나라 청소년정책의 변천과정은 중앙정부 청소년정책 담당부처 및 주요 관계 법령 제정과 맥을 같이한다. 청소년정책의 변천과정은 일반적으로 7단계로 나눌 수 있다(여성가족부, 2024).

| 표 2-3 | **청소년정책의 변천**

단계	시기	특성	명칭	주무부처(기구)	주요 관계 법령
1단계	1948.8. ~ 1964.9.	부처별 산발 추진	부처별 관련 업무 추진	각 부처	
2단계	1964. 10. ~ 1977.8.	부처 차원의 조정	청소년보호 대책위원회	내무부 무임소장관실	
3단계	1977.8. ~ 1988.6.	정부 차원의 조정	청소년 대책위원회	국무총리실 문교부	「청소년 육성법」 제정
4단계	1988.6. ~ 2005.4.	정부 차원의 조정, 부처 차원의 총괄 집행	청소년 육성위원회	체육부/체육청소년부/문화체육부/문화관광부/문화관광부–국무총리실(청소년보호위원회)	「청소년 기본법」 제정 「청소년 보호법」 제정 「청소년 성 보호법」 제정 「청소년활동 진흥법」 제정 「청소년복지 지원법」 제정
5단계	2005.4. ~ 2008.2.	통합적 청소년정책 수립, 단일 청소년 전담조직 출범	청소년위원회/국가청소년위원회	국무총리실	
6단계	2008.3. ~ 2010.2.	아동정책과 청소년정책의 통합	보건복지가족부	보건복지가족부	
7단계	2010.3. ~ 현재	여성가족부 개편 및 이관	여성가족부	여성가족부	「학교 밖 청소년 지원에 관한 법률」 제정 「2023 새만금 세계스카우트 잼버리 지원 특별법」 제정

출처: 여성가족부. (2024). 2023 청소년백서. 서울: 여성가족부.

(1) 청소년정책 1단계

1단계는 1948년 8월부터 1964년 9월까지로, 이 기간은 특별히 청소년정책을 조정하는 정부 행정기구나 전담기구가 없던 시기다. 이 시기 청소년정책은 각 부처별로 청소년과 관련된 정책을 산발적으로 추진하는 것이 전부였다.

(2) 청소년정책 2단계

2단계는 1964년 10월부터 1977년 8월까지 약 13년간의 시기로서 내무부 및 무임소장관실에 청소년보호대책위원회를 설치·운영하였다. 주요 업무는 문제 청소년에 대한 규제 및 보호 위주 정책으로, 이 시기 청소년정책의 특징은 부처 차원의 조정과 규제·보호 위주의 청소년정책으로 요약할 수 있다.

(3) 청소년정책 3단계

3단계는 1977년 8월부터 1988년 6월까지 11년간으로 볼 수 있다. 이 시기의 가장 중요한 특징은 정부 차원의 청소년 관계정책의 조정이 이루어지기 시작했다는 것이다. 즉, 국무총리실에 '청소년대책위원회'를 설치하여 범정부적 차원의 청소년정책 조정이 시작되었으며, 1983년 4월부터 1985년 1월까지 청소년정책이 문교부 소관으로 이관되었다가 다시 1985년 2월 국무총리실로 이전되었다. 이때 '청소년 문제 개선 종합대책(1985~1987)'이 수립되었고, 1987년 11월 28일에 청소년정책 발전의 모태라 할 수 있는 「청소년 육성법」이 제정 및 공포되었으며, 1988년 7월 1일에 동 법률이 시행되었다. 「청소년 육성법」이 제정되기 전까지의 단계는 보호가 필요한 청소년 중심과 청소년 일탈 및 비행 예방, 규제 등 청소년의 긍정적 개발보다는 청소년을 청소년 비행과 같은 사회적 문제를 야기하는 주체이거나 피해대상으로 간주하여 이들을 선도·보호하고자 하는 관점이 우세하였다.

(4) 청소년정책 4단계

4단계는 1988년 6월부터 2005년 4월 청소년위원회가 설치되기 전까지의 시기로 「청소년 육성법」의 시행과 함께 출발하였다. 「청소년 육성법」이 본격 시행되면서 비로소 청소년에 대한 새로운 시각의 수립과 인식의 전환이 이루어졌다. 하지만 「청소년 육성법」의 시행은 단지 선언적 의미에 그쳐 실질적인 청소년정책의 발전을 이루지 못한다는 비판도 있었다. 한편 이 시기에는 청소년 관련 전담조직의 설치 · 운영이 시작되었다. 즉, 이 시기에 전체 청소년에 대한 종합적 · 장기적 정책을 수립하고 이를 추진하기 위하여 체육부가 관장하는 '청소년육성위원회'가 설치되었으며, 체육부 내에 청소년국이 신설되었다. 이는 청소년정책조정실로 확대 · 개편되었으며, '청소년헌장'(구)이 제정(1990.5.12.)되었다.

1990년 12월, 체육부의 명칭이 체육청소년부로 변경되면서 청소년 업무의 영역이 확장되고 청소년정책이 활성화되기 시작하였다. 이 시기에 우리나라 청소년정책의 근간이 되는 '한국청소년기본계획'이 수립(1991.6.)되었고, '제1차 청소년 육성 5개년계획'이 수립(1993.6.)되었으며, 「청소년 육성법」을 대체하는 「청소년기본법」이 제정(1991.12.)되었다. 이후 1993년 문화체육부로 통합되면서 청소년정책조정실은 청소년정책실로 명칭이 변경되었다. 또한 1998년부터 2002년까지 '제2차 청소년 육성 5개년계획'이 수립되었으며, 1998년 10월 22일 새로운 '청소년헌장'이 제정되었다. 이와 함께 청소년정책 전담기구에 대한 조정도 함께 이루어졌는데, 문화체육부 청소년정책실 산하에 '청소년보호위원회'를 따로 두게 되었다. '청소년보호위원회'가 1998년 2월 국무총리 산하로 이관됨에 따라 청소년정책은 청소년 육성을 전담하는 문화관광부와 청소년 보호를 전담하는 '청소년보호위원회'로 분리되었다. 특히 이 기간 동안에 청소년에 관한 주요 관계 법령의 제정과 시행이 이어졌고, 중앙정부 차원의 청소년 중장기 기본계획이 수립 · 추진되면서 청소년에 대한 긍정적인 관점과 개발(참여와 권리 존중)이 본격적으로 확산되었다. 또한 이 시기부터 청소년정책에 대한 국가와 사회의 책임이 강조되기 시작하였다.

(5) 청소년정책 5단계

5단계는 2005년 4월 청소년정책 조직의 통합과 단일 청소년 전담조직이 출범한 이후부터 2008년 2월까지의 시기이다. 그동안 문화관광부와 청소년보호위원회로 이원화되어 있던 청소년 관련 중앙행정조직은 체계적 · 종합적 정책 수행의 곤란과 함께 새로운 청소년정책 환경 변화에 능동적으로 대처하는 데 한계가 드러났고, 나아가 각 부처에 산재한 청소년정책의 총괄 조정 역할을 수행하는 과정에서도 어려움을 경험하였다. 이를 극복하기 위해 2004년 12월 17일 '정부혁신지방분권위원회'는 정부의 청소년 기능(육성 및 보호) 통합을 위해 국무총리 소속 '청소년위원회' 설치를 확정·발표하였다. 2004년 12월 20일 '청소년위원회 설립추진단'을 구성·운영하였고, 2005년 4월 27일 국무총리 소속하의 '청소년위원회'를 공식적으로 발족하였으며, 「청소년 기본법」 개정에 따라 2006년 3월 30일 '국가청소년위원회'로 명칭을 변경하였다. 이 시기에는 위기청소년통합지원체계 등 청소년복지 기반이 조성되었고, 청소년 참여와 인권 향상을 위한 정책들이 지속적으로 확대되었다.

(6) 청소년정책 6단계

6단계는 2008년 3월 정부조직 개편으로 아동과 청소년정책의 통합이 추진되면서 청소년정책이 보건복지가족부로 편입된 이후 2010년 2월 여성가족부로 이관되기까지의 시기를 말한다. 하지만 아동정책과 청소년정책의 통합 추진은 상당한 갈등을 겪으면서 결국 여성가족부로 이관되어 다시 분리되기에 이르렀다.

(7) 청소년정책 7단계

7단계는 2010년 1월 18일 가족 해체 및 다문화가족 등 현안사항에 적극 대응하기 위하여 보건복지가족부의 청소년 및 다문화가족을 포함한 가족 기능을 여성가족부로 이관하는 내용의 「정부조직법」을 개정하고, 여성부가 여성가족부로 개편(2010.3.19. 시행)되어 지금에 이르는 시기다. 이 기간에 여성정책의 조정과 종합, 여성의 권익 증진 등 지위 향상뿐만 아니라 가족정책이 더욱 강화되면서 청소년정책이 여성·가족정책과 연계하는 발전 전략을 지향하게 되었다. 2013년부터 2017년까지는 '제5차 청소년정책 기본계획(2013~2017)'를 통해 청소년이 행복한 세상, 청소년이 꿈꾸는 밝은 미래를 비전으로 하여, 위기청소년을 포함한 모든 청소년을 정책대상으로 하여 글로벌 시민으로 성장을 위한 필수역량 함양 및 청소년의 정신건강과 관련한 과제를 강화하였으며, '청소년의 참여와 권리증진'을 별도 과제로 부각함과 더불어, '청소년의 진로와 자립' 등 상대적으로 미진했던 분야의 정책과제를 적극 개발하였다. 2014년 5월 「학교 밖 청소년 지원에 관한 법률」이 제정되고, 2015년 5월 동 법률이 시행되면서 학교 밖 청소년을 포괄하여 모든 청소년으로 청소년정책의 대상이 확대되었다. 아울러 이 시기는 사설 해병대 캠프 사고, 세월호 참사 등의 안전사고들로 인해 청소년정책 및 사업에 있어 청소년의 안전이 무엇보다 강조됨에 따라 「청소년활동 진흥법」을 개정하여 제9조의2에 의거한 '청소년 수련활동 신고제'를 시행하게 되었다. 2018년부터 2022년까지 추진된 '제6차 청소년정책 기본계획'은 청소년의 참여를 활성화하고, 청소년이 주도하는 활동을 확대하고 내실화하는 과제 등을 통해 4차 산업혁명에 대처할 수 있는 역량을 신장하는 것을 목표로 이를 달성하기 위하여 다양한 과제가 추진되었다. 2023년부터 2027년까지 향후 5년간의 청소년정책을 주도할 '제7차 청소년정책 기본계획'에서는 다양한 청소년의 목소리와 급변하는 정책환경에 적극 대응할 수 있는 과제를 발굴하고 강화하기 위한 과제들을 추진하고 있다.

03

Chapter

청소년지도자의 역할 및 자질

1. 청소년지도자

1) 청소년지도자의 개념

청소년지도자란 「청소년 기본법」에 의한 청소년지도사 및 청소년상담사와 청소년시설 · 청소년단체 · 청소년 관련 기관 등에서 청소년육성 및 지도업무에 종사하는 자를 총칭한다. 청소년지도는 청소년이 중심이 되기 때문에 청소년과 청소년지도에 대한 개념의 이해가 선행되어야 한다. 이러한 전제하에 청소년지도방법을 이해할 수 있고 청소년을 위한 다양한 조력활동이 가능하다. 지도(guidance)란 원뜻을 중심의 개념을 살펴보면 이는 '발달을 위한 전문적인 조력활동'이라는 개념으로 살펴볼 수 있다(천정웅 외, 2011). 지도의 지(指)의 한자는 손가락 '지', 또 다른 표현으로는 가리킬 '지'를 의미한다. 도(導)는 이끌 도, 다른 표현으로는 인도할 도이다. 그러므로 지도란 청소년을 대상으로 목적을 지향하는 곳을 가리키며 안내자와 같은 경험자 또는 전문가로서 발달을 위한 전문적인 조력자라고 할 수 있을 것이다.

청소년지도에 대한 학자들의 정의를 보면, 문용린은 "청소년들에게 포괄적인 삶의 경험을 제공해서 그들 나름의 삶을 즐기고 영위해 나가게 함으로써 성인이 되어가는 그들의 노력을 적극적으로 지원해 주는 것"이라 하였다(문용린 외, 1992). 한상철(2014)은 "전문적인 지도 인력(전문지도사: guider or mentor)이 청소년을 지도하는 행위 및 과정으로서 상담의 의미를 내포하고 있으며 청소년들로 하여금 자기 주도적 능력을 갖도록 환경을 조성하고 안내하고 지원하는 일련의 조력활동"이라 하였다. 김진화(2004)는 "청소년들이 그들의 생활 세계에서 직면한 여러 문제(교육적 · 가정적 · 사회적 · 직업적 · 신체적 · 정서적 문제)를 해결할 수 있도록 적극적으로 개입하고 지원하며, 청소년들의 잠재력(인지적 · 사회적 · 정서적 · 신체적 영역)이 바람직하고, 건전하며, 온전한 상태로 성장할 수 있도록 조력하고 지원하는 조직적인 일련의 과정"으로 정의하였다.

한편, 청소년지도자는 "청소년을 주된 대상으로 삼아 그들을 만나는 사람으로서, 청소년 관계의 전문 지식을 습득한 전문직업인 또는 자원봉사자로서 청소년 활동에 종사하는 사람(한상철, 1998)", 또는 "국가로부터 공인된 자격증을 취득하고, 청소년 관계 전문 지식을 가지고 전문직업인으로서 청소년을 대상으로 교육 · 육성 · 지도 · 보호 · 선도하는 활동에 종사하는 사람(신명철, 2000)"이라고 하였다. 한국청소년개발원(2003)은 청소년의 건전한 성장과 발달을 책임지고 지도하는 사람, 청소년들이 일상생활 속에서 접하면서 활동을 제공하고 도움을 주는 사람들까지 지도자로 포함하여 정의하였다. 다시 말하자면 청소년을 대상으로 전문적인 지도자가 청소년들의 건강한 발달을 위해 적극적으로 개입하기 위한 조직적이고 구체적인 행위자로서 정형화된 틀에 박힌 활동이 아니라 사회변화에 민감하게 대처하고 급변하는 청소년 세대에 조응하는 조력 활동하는 자로 정의한다(천정웅 외, 2011).

청소년지도자의 분류는 청소년지도사 자격증을 보유한 청소년지도사, 청소년상담사 자격증을 보유한 청소년상담사 등과 자격증을 보유하고 있지 않지만 청소년을 관련 기관에 종사하는 일반지도자와 자원지도자로 분류하고 있다(임미, 2021; 여성가족부, 2024).

| 그림 3-1 | **청소년지도자의 분류**

출처: 여성가족부. (2024). 2023 청소년백서. 서울: 여성가족부. 재구성.

2) 청소년지도자의 유형

청소년지도자의 유형별 분류는 여러 가지 기준에 따라 분류가 가능하나 일반적으로 지도성격별(협의 개념), 지도대상별, 담당업무별, 직능별, 참여 정도에 따라 분류한다(류동훈 외, 2005).

| 표 3-1 | 청소년지도자의 유형

구분	유형 분류
지도 유형별	청소년 전문지도자, 청소년 일반지도자, 청소년 자원지도자, 청소년상담지도자
지도 대상별	학생 청소년지도자, 근로 청소년지도자, 농·어촌 청소년지도자, 장애 청소년지도자, 비행청소년지도자, 복무 청소년지도자, 무직·미 진학 청소년지도자
담당업무별	수련활동 지도자, 각 고유 영역별 고유 업무담당 지도자, 상담지도자, 교정 담당 지도자, 청소년 행정 담당 공무원
직능별	관리조정자, 활동 지도자, 보조지도자
참여 정도	상근지도자, 비상근지도자

출처: 류동훈 외. (2005). 현장 중심의 청소년수련활동 총론. 파주: 양서원.

3) 청소년지도자의 역할

청소년들과 함께 주어진 공동의 목표를 해결해 나가며 그들이 건전한 성인으로 성장할 수 있도록 보다 효과적으로 지도하고 조력해 나갈 수 있는 활동이 바로 청소년지도이며, 청소년지도방법에 대해 전문적인 지식과 능력을 가지고 있어야 실현되는 활동이다. 또한 청소년지도 현장에서의 실질적 활동과 청소년들의 체험을 통해 자기이해 및 자아존중감은 물론 시민의식, 대인관계, 집단조직 활동 및 의사결정, 커뮤니케이션, 리더십 등의 사회적 기술력이 향상되어야 한다(오윤선 외, 2024). 이러한 특성에 근거하여 한상철(2004)은 청소년지도사의 역할로 전문가, 프로그램 설계자 또는 개발자, 촉진자, 지역사회 지도자, 과학자 및 예술가로서의 역할을 제시하였고, 성열준(2016)은 청소년지도사에게 기대되는 역할로 전문가, 촉진자, 비판적 분석가, 예술가로서의 역할로 규정하였다. 김영인 등(2017)은 청소년지도사의 역할을 청소년에게 희망과 감동을 주고 청소년 스스로 자신의 꿈을 실현시키고자 하는 동기와 의지를 유발하며 지속시키는 교육자이자 리더로 규정하고, 이들의 역할로 프로그램 개발 및 운영자, 동기유발자, 변화촉진자, 평가자, 상담자, 청소년복지 증진자, 연구자, 자원 동원 및 조성자 등 여덟 가지로 규정하였다.

최윤진 등(1993)은 청소년지도사의 역할을 청소년지도의 기본원리에 근거한 전문가(Professional), 촉진자(Facilitator), 비판적 분석가(Critical Analyst), 예술가(Artist) 등의 네 가지 역할로 구분하여 제시하였다.

첫째, 전문가로서 지도자의 역할이다. 청소년지도자는 자신이 맡은 지도활동에 대한 전문적 지식과 기술을 습득한 전문가이어야 한다. 이를 위해 전문적이고 체계적 교육과 훈련을 받았을 뿐만 아니라, 필요한 자격도 습득한 사람이어야 한다.

둘째, 촉진자로서의 지도자의 역할이다. 여기서 촉진자라 함은 청소년활동과 교육을 원활히 촉진시키고 활성화시키는 역할을 의미한다. 이것은 기존의 훈시적이고 지시적인 일방적 지도방법과 대별되는 민주적이고 학습자중심의 개별적 교육방법을 강조하는 지도자의 역할을 강조하고 있다.

셋째, 비판적 분석가로서 지도자의 역할이다. 이것은 청소년들에게 기존의 틀이나 축적된 지식의 수용과 이해뿐만 아니라 그것에 대한 문제나 객관적 분석을 가능케 하여 고정적이거나 편협된 사고방식에서 탈피할 수 있게 해주는 것이다.

넷째, 예술가로서의 청소년지도자의 역할이다. 청소년지도자 예술가로 비유하는 데에는 예술의 창의성, 즉흥성, 조화성, 다양성 등의 특성을 주요하게 염두에 두고 있는 것이다. 즉, 청소년지도에 있어서 일률적인 원칙, 방법, 짜여진 내용에 의해서 지나치게 좌우됨이 없이 상황에 따라 즉흥적으로 적절하게 융통성 있게 그 내용과 방법이 편성되고 적용될 수 있도록 예술가적 특성을 갖출 필요가 있다.

권일남 등(2007)은 조직자(Organizer), 향도(Orientator), 정보제공자(Information Giver), 전문가(Specialist), 격려자(Encourager) 등 다섯 가지 역할로 설정하였다. 맹영임 등(2010)은 청소년지도사의 역할을 세 가지 역할로 구분하였는데, 첫째, 청소년이 지닌 시급한 욕구를 충족해 주고 지금 당면한 문제를 해결해주는 역할, 둘째, 청소년이 건강한 미래 성인으로 성장할 수 있도록 준비와 자립을 도와주는 역할, 셋째, 청소년을 에워싼 환경 조건을 향상시키고 청소년이 건강하게 성장될 수 있는 사회적 변화를 이끌어내는 역할이라고 제시하였다.

다양한 청소년지도자의 역할을 종합해보면, 가장 많은 학자들이 지적한 청소년지도자의 역할은 전문가, 교육자, 변화촉진자, 정보제공자, 조직자, 비판적 분석 및 평가자, 프로그램 설계 및 개발자, 상담자 등이었다(박찬열, 2019; 박소영, 2013). 즉, 청소년의 활동지원, 복지증진, 사회여건 환경 개선, 보호, 교육보완 등의 업무를 통해 그들의 올바른 성장을 지원해 주는 역할이라고 보았다(원혜경, 2020).

청소년지도사는 청소년 전문가로서의 기본적인 역할을 이해하고 이에 상응하는 지식과 기술을 갖추어야 한다. 아울러 청소년지도 현장에서 상황에 알맞은 개입 역할을 선택하고 역할 수행에 필요한 전문 지식과 기술을 적용하는 것이 필요하다. 청소년지도사의 역할을 개입하는 수준의 대상에 따라 미시적 차원(개인), 중범위적 차원, 거시적 차원, 전문가 차원으로 나누어 살펴보면 다음과 같다.

(1) 미시적 차원

미시적 차원, 즉 개인 차원에서 교사, 동기유발자, 조력자, 개발자, 상담자, 분석가, 예술가의 역할을 한다.

첫째, 교사(teacher)는 청소년을 가르치는 역할로써 사회적 기능이나 문제해결 능력을 향상시키는 데 도움이 되는 적절한 정보를 제공하며 적응기술을 익히도록 한다.

둘째, 동기유발자(motivator)는 청소년 스스로가 프로그램에 참여하고 청소년지도를 받고 싶은 마음이 들도록 청소년의 동기를 유발하고 지속시키는 역할을 하는 자를 의미한다. 따라서 청소년지도자는 청소년의 욕구 및 능력 수준, 청소년 활동의 특성과 목적, 청소년시설이나 집단의 자원과 문화, 청소년지도자의 능력과 특성 등을 고려한 다양한 동기유발 방법을 상황에 적합하게 활용할 수 있는 역량을 지녀야 한다.

셋째, 조력자(enabler)는 청소년의 욕구를 파악하고 문제를 명확히 규명하여 해결방안을 탐색하고 전략을 선택하며 보다 효과적인 문제해결 능력을 개발하고 향상시키도록 돕는 역할로서 청소년지도자가 가장 일반적으로 수행하는 역할이다.

넷째, 개발자(developer)는 청소년수련활동이 일련의 계획적이고 체계적인 프로그램에 의해 실행·종결될 수 있도록 청소년의 욕구를 분석하여 전체 지도과정을 설계 및 개발한다. 따라서 청소년지도사는 청소년의 욕구를 분석, 목표 설정, 프로그램 설계 및 개발, 실행, 종결 및 평가라는 일련의 지도과정을 프로그램화하여 관리할 수 있는 개발자로서 능력을 갖추어야 한다.

다섯째, 분석가(analyst)로서 청소년지도사는 축적된 지식과 기존의 인식을 바탕으로 고정적이고 편협한 사고방식과 행동양식을 지닌 청소년들에게 객관적 분석과 통합적 사고를 통해 적합한 행동 대안과 조절된 감정을 획득할 수 있도록 돕는다.

여섯째, 예술가(artist)로서 역할은 예술의 창의성, 즉흥성, 조화성, 다양성 등의 특성을 바탕으로 청소년들의 욕구, 적성, 흥미, 교육수준 등에 따라 다양한 지도기법을 개발하여 접근하는 것이 필요하다.

(2) 중범위적 차원

중범위적 차원은 기관이나 조직 차원에서 촉진자, 훈련가의 역할을 한다.

첫째, 촉진자(faciliatior)는 기관이나 조직의 차원에서 조직의 기능이나 상호작용, 직원들 간의 협조나 지지, 정보교환을 촉진시키며 조직 간의 연결망을 강화하는 등 효과적인 기관 업무를 계획하고 실행하는 데 필요한 행정가로서 역할을 의미한다.

둘째, 훈련가(trainer)는 청소년지도사의 전문가적 개발을 위한 직원 오리엔테이션, 세미나, 워크숍, 사례발표, 수퍼비전 등의 활동에 참여하여 전문가 교육이나 훈련을 담당한다.

(3) 거시적 차원

거시적 차원에서 지역사회 지도자로서 계획가, 행동가의 역할을 수행한다. 이는 청소년의 문제행동이나 심리적 부적응에 대해 사회의 구조적 문제와 관련하여 원인을 찾고 지역사회 내 이러한 요인들을 개선하며 수정 및 발전시키는 활동에 참여하는 것을 의미한다.

첫째, 계획가(planner)는 지역사회나 사회구조에 관심을 갖고 청소년과 그들의 가족 나아가 그들이 속한 지역사회의 욕구를 파악하여 필요한 서비스를 개발하고 프로그램을 계획하는 역할을 담당한다.

둘째, 행동가(activist)로서 청소년지도사는 청소년의 이익과 권리를 저해하는 사회적 불평등이나 문제점을 인식하고 청소년이 기본적 권리를 행사할 수 있도록 정책적 · 사회적 변화를 위한 활동에 참여하는 것이 요구된다.

(4) 전문가 집단의 차원

전문가 집단의 차원에서 촉매자, 연구자의 역할을 하며 이론적 · 실천적으로 청소년학과 실천현장의 프로그램 제고를 위한 활동을 수행한다.

첫째, 촉매자(catalyst)는 프로그램의 질적 · 양적인 발전을 위한 활동하는 것으로 타 전문직과 연계하며 국가적 또는 국제적 활동을 하기도 한다.

둘째, 연구자(researcher)는 급변하는 청소년의 문화와 프로그램에 대한 분석,

지역사회 욕구와 정책 수행의 실태 및 실효성 등을 연구함에 따라 전문적 이론을 발전시킨다. 또한 연구를 토대로 청소년지도 현장에서도 프로그램의 질을 향상시키는 역할을 한다. 이를 위해 청소년지도사는 프로그램 자료를 기록하고 관리하며 효과성을 지속적으로 평가・반영함으로써 더욱 다양하고 향상된 지도 방법을 개발하기 위한 노력에 힘써야 할 것이다.

4) 청소년지도자의 자질

청소년지도자는 청소년들의 의미 있는 변화와 성숙, 전인적 성장, 자아실현 그리고 건전한 국가 사회의식을 갖도록 지도해야 하는 과제를 안고 있다. 이를 위해 전문가로서 다양한 지식과 기술 그리고 역할을 습득함은 물론이고 이러한 역할을 충실하게 수행할 수 있도록 개인적인 자질을 발전시켜 나가야 한다(오윤선 외, 2024).

코리(Corey)는 바람직한 청소년지도자의 자질로 용기, 솔선수범하는 태도, 정서적인 공감, 타인에 대한 선의와 관심, 훈련과정에 대한 신념, 개방성, 공격을 처리하는 능력, 인간적 역량, 끈기, 자신에 대한 각성, 유머 감각, 창의성, 모험성 등을 열거하였다(Corey, 1977). 권이종 등(2011)은 청소년지도자의 자질로 인간에 대한 선의와 관심, 자신에 대한 각성, 용기, 창의적 태도, 끈기, 유머 감각, 청소년지도자의 연수적 노력으로 보는 반면, 청소년지도자의 심각한 자기 문제로는 부적절한 자질로 보았다. 성열준(2016)은 청소년의 발달 가능성을 인정하는 긍정적인 태도, 청소년을 지도하는 일에 대한 긍지와 보람과 자부심, 투철한 자기 철학, 항상 공부하고 끊임없이 노력하는 태도, 전문성 강화 등을 청소년지도자의 자질로 보았다. 김영인 등(2017)은 노르트하우스(Northouse)가 제시한 윤리적 리더십의 다섯 가지 원리를 적용한 다섯 가지의 자질, 즉 청소년에 대한 존중, 봉사, 정의, 정직, 공동체 형성을 위한 노력을 청소년지도자의 자질로 설명하였다(Northouse, 2001).

한국청소년정책연구원(2015)에서 제시한 청소년지도자의 자질을 중심으로 구체적으로 살펴보도록 하겠다.

첫째, 자기 이해이다. 청소년지도자는 자기 자신의 정체성, 목표, 동기, 요구, 제한, 장점 및 단점, 가치관, 문제 등에 대해 자각하고 있어야 한다. 이렇게 자기 인식과 성장이 이루어진 지도자는 청소년과 참 만남의 관계를 형성할 수 있고, 생산적이고 합리적으로 행동할 수 있으며 자신의 모든 잠재성을 최대한 발휘할 수 있다.

둘째, 전문 지식을 갖추고 있어야 한다. 청소년지도사는 청소년발달 특징, 청소년 심리, 청소년 정책, 청소년문화 등 청소년지도방법을 설계하고 실행하는 데 필요한 전문 지식을 구비해야 한다.

셋째, 전문기술이다. 청소년지도자가 습득해야 할 전문기술은 크게 조정 및 통합의 기술, 인간관계 기술, 실무적 기술로 구분할 수 있다. 조정 및 통합의 기술은 상급 지도자나 관리자 수준에서 특히 크게 요구되는 기술이다. 지역 내 청소년집단 간의 요구를 조정하고 통합하는 기술, 지역 내 청소년기관 간의 업무를 조정 및 통합하는 기술, 지도자와 청소년 간의 관계를 조정하는 기술, 성인과 청소년의 요구를 조정하는 기술 등을 포함한다. 인간관계 기술은 중간관리자로서 요구되는 핵심적 기술로 상급 지도자와 실무 지도자 사이를 중재하는 데 중요시되는 기술이다. 실무적 기술은 청소년지도를 직접 담당하는 활동지도자에게 특별히 요구되는 기술로 직접적인 청소년활동과 관련된 지도기술이라 할 수 있다. 청소년지도자가 습득할 기술은 ① 수련활동 지도기술(문화적 감성 함양기술, 과학정보 능력 함양기술, 환경보전 의식 제고기술, 모험심과 개척정신 향상기술, 전문적 직업능력 준비기술, 국제적 감각 고양기술, 봉사와 협력정신 함양기술), ② 프로그램 개발기술, ③ 운영관리 기술, ④ 사업 및 행사 기획기술, ⑤ 홍보마케팅 기술 등이 있다(김창현, 2023).

2. 청소년지도사

1) 청소년지도사의 개념

청소년지도사는 「청소년기본법」에 따라 청소년수련시설 · 청소년이용시설 · 청소년단체 · 청소년 관련 기관, 기타 지역사회 등에서 청소년육성 및 지도업무에 종사하는 자를 말한다. 청소년 관련 분야의 경력, 기타 조건을 갖춘 자로서 자격검정에 합격하고 소정의 연수를 마친 자에게 청소년지도사 자격을 부여하고 청소년 수련활동(프로그램, 사업)을 전담하여 학생, 근로, 복지, 무직 청소년 등 전체 청소년의 신체단련, 정서함양, 자연체험, 예절 수양, 사회봉사, 전통문화활동 등을 지도한다고 되어 있다(신성철 외, 2020).

2) 청소년지도사 양성과정

급격한 사회 변화에 따라 심화되고 있는 청소년 문제를 적극적으로 해결하고 체계적인 청소년활동을 제공하기 위해서는 청소년활동에 대한 전문지식과 지도 기법 및 자질을 갖춘 청소년지도자의 양성이 필요하다. 청소년지도자의 체계적이고 전문적인 양성을 위해 「청소년 기본법」에서는 청소년지도사 양성 및 배치에 관한 내용을 규정하여 1993년부터 국가공인 청소년지도사를 양성해오고 있다.

청소년지도사는 청소년활동(프로그램, 사업)을 전담하여 청소년의 수련활동, 지역 · 국가 간 교류활동, 동아리활동, 봉사활동, 문화예술활동 등을 지도한다. 청소년지도사의 등급별 자격검정에 응시할 수 있는 자격 기준과 자격검정 과목 및 방법은 다음과 같다.

(1) 응시자격(2026년 12월 26일까지)

| 표 3-2 | 청소년지도사 자격검정의 등급별 응시자격 기준

등급	응시자격 기준
1급 청소년지도사	2급 청소년지도사 자격 취득 후 청소년활동 등 청소년육성업무에 종사한 경력이 3년 이상인 사람
2급 청소년지도사	1. 대학 졸업(예정)자 또는 이와 같은 수준 이상의 학력이 있는 사람으로서 2급 청소년지도사 자격검정에 필요한 과목 모두를 전공과목으로 이수한 사람 2. 2005년 12월 31일 이전에 대학을 졸업하였거나 이와 같은 수준 이상의 학력을 취득한 사람으로서 별표 1의2에 따른 과목을 이수한 사람 3. 대학원의 학위과정 수료(예정)자로서 2급 청소년지도사 자격검정에 필요한 과목 모두를 전공과목으로 이수한 사람 4. 2005년 12월 31일 이전에 대학원의 학위과정을 수료한 사람으로서 별표 1의2에 따른 과목 중 필수영역 과목을 이수한 사람 5. 대학 졸업 또는 이와 같은 수준 이상의 학력이 있다고 다른 법령에서 인정받은 후 청소년활동 등 청소년육성업무에 종사한 경력이 2년 이상인 사람 6. 전문대학 졸업 또는 이와 같은 수준 이상의 학력이 있다고 다른 법령에서 인정받은 후 청소년활동 등 청소년육성업무에 종사한 경력이 3년 이상인 사람 7. 3급 청소년지도사 자격 취득 후 청소년활동 등 청소년육성업무에 종사한 경력이 2년 이상인 사람 8. 고등학교 졸업 또는 이와 같은 수준 이상의 학력을 인정받은 후 청소년활동 등 청소년육성업무에 종사한 경력이 8년 이상인 사람
3급 청소년지도사	1. 전문대학 졸업(예정)자 또는 이와 같은 수준 이상의 학력이 있는 사람으로서 3급 청소년지도사 자격검정에 필요한 과목 모두를 전공과목으로 이수한 사람 2. 2005년 12월 31일 이전에 전문대학을 졸업하였거나 이와 같은 수준 이상의 학력을 취득한 사람으로서 별표 1의2에 따른 과목을 이수한 사람 3. 전문대학 졸업 또는 이와 같은 수준 이상의 학력이 있다고 다른 법령에서 인정받은 후 청소년활동 등 청소년육성업무에 종사한 경력이 2년 이상인 사람 4. 고등학교 졸업 또는 이와 같은 수준 이상의 학력이 있다고 다른 법령에서 인정받은 후 청소년활동 등 청소년육성업무에 종사한 경력이 3년 이상인 사람

비고

1. 청소년활동 등 청소년육성업무 종사경력의 인정 범위와 내용은 여성가족부장관이 별도로 정하여 고시한다.
2. 2급 청소년지도사 자격증을 소지하고 대학원에서 1급 자격검정에 필요한 과목을 전공과목으로

이수한 석사학위 소지자 또는 박사학위 소지자는 각각 2년 또는 3년의 경력을 가진 것으로 인정한다.
3. 제18조에 따른 청소년지도자 연수 등 청소년육성 관련 연수 또는 교육을 받은 경우 그 내용에 따라 점수로 환산하여 청소년지도사 자격 취득에 필요한 청소년활동 등 청소년육성업무 종사 경력으로 인정할 수 있다. 이 경우 연수 및 교육을 받은 사람의 경력환산 점수는 여성가족부장관이 별도로 정하여 고시한다.
4. 고등학교, 대학, 전문대학 및 대학원이란 각각 「초·중등교육법」 제2조 제4호에 따른 고등학교, 「고등교육법」 제2조 제1호·제4호에 따른 대학·전문대학, 「고등교육법」 제29조에 따른 대학원을 말한다.

출처: 국가법령정보센터. (2024). www.law.go.kr

| 표 3-3 | 청소년지도사 등급별 자격검정의 과목 및 방법

등급	검정과목	검정방법	
1급 청소년지도사	청소년연구방법론, 청소년 인권과 참여, 청소년정책론, 청소년기관 운영, 청소년지도자론	주관식·객관식 필기시험	
2급 청소년지도사	청소년육성제도론, 청소년지도방법론, 청소년 심리 및 상담, 청소년문화, 청소년활동, 청소년프로그램 개발과 평가, 청소년문제와 보호, 청소년복지	객관식 필기 시험	면접 (3급 청소년지도사 자격증 소지자는 면접시험 면제)
3급 청소년지도사	청소년육성제도론, 청소년지도방법론, 청소년 심리 및 상담, 청소년문화, 청소년활동, 청소년프로그램 개발과 평가, 청소년문제와 보호	객관식 필기 시험	면접

출처: 국가법령정보센터. (2024). www.law.go.kr

(2) 개정법령에 따른 응시자격(2027년 1월 1일부터)

청소년지도사 자격검정 변경내용

▶ (자격등급) 1급, 2급, 3급('26.12.31까지) ➡ 1급, 2급('27.1.1.부터)
▶ (1급 검정방법) 주관식·객관식 필기시험 ➡ 객관식 필기시험
▶ (2급 검정방법) 객관식 필기시험(or 필기면제) + 면접 ➡ 서류 심사
▶ (2급 검정과목 변경) 8과목 ➡ 9과목[8과목 + '청소년기관 현장실습'(130시간)]
※ 실습기관의 요건, 선정·취소의 기준, 실습 운영 방법 등 ➡ 여성가족부 고시로 정함
▶ (이수학점 기준 신설) 과목당 이수학점 기준 없음 ➡ 대학 3학점, 대학원 2학점 이상

| 표 3-4 | 청소년지도사 자격검정의 등급별 응시자격 기준

등급	응시자격 기준
1급 청소년지도사	2급 청소년지도사 자격 취득 후 청소년활동 등 청소년육성업무에 종사한 경력이 3년 이상인 사람
2급 청소년지도사	가. 「고등교육법」에 따른 대학원의 학위과정을 수료한 사람으로서 별표 2에 따른 2급 청소년지도사의 검정과목을 모두 이수한 사람 나. 「고등교육법」에 따른 대학 또는 전문대학을 졸업(법령에서 이와 같은 수준 이상의 학력이 있다고 인정하는 경우를 포함한다)한 사람으로서 별표 2에 따른 2급 청소년지도사의 검정과목을 모두 이수한 사람 다. 대통령령 제34050호 청소년 기본법 시행령 일부 개정령 시행 전에 종전의 규정에 따라 3급 청소년지도사 자격을 취득한 사람으로서 다음의 어느 하나에 해당하는 사람 1) 청소년활동 등 청소년육성업무에 종사한 경력이 2년(3급 청소년지도사 자격 취득 후의 경력만 해당한다) 이상인 사람 2) 별표 2 제2호 자목에 따른 청소년기관 현장실습을 이수한 사람 라. 2005년 12월 31일 이전에 「고등교육법」에 따른 대학원의 학위과정을 수료한 사람으로서 다음의 요건을 모두 갖춘 사람 1) 별표 1의2에 따른 대학 또는 대학원의 필수영역의 이수과목을 모두 이수할 것 2) 별표 2 제2호 자목에 따른 청소년기관 현장실습을 이수할 것 마. 2005년 12월 31일 이전에 「고등교육법」에 따른 대학을 졸업(법령에서 이와 같은 수준 이상의 학력이 있다고 인정하는 경우를 포함한다)한 사람으로서 다음의 요건을 모두 갖춘 사람 1) 별표 1의2에 따른 대학 또는 대학원의 이수과목을 모두 이수할 것 2) 별표 2 제2호 자목에 따른 청소년기관 현장실습을 이수할 것 바. 2005년 12월 31일 이전에 「고등교육법」에 따른 전문대학을 졸업(법령에서 이와 같은 수준의 학력이 있다고 인정하는 경우를 포함한다)한 사람으로서 다음의 요건을 모두 갖춘 사람 1) 별표 1의2에 따른 전문대학의 이수과목을 모두 이수할 것 2) 별표 1의2에 따른 대학 또는 대학원의 이수과목 중 1과목을 추가로 이수하거나 별표 2 제2호 가목부터 아목까지의 검정과목 중 1과목을 추가로 이수할 것 3) 별표 2 제2호 자목에 따른 청소년기관 현장실습을 이수할 것

비고

1. 청소년활동 등 청소년육성업무 종사경력의 인정 범위와 내용은 여성가족부장관이 별도로 정하여 고시한다.
2. 2급 청소년지도사 자격증을 소지하고 대학원에서 1급 자격검정에 필요한 과목을 전공과목으로 이수한 석사학위 소지자 또는 박사학위 소지자는 각각 2년 또는 3년의 경력을 가진 것으로 인정한다.

3. 제18조에 따른 청소년지도자 연수 등 청소년육성 관련 연수 또는 교육을 받은 경우 그 내용에 따라 점수로 환산하여 청소년지도사 자격 취득에 필요한 청소년활동 등 청소년육성업무 종사 경력으로 인정할 수 있다. 이 경우 연수 및 교육을 받은 사람의 경력환산 점수는 여성가족부장관이 별도로 정하여 고시한다.
4. 별표 1의2에 따른 이수과목 이수, 별표 2에 따른 2급 청소년지도사의 검정과목 이수 및 같은 표 제2호 자목에 따른 청소년기관 현장실습 이수는 대학원의 학위과정 수료, 대학·전문대학의 졸업 또는 학력 인정 전과 후의 이수를 모두 포함한다.

출처: 국가법령정보센터. (2024). www.law.go.kr

| 표 3-5 | 청소년지도사 등급별 자격검정의 과목 및 방법

등급	검정과목	검정방법
1급 청소년지도사	청소년연구방법론, 청소년 인권과 참여, 청소년정책론, 청소년기관 운영, 청소년지도자론	객관식 필기시험
2급 청소년지도사	청소년육성제도론, 청소년지도방법론, 청소년심리 및 상담, 청소년문화, 청소년활동, 청소년프로그램 개발과 평가, 청소년문제와 보호, 청소년복지, 청소년기관 현장실습	서류심사

비고
1. 청소년지도사의 검정과목과 관련된 인정 범위는 여성가족부장관이 정하여 고시한다.
2. 2급 청소년지도사의 검정과목을 이수하려면 「고등교육법」에 따른 대학 또는 전문대학 졸업(이와 같은 수준의 학력이 있다고 다른 법령에서 인정받은 경우를 포함한다)의 경우에는 검정과목당 3학점을, 「고등교육법」에 따른 대학원의 학위과정 수료의 경우에는 검정과목당 2학점 이상을 각각 취득해야 한다.
3. 제2호 자목의 청소년기관 현장실습 시간은 130시간 이상으로 하며, 실습기관의 요건, 선정·취소의 기준 및 실습 운영 방법 등에 관한 사항은 여성가족부장관이 정하여 고시한다.

출처: 국가법령정보센터. (2024). www.law.go.kr

3) 청소년지도사 이수과정

(1) 이수과정(2026년 12월 26일까지)

청소년지도사 양성은 여성가족부 주관으로 한국산업인력공단에 위탁하여 자격검정을 실시하고 자격검정에 합격한 자에게 한국청소년활동진흥원에서 연수를 실시한 후 청소년지도사자격증을 교부하고 있다.

청소년지도사 자격검정의 합격 기준은 필기시험 매 과목 40점 이상, 전 과목

평균 60점 이상의 점수를 얻어야 한다. 또한 2008년 1월부터는 2급 자격기준 중 대학졸업(예정)자 또는 이와 동등 이상의 학력이 있는 자로서 2급 청소년지도사 자격검정에 필요한 과목 모두를 전공과목으로 이수한 자와, 3급 지도사의 경우 전문대학 졸업(예정)자 또는 이와 동등 이상의 학력이 있는 자로서 3급 청소년지도사 자격검정에 필요한 과목 모두를 전공과목으로 이수한 자는 해당 급수의 청소년지도사 자격검정 필기시험을 면제한다.

자격검정에 합격한 자를 대상으로 실시하는 연수는 30시간 이상으로 하며, 자질과 전문성을 함양할 수 있는 내용으로 구성된다. 청소년지도사 자격검정 및 연수체계도는 다음과 같다.

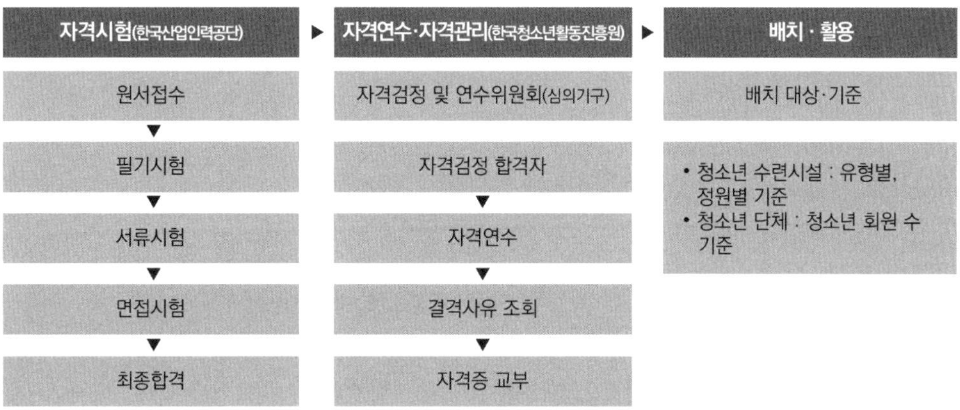

| 그림 3-2 | **청소년지도사 연수체계도**

출처: 여성가족부. (2024). 2023 청소년백서. 서울: 여성가족부.

(2) 개정법령에 따른 이수과정(2027년 1월 1일부터)

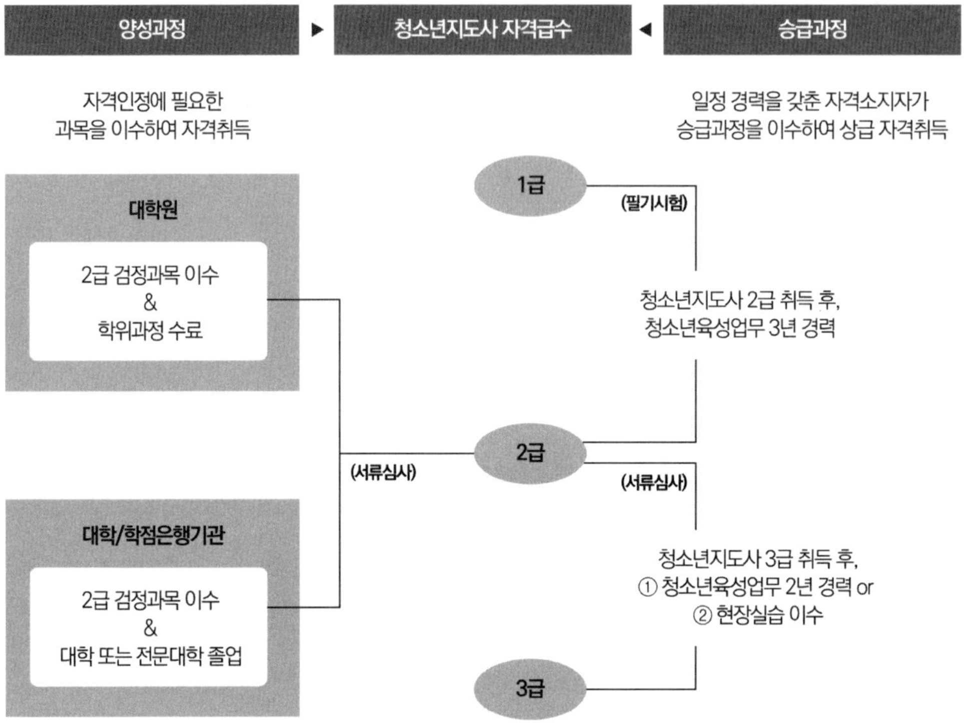

| 그림 3-3 | **청소년지도사의 자격검정 및 연수 체계도**

(3) 개정법령에 따른 현장실습(2027년 1월 1일부터)

○ 검정과목 명칭 : 청소년기관 현장실습

○ 도입배경 및 목적

- 2급 청소년지도사 자격취득자의 실무능력을 높일 수 있도록 자격검정의 방법에서 필기시험 및 면접시험을 폐지하고, 그 대신 검정과목에 '청소년기관 현장실습'을 추가하게 됨
- '청소년기관 현장실습'은 실습기관의 이해, 업무분석, 기관운영 프로그램 분석과 모의 프로그램 기획 등을 통해 청소년에 관한 이론과 실제를 통합적으로 이해하는 교과과정으로 운영

| 표 3-6 | **현장실습 운영기준**

구분	운영 기준(안)
시간	130시간
내용	▶ 실습기관의 근로환경과 동일한 여건하에서 실습하는 것을 전제로, ▶ 1일 8시간(09:00~18:00), 주 5회(휴일 제외)의 통상근로시간 내 진행 ※ 점심 및 저녁 등의 식사시간은 총 130시간의 실습시간에서 제외 ※ 현장실습기관의 특성 및 실습생의 상황(직장인 등)을 고려하여 야간 및 주말도 실습 가능
현장실습 이수요건	▶ 청소년기관 현장실습은 과목 형태로 수강 신청 후 실습기관을 통해 진행 ▶ 청소년기관 현장실습 교과목으로 편성된 실습오리엔테이션을 이수한 자에 한하여 현장실습을 할 수 있음 ▶ 현장실습은 청소년기관 현장실습 교과목의 성적 산출 및 학점 부여 이전에 종료하여야 함 ※ 선이수교과목 등 교과목 이수요건 ⇨ 실습운영 관련 고시 등으로 확정 예정

※ 향후 실습운영 관련 고시 및 지침 등 확정시 일부 내용에 변경이 가능함

4) 청소년지도사 배치기준

「청소년 기본법」에 따르면, 청소년시설과 단체에는 일정한 기준에 의하여 청소년지도사를 배치하여야 한다. 청소년시설별 청소년지도사 배치기준은 다음과 같다.

| 표 3-7 | **청소년지도사 시설별 배치기준**

배치대상		배치기준
청소년수련시설	청소년 수련관	1급 또는 2급 청소년지도사 각각 1명 이상을 포함하여 4명 이상의 청소년지도사를 두되, 수용인원이 500명을 초과하는 경우에는 500명을 초과하는 250명당 1급 또는 2급 청소년지도사나 대통령령 제34050호 청소년 기본법 시행령 일부개정령 시행 전에 종전의 규정에 따라 3급 청소년지도사 자격을 취득한 사람 중 1명 이상을 추가로 둔다.
	청소년 수련원	1) 1급 또는 2급 청소년지도사 1명 이상을 포함하여 2명 이상의 청소년지도사를 두되, 수용정원이 500명을 초과하는 경우에는 1급 청소년지도사 1명 이상과 500명을 초과하는 250명당 1급 또는 2급 청소년지도사나 대통령령 제34050호 청소년 기본법 시행령 일부 개정령 시행 전에 종전의 규정에 따라

		3급 청소년지도사 자격을 취득한 사람 중 1명 이상을 추가로 둔다. 2) 지방자치단체에서 폐교시설을 이용하여 설치한 시설로서 특정 계절에만 운영하는 시설의 경우에는 청소년지도사를 두지 않을 수 있다.
	유스호스텔	청소년지도사를 1명 이상 두되, 숙박 정원이 500명을 초과하는 경우에는 1급 또는 2급 청소년지도사 1명 이상을 추가로 둔다.
	청소년야영장	1) 청소년지도사를 1명 이상 둔다. 다만, 설치·운영자가 동일한 시·도 안에 다른 수련시설을 운영하면서 청소년야영장을 운영하는 경우로서 다른 수련시설에 청소년지도사를 둔 경우에는 그 청소년야영장에 청소년지도사를 별도로 두지 않을 수 있다. 2) 국가, 지방자치단체, 그 밖에 공공법인이 설치·운영하는 청소년야영장으로서 청소년 수련거리의 실시 없이 이용 편의만 제공하는 경우에는 청소년지도사를 두지 않을 수 있다.
	청소년문화의집	청소년지도사를 1명 이상 둔다.
	청소년특화시설	1급 또는 2급 청소년지도사 1명 이상을 포함하여 2명 이상의 청소년지도사를 둔다.
청소년단체		청소년 회원 수가 2천 명 이하인 경우에는 1급 청소년지도사 또는 2급 청소년지도사 1명 이상을 두되, 청소년 회원 수가 2천 명을 초과하는 경우에는 그 초과하는 2천 명마다 1급 청소년지도사 또는 2급 청소년지도사 1명 이상을 추가로 두며, 청소년 회원 수가 1만 명 이상인 경우에는 청소년지도사의 5분의 1 이상은 1급 청소년지도사로 두어야 한다.

출처: 여성가족부. (2024). 2023 청소년백서. 서울: 여성가족부.

5) 청소년지도사의 보수교육

청소년시설 및 청소년단체 등에서 청소년육성업무에 종사하는 청소년지도사는 역량 강화 및 자질 향상을 위하여 「청소년 기본법」에 근거하여 2013년부터 보수교육을 의무적으로 받고 있다. 2017년 1월, 「청소년 기본법 시행규칙」 제10조의2의 개정(2017.1.1. 시행)으로 교육시간이 20시간 이상에서 15시간 이상으로 완화되었으며 청소년정책 및 권리교육, 성평등교육, 청소년활동과 안전, 청소년 현장에 필요한 과목으로 운영하고 있다.

3. 청소년상담사

1) 응시자격 및 과목과 방법

청소년상담사 자격증은 상담 관련 분야를 전공하고 상담 실무 경력이나 기타 자격을 갖춘 자로서 자격검정에 합격하고, 100시간 이상의 연수를 마친 자에게 부여하는 국가자격증이다. 청소년상담사는 국가 차원의 청소년상담 관련 기관인 한국청소년상담복지개발원, 시 · 도 및 시 · 군 · 구 청소년상담복지센터, 초 · 중 · 고 · 대학의 학생상담소, 청소년수련관, 사회복지관, 청소년쉼터, 청소년 관련 복지시설, 경찰청이나 법무부 등 청소년 업무 지원부서, 사설 청소년상담실, 아동 · 청소년 대상 병원, 일반 청소년 관련 사업체, 근로 청소년 관련 사업체 등에서 청소년상담 업무에 종사한다. 청소년상담사 자격검정 등급별 응시자격 기준은 다음과 같다.

| 표 3-8 | 청소년상담사 등급별 자격검정 응시자격 기준

등급	응시자격 기준
1급 청소년상담사	1. 대학원에서 청소년(지도)학 · 교육학 · 심리학 · 사회사업(복지)학 · 정신의학 · 아동(복지)학 · 상담학 분야 또는 그 밖에 여성가족부령으로 정하는 상담 관련 분야(이하 “상담 관련 분야”라 한다)의 박사학위를 취득한 사람 2. 대학원에서 상담 관련 분야의 석사학위를 취득한 후 상담 실무경력이 4년 이상인 사람 3. 2급 청소년상담사로서 상담 실무경력이 3년 이상인 사람 4. 제1호 및 제2호에 규정된 사람과 같은 수준 이상의 자격이 있다고 여성가족부령으로 정하는 사람
2급 청소년상담사	1. 대학원에서 상담 관련 분야의 석사학위를 취득한 사람 2. 대학 또는 다른 법령에 따라 이와 동등한 학력을 인정받는 기관에서 상담 관련 분야 학사학위를 취득한 후 상담 실무경력이 3년 이상인 사람 3. 3급 청소년상담사로서 상담 실무경력이 2년 이상인 사람 4. 제1호부터 제3호까지에 규정된 사람과 같은 수준 이상의 자격이 있다고 여성가족부령으로 정하는 사람

3급 청소년상담사	1. 대학 및 「평생교육법」에 따른 학력이 인정되는 평생교육시설의 상담 관련 분야의 학사학위를 취득한 사람 2. 전문대학 또는 다른 법령에 따라 이와 동등한 학력을 인정받는 기관에서 상담 관련 분야 전문학사를 취득한 사람으로서 상담 실무경력이 2년 이상인 사람 3. 대학 또는 다른 법령에 따라 이와 동등한 학력을 인정받는 기관에서 학사학위를 취득한 후 상담 실무경력이 2년 이상인 사람 4. 전문대학 또는 다른 법령에 따라 이와 동등한 학력을 인정받는 기관에서 전문학사학위를 취득한 후 상담 실무경력이 4년 이상인 사람 5. 고등학교를 졸업하고 상담 실무경력이 5년 이상인 사람 6. 제1호부터 제4호까지에 규정된 사람과 같은 수준 이상의 자격이 있다고 여성가족부령으로 정하는 사람
비고 1. 상담 실무경력의 인정 범위와 내용은 여성가족부장관이 별도로 정하여 고시한다. 2. 고등학교, 대학, 전문대학 및 대학원은 별표 1의 비고 제4호와 같다. 3. 응시자격을 갖추었는지 여부는 자격검정 공고에서 정하는 서류제출 마감일을 기준으로 판단한다.	

출처: 국가법령정보센터. (2024). www.law.go.kr

청소년상담사 자격검정은 필기시험과 면접시험으로 구성되어 있으며, 필기시험 과목은 1급 5과목, 2급과 3급은 각각 6과목이며, 합격기준은 매 과목 100점을 만점으로 하여 매 과목 40점 이상, 전 과목 평균 60점 이상이다. 필기시험 합격 후 면접시험을 볼 수 있다. 필기시험에 합격한 자에 한해 응시자격기준에 해당하는지 여부를 확인하기 위하여 서류심사를 실시한다. 면접시험에 합격하고 서류심사를 통과한 자를 자격검정 최종합격자로 본다. 청소년상담사 자격검정 과목과 방법은 다음과 같다.

| 표 3-9 | 청소년상담사 등급별 자격검정 과목 및 방법

등급	검정과목		검정방법	
	구분	과목		
1급 청소년상담사	필수	상담사 교육 및 사례지도, 청소년 관련 법과 행정, 상담연구방법론의 실제	필기시험	면접
	선택	비행상담, 성상담, 약물상담, 위기상담 중 2과목		
2급 청소년상담사	필수	청소년 상담의 이론과 실제, 상담연구방법론의 기초, 심리측정 평가의 활용, 이상심리	필기시험	면접
	선택	진로상담, 집단상담, 가족상담, 학업상담 중 2과목		
3급 청소년상담사	필수	발달심리, 집단상담의 기초, 심리측정 및 평가, 상담이론, 학습이론	필기시험	면접
	선택	청소년이해론, 청소년수련활동론 중 1과목		

비고: "청소년 관련 법"이란 「청소년기본법」, 「청소년복지지원법」, 「청소년보호법」, 「아동 · 청소년의 성보호에 관한 법률」, 「청소년활동진흥법」, 「학교폭력예방 및 대책에 관한 법률」, 「소년법」을 말하며, 그 밖의 법령을 포함하는 경우 여성가족부장관이 고시한다.

출처: 국가법령정보센터. (2024). www.law.go.kr

2) 청소년상담사 이수과정

청소년상담사의 경우, 여성가족부의 주관으로 '한국청소년상담복지개발원'과 '한국산업인력공단'에 위탁하여 자격검정을 실시하고 자격검정에 합격한 자에 대하여는 실무능력 향상을 위해 100시간 이상 의무 연수를 실시하며, 청소년상담복지센터와 청소년쉼터 등 청소년 복지시설에 배치 · 활용된다.

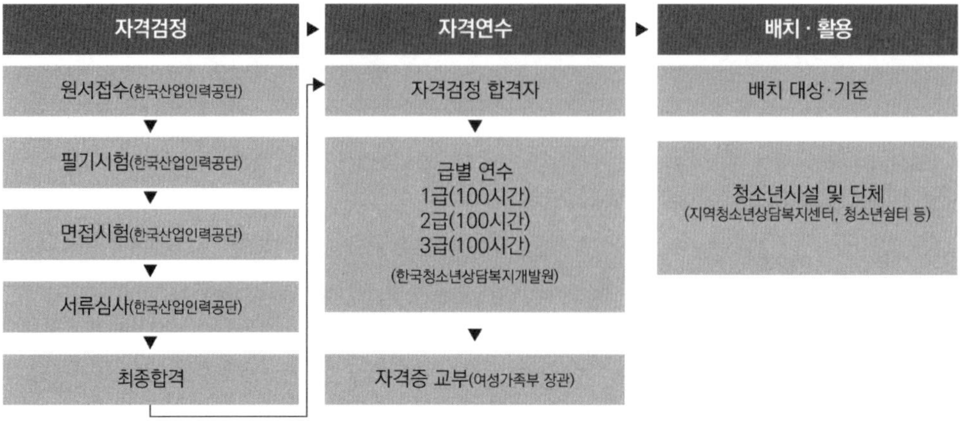

| 그림 3-4 | **청소년상담사 연수체계도**

출처: 여성가족부. (2024). 2023 청소년백서. 서울: 여성가족부.

3) 청소년상담사 자격연수

청소년상담사 자격연수 과목은 청소년 상담 관련 이론과 실제적인 실무를 익힐 수 있도록 구성되어 있으며, 1급 · 2급 · 3급 모두 5과목으로 구성되어 있다. 자격연수 형태는 급별 책무에 맞는 질적 교육을 위하여 이론, 세미나, 실습 등으로 구성되어 있다.

| 표 3-10 | **청소년상담사 등급별 자격검정 과목 및 방법**

등급	연수과목
1급 청소년상담사	청소년 관련법과 정책, 청소년 상담 프로그램 개발, 청소년 상담 · 수퍼비전, 청소년 위기 개입 Ⅱ, 청소년문제 세미나
2급 청소년상담사	부모상담, 지역사회상담, 청소년 상담과정과 기법, 청소년 위기 개입 Ⅰ, 청소년 진로 · 학업상담
3급 청소년상담사	청소년 개인상담, 청소년 매체상담, 청소년발달 문제, 청소년 상담 현장론, 청소년 집단상담

출처: 여성가족부. (2024). 2023 청소년백서. 서울: 여성가족부.

4) 청소년상담사 배치기준

「청소년 기본법」에 따르면, 배치 대상 청소년시설에는 일정한 기준에 의하여 청소년상담사를 배치하여야 하며, 청소년상담사 배치기준은 다음과 같다.

| 표 3-11 | 청소년상담사 배치기준

배치 대상 청소년시설	배치기준
「청소년복지 지원법」 제29조에 따라 특별시·광역시·도 및 특별자치도에 설치된 청소년상담복지센터	청소년상담사 3명 이상을 둔다.
「청소년복지 지원법」 제29조에 따라 시·군·구에 설치된 청소년상담복지센터	청소년상담사 1명 이상을 둔다.
「청소년복지 지원법」 제31조 제1호부터 제3호까지의 규정에 따른 청소년복지시설	청소년상담사 1명 이상을 둔다.

출처: 국가법령정보센터. (2024). www.law.go.kr

5) 청소년상담사 보수교육

「청소년 기본법」 제24조의2에 따라 청소년시설, 청소년단체 및 학교 등에서 청소년 상담 업무에 종사하는 청소년상담사는 자질 향상을 위하여 정기적으로 보수교육을 받아야 한다. 한국청소년상담복지개발원은 청소년상담사 국가자격제도를 통해 많은 청소년상담 전문인력을 배출하였다. 또한, 청소년상담사를 대상으로 전문 영역별 보수교육을 통해 실제 청소년상담 업무에서 요구되는 역량을 개발할 수 있도록 지원함으로써 일선에서 청소년상담사의 전문성이 효율적으로 활용될 수 있는 체계를 마련하는 성과를 나타냈다. 그밖에 지속적인 또래상담지도자 양성교육과 활성화 대회를 개최하여 또래상담자 네트워크의 안정적 운영을 꾀하였으며, 품성 계발 및 부모교육 프로그램의 전국적 활성화를 위하여 교육자료 및 지침서를 개발함으로써 질적으로 향상된 프로그램이 운영될 수 있도록 지원하였다. 이외에도 청소년의 인터넷·스마트폰에 대한 과의존을 예방·해소하기 위한 상담사의 전문성을 향상하고자 고품질의 양성교육을 지원하였고, 학교 밖 청소년 지도를 위한 꿈드림 프로그램 활용 교육을 지원함으로써 지역사회 내에서 위기 상태에 놓인 청소년들에게 좀 더 질 높은 맞춤형 서비스를 제공하였다.

한국청소년상담복지개발원에서 실시하고 있는 전문상담사업은 전문상담의 시범적 운영을 통해 청소년의 다양하고 복합적인 문제해결에 대한 솔루션을 개발하고 있으며, 정보화 시대에 발맞추어 청소년들이 인터넷을 통해 손쉽게 상담을 받을 수 있는 사이버상담센터를 지속적으로 운영하고 있다. 청소년상담·복지체계 활성화 지원 사업에서는 청소년상담 중추기관으로서 시·도 및 시·군·구 청소년상담복지센터 등 상담복지 전문기관 관계자 회의를 지속적으로 개최하여 상담복지 전문기관의 발전방향을 논의하고, 유기적 협력관계를 유지할 수 있도록 노력하고 있다(여성가족부, 2024).

04 Chapter

청소년학과 내용

1. 청소년학

1) 청소년학의 개념

유럽은 우리보다 오랫동안 청소년 연구를 하여 축적시킨 결과들을 바탕으로 학문이 발전하여 왔으나 독립된 분과 학문으로 정립하려는 시기는 1980년대부터 북유럽을 중심으로 시작하였다(Fornäs, 1989; Helve, 2002; Helve and Holm: 2005). 우리나라는 1990년대 들어서야 본격화됐다고 말할 수 있다(함종한, 1992; 최충옥, 1993; 한상철; 1998; 한준상, 2001; 1999b; 배규한 외, 2007).

스웨덴 스톡홀름대학의 요한 포내스(Johan Fornäs, 1989) 교수는 청소년 연구(youth research)를 청소년과학(youth science) 혹은 청소년학(Juventology)이라 칭하면서, '단일 분과 학문으로 정립되지는 않았지만 다양한 관심과 학문의 집합체로 광범위한 영역을 갖는 다학문적 분야'로 정의한 바 있으며, 그는 청소년학의 기본이 되는 분과 학문 분야로 자신의 전공분야와 함께 영화와 미디어연구, 사회학, 교육학, 문화이론 및 대중 문화연구분야 등을 꼽았다. 이들 연구 분야가 다학문적으로 접근하고 간학문적으로 연구하는 학문이 바로 청소년학, 곧 쥬벤톨로지(Juventology)라고 규정하였다.

핀란드 헬싱키대학의 헬브(Helve, 2002; 2005) 교수도 쥬벤톨로지(Juventology)는 사회과학의 한 분과 학문으로써 '청소년 및 청소년과 세계와의 다양한 현상을 이해하기 위해 탐구하는 학문'으로 정의하였다.

쥬벤톨로지(Juventology)는 젊은 소년·소녀를 가리키는 '쥬벤나일(juvenile)'과 학문을 뜻하는 접미사 '오롤지(ology)'의 합성어이다. Juventology는 1980년대 중후반부터 북유럽 5개 국가(아이슬란드, 핀란드, 노르웨이, 덴마크, 스웨덴)를 중심으로 청소년 연구에 관심 있는 사회과학 내 다양한 분야의 인적 네트워크를 통해 청소년 연구가 축적되면서 자연스럽게 탄생하게 된 신조어이다(Helve, 2002; Helve and Holm,

2005). 특히 이들 북유럽 국가 청소년 연구자들이 1993년부터 발간한 청소년 연구 학술지(YOUNG: Nordic Journal of Youth research)는 유럽 청소년 연구에 있어 다양한 분과 학문 간 매개와 왕성한 연구 결과 발표 및 정보교류의 장(場) 역할을 수행함으로써 청소년학의 산실 기능을 하였다.

우리나라는 1990년대부터 청소년에 관한 연구가 활발하게 시작하면서 일부 학자들에 의해 청소년학(Youthology)에 대한 정의는 일찍이 내려진 바 있다. 함종한(1992)은 '과학의 이론적 속성을 갖춘 청소년에 관한 종합적인 과학'으로 청소년학의 성격을 논의한 바 있으며, 최충옥(1993)은 청소년학을 '청소년을 대상으로 연구하는 학문이며, 청소년의 세계를 총체적으로 이해하려는 지적 활동일뿐만 아니라 궁극적으로는 청소년의 삶을 개선하려는 데 목적을 두고 있는 학문'으로 규정하였고, 한상철(1998)은 '연구대상인 청소년의 제반 특성과 행동, 문화, 대인관계, 진로, 적응 등을 현상 기술적(descriptive)으로 파악하는 학문이자 동시에 이를 통해 청소년지도의 효과적인 방법을 안내하고 청소년 개인의 자아계발을 조력하려는 처방적(prescriptive) 성격의 학문'으로 규정하고 있다. 한준상(2001)은 '청소년기 현상을 종합적으로 연구하는 응용학문이자 청소년과 사회제도 간의 권력 관계를 분석하고 연구하는 동시적인 지적 작업(synchronized intellectual work)'으로 정의하였다.

이처럼 청소년학에 대해 정의를 정리하자면, 청소년에 대한 인간학적인 관심에 더해 청소년 생활 세계 및 문화에 대한 탐색과 이해, 청소년과 사회제도 간의 권력 관계 등 제반 현상들을 분석하고 탐구하려는 종합적 성격을 갖고 있음을 알 수 있다. 즉, 청소년 및 청소년기의 제반 현상과 함께 청소년과 사회 간의 관계와 구조를 연구대상으로 하여 다양한 연구방법과 접근을 통해 과학적으로 해명하고자 하는 종합적인 성격의 학문 분야를 의미한다.

2) 실천으로서의 청소년학

청소년학(youthology)은 기초 학문과 응용 학문의 성격을 동시에 가지면서 이 중에서도 응용 학문, 곧 실천적 개념과 성격이 강한 것으로 알려졌다(최충옥, 1993; 차경수, 1998). 즉, 청소년학은 '지식으로서의 청소년학'(한준상, 2001)과 함께 청소년의 삶을 개선하는 데 목적을 두는 '실천으로서의 청소년학' 성격도 가지고 있지만, 실천적 성격이 강한 학문이란 것이다. 이때 실천적이고 응용적인 학문의 성격은 청소년에 대한 이해를 기반으로 청소년의 건강한 성장과 발전을 목표로 삼아 청소년 삶에 대한 긍정적 개입(intervention)을 지향한다.

청소년 삶에 대한 긍정적 개입과 관련하여 청소년학계에서는 청소년 교육, 교육학계에서는 평생교육적 관점에서 청소년 사회교육이란 개념을 사용해 왔다. 특히 청소년 교육은 실제적 장면에서 청소년 삶에 대한 긍정적인 개입 전략을 의미하는 개념으로 사용되었을 뿐만 아니라 청소년학이 대두되기 전부터 이론적 장면에서 청소년 연구도 통칭하는 개념으로 사용되었고, 청소년학이란 용어가 나오면서부터는 종종 동일한 의미로도 사용되었다. 청소년학이 발전함에 따라 청소년 교육(youth education)의 개념은 점차 청소년 지도(youth guidance)라는 전문적 실천 지향성의 용어로 전환되기 시작하였다(문용린 외, 1992).

한준상은 청소년지도를 광의의 개념에서 '청소년 스스로에게 자기 결정의 장을 주며, 자기 성취감을 느끼게 만들고, 청소년에게 다른 사람과의 유대감을 갖게 만들기 위해 청소년 지도방법에서 요구되는 청소년지도에 관계된 지식, 태도, 그리고 기술 등을 의미'한다고 하였다. 즉, '청소년의 긍정적인 성장과 발전을 위한 다양한 조력 활동'을 광의적 의미로 보는 반면, 한상철은 다소 협의적 관점에서 '학교 교육에서 교사가 학생을 대상으로 교과를 전수하는 교수 행위와 비교하여 전문 지도사가 청소년을 지도하는 행위 또는 과정'이라고 정의하면서 '학교 밖을 중심으로 전문적인 청소년지도 인력에 의해 지도하는 행위'라는 협의적 의미로도 정의되고 있다.

최근 청소년지도라는 용어는 청소년 교육 전반을 의미하는 광의적인 개념보다는 청소년을 위한 실제 지도 행위로 제한함으로써 주로 "목적을 위한 구체적인 방법과 행위"를 강조하는 개념으로 인식되고 있다.

청소년지도의 내용이 무엇인가를 살펴보기 위해서는 이처럼 청소년지도의 개념을 광의적으로 살펴볼 것인지, 아니면 협의적 개념으로 제한하여 살펴볼 것인지에 따라 그 내용과 실제 영역이 달라질 수 있다. 먼저 광의적 개념으로서의 청소년지도의 영역에는 포괄적 범주에서의 지도자가 청소년의 긍정적 성장과 발달에 도움을 주는 다양한 조력 활동 일체가 포함되며, 협의적 개념에서 청소년지도는 사회적으로 전문적인 자격을 인준받은 전문 지도 인력에 의한 실제 프로그램 단위에서의 실천적 개입을 의미한다. 청소년지도의 각 개념에 따른 실제 영역을 다음과 같이 구분하였다(김영인 외, 2017).

| 표 4-1 | 청소년지도의 개념과 실제

구분	개념	실제 영역
광의적인 청소년지도 내용	청소년의 긍정적인 성장과 발전을 위한 지도자의 다양한 조력 활동	교수-학습 활동, 진로지도, 생활지도와 상담 활동, 교정 활동, 조언과 대화·만남, 이외에 아래의 협의적 청소년지도의 내용과 영역을 모두 포함
협의적인 청소년지도 내용	전문적인 청소년지도 인력에 의해 지도하는 행위	심성 계발, 리더십 계발, 사회성 계발, 자연 체험 활동 지도, 문화예술 활동지도, 교류 활동지도, 봉사 활동지도, 자치활동 지도, 여가 활동 지도, 사이버 공간 활동지도 등

출처: 김영인 외. (2017). 청소년 지도방법론. 서울: 창지사.

2. 청소년 관련 연구 및 개발기관

1) 한국청소년정책연구원

한국청소년정책연구원은 「청소년 육성법」에 따라 1989년 7월 1일에 '한국청소년연구원(National Youth Policy Institute: NYPI)'으로 설립되어 청소년 분야 국책연구기관으로 국가 청소년정책 수립에 기여하고 있다. 1991년 12월 31일에 제정·공포된 「청소년 기본법」 제50조에 의거하여 1993년 1월 1일에 '한국청소년개발원'으로 확대 및 개편되었고, 1999년 1월 29일 「정부출연연구기관 등의 설립·운영 및 육성에 관한 법률」이 시행됨에 따라 국무총리 산하 '인문사회연구회'에 소속되었다. 한편, 2005년 국무총리 산하 '인문사회연구회'와 '경제사회연구회'가 통합되어 국무총리 산하 '경제·인문사회연구회(National Research Council for Economics, Humanities, And Social Sciences: NRC)'로 소속이 이관되었고, 2007년 5월 「정부출연연구기관 등의 설립·운영 및 육성에 관한 법률」이 개정됨에 따라 '한국청소년정책연구원'으로 명칭이 변경되었다.

한국청소년정책연구원은 청소년의 올바른 인성 함양과 잠재력 개발, 청소년의 디지털·글로벌 역량 강화, 청소년 인권과 참여를 위한 사회 환경 개선, 소외계층 청소년에 대한 복지·지원 등 정책 개발에 필요한 기초연구와 자료 축적을 통하여 미래 사회의 새로운 국가 발전 동력 창조에 기여하는 것을 목적으로 한다. 설립 목적에 따라 한국청소년정책연구원은 청소년 기초조사 및 정책연구 수행, 청소년정책 평가 및 자문·지원, 국내·외 교류 및 협력사업 추진, 정책 및 연구자료 제공 등 국책연구기관으로서 다양한 역할을 수행 중이다. 특히 국가·지방자치단체의 청소년 관련 정책 수립을 위한 연구 및 정책 현안에 대한 대응방안과 프로그램을 개발하고, 민간 부문에서 이루어지는 각종 청소년 관련 사업의 원활한 추진을 위한 지원 및 자문을 제공하는 등 청소년 분야의 중추 정책기관으로서 역할을 하고 있다. 한국청소년정책연구원의 주요 기능으로는 첫째, 청소년의 육성 및 보호를 위한 기초조사 및 이론 연구의 수행 및 미래 전망, 둘째, 청소년정책 연구 및 평가·분석을 통한 고객 만족의 실현, 셋째, 국내·외 교류협력과 결과 홍보를 통한 청소년 분야 국책연구기관으로서의 위상 제고가 있다.

한국청소년정책연구원의 역할 및 기능에 따른 주요 업무는 크게 다섯 가지로 구분된다.

첫째, 청소년 생활·의식 실태와 변화 양상에 관한 종합적 조사·연구를 통해 청소년정책 수립의 시계열적 기초자료를 축적한다.

둘째, 국가·지방자치단체의 청소년 관련 정책 수립을 위한 연구 및 정책 현안에 대한 대응방안과 프로그램을 개발한다.

셋째, 국가·지방자치단체의 청소년정책 효과 분석을 위한 평가 사업 추진 및 자문 등을 지원한다.

넷째, 국내·외 청소년 전문기관 및 관련 기관과의 국제교류 및 학술 심포지엄을 개최하는 등 교류·협력활동을 수행한다.

다섯째, 청소년 연구 및 정책 개발에 대해 방향을 제시하고, 관련 의견을 수렴하기 위한 세미나·협의회 등을 개최하며, 정책연구 자료 및 관련 정보를 제공한다.

2) 청소년 관련 민간 연구기관

청소년학을 전문적으로 연구하고 정책대안을 창출하며, 정기적으로 학술지를 발행하는 청소년 관련 학회들도 활발하게 운영되고 있다. 청소년 연구와 관련된 대표적인 학회로는 한국청소년학회, 미래를 여는 청소년학회, 한국청소년시설환경학회, 한국청소년복지학회, 한국청소년활동학회, 한국청소년상담학회 등이 있다.

‘한국청소년학회(Korea Youth Research Association)’는 청소년 분야 일반의 공익을 위한 사단법인으로 청소년 문제에 대한 학문적 연구를 수행하고 청소년(관련)학 분야의 학술연구 및 연구자 상호 간의 전문적 지식과 정보 교환을 통하여 청소년학의 정립과 체계적 발전을 도모하기 위해 1991년 설립되었다. 한국청소년학회는 한국연구재단의 등재지인 ‘청소년학연구’를 발간하고 있으며, 다양한 학술대회 및 세미나, 워크숍을 개최하고 있다(한국청소년학회, 2024).

‘미래를 여는 청소년학회(Future Oriented Youth Society)’는 2004년 청소년학의 정체성 확립과 학문적 발전을 도모하고 연구자 상호 간의 정보 교환을 위하여 설립되었다. 한국연구재단 등재지인 ‘미래청소년학회지’를 매년 정기적으로 발간하고 있다. 또한 춘계/추계 학술대회를 통하여 다양한 학술 세미나와 심포지엄을 개최하고 있다(미래를 여는 청소년학회, 2024).

‘한국청소년시설환경학회(Korea Institute of Youth Facility & Environment)’는 청소년들이 건전한 육체와 정신을 발달시킬 수 있는 환경 조성을 목적으로 2002년 창립되었다. 청소년 육성 · 보호를 위한 시설물의 확대 방안 및 기존 시설의 활성화 방안, 청소년 시설물의 연계 활용 방법, 시설물 사용 활성화 등을 위한 국제교류, 봉사활동, 국제 심포지엄, 학술대회, 작품집 발간, 월례 세미나 등의 활동을 수행하고 있으며, 한국연구재단 등재지인 ‘청소년시설환경’ 학술지를 발간하고 있다(한국청소년시설환경학회, 2024).

‘한국청소년복지학회(Korean Association of Youth Welfare)’는 1998년 청소년복지의 연구와 회원 상호 간의 친목을 목적으로 창설되었으며, 한국연구재단 등재지인 ‘청소년복지연구’ 학술지를 발간하고, 비정기적으로 학술 세미나 등을 개최하고 있다(한국청소년복지학회, 2024).

‘한국청소년활동학회(The Korean Youth Activity Association)’는 청소년활동 분야의 연구 활동과 국내 · 외 학계/현장 전문가들 간의 학술적 교류를 통하여 청소년 활동의 이론체계 정립 및 청소년활동의 학문 발전과 전문가 양성을 목적으로 2012년에 설립되었다. 한국청소년활동학회는 학술발표 및 국내 · 외 학술회의 개최, 학회지(한국청소년활동연구) 발간 등의 사업을 추진하고 있다(한국청소년활동학회, 2024).

'한국청소년상담학회(Korean Youth Counseling Association)'는 2013년에 '현장 전문가' 중심의 청소년 문제 예방 및 해결, 청소년상담 전문가 양성을 목표로 설립된 학회이다. 부설기관으로 '한국청소년상담연구소'를 두어 현장 상담사례 중심의 학술지인 '한국청소년상담학회지'를 발간하고, 청소년상담 프로그램을 연구 및 개발하여 현장에 적용하는 등 적극적인 학회 활동을 추진하고 있으며 비정기적으로 청소년 관련 이슈에 대해 세미나, 학술대회 등도 개최하고 있다(한국청소년상담학회, 2024).

이 외에도 '(사)한국청소년문화연구소(Research Center for Korean Youth Culture)', '대구한의대학교 부설 청소년문제연구소(Institute for the Study of Adolescent Problem)', '(사)청소년 교육전략21(Youth Education Strategies)' 등에서 청소년의 올바른 성장을 위한 연구와 교육 프로그램 개발 등을 지속하고 있다.

3. 청소년지도 내용

우리나라 청소년들에게 건전한 발달과 성장을 위한 지도에는 창조적인 변화를 추구하고 출생부터 성인으로 독립할 때까지, 의존에서 자립에 이르기까지 인지적, 신체적, 직업적으로 다양한 교육을 통한 지원을 받아야 한다. 따라서 김영인과 김민은 광의적 측면과 협의적 측면에서 청소년지도의 내용을 다음과 같이 제시하였다(김영인 외, 2017).

1) 광의적 측면의 청소년지도

광의적 측면의 청소년지도는 개념뿐만 아니라 지도자의 범주, 실제 영역에서의 구체적인 개입과 조력의 내용이 다르다. 협의적 개념에서의 청소년지도의 내용을 포괄하면서 더욱 넓은 영역에서 청소년지도 내용을 함의하고 있다.

먼저, 여기서 의미하는 청소년지도자는 청소년지도사와 청소년상담사 등 국가검정자격을 갖춘 전문 지도 인력 외에 청소년 육성과 지도 업무에 종사하는 모든 이들을 포괄한다. 즉, 청소년지도자는 청소년들 속에서 청소년들과 더불어 청소년들을 위해 청소년 활동을 전개하는 사람(한준상, 1999) 모두를 의미한다. 따라서 여기에는 학교 현장에서의 교사는 물론이고 넓게는 학부모, 자원봉사자 등 청소년 관계의 전문 지식을 습득한 전문 직업인 혹은 자원봉사자로서 청소년 활동 분야에 종사하는 사람(유네스코 한국위원회, 1985)을 말한다. 따라서 실제 청소년지도의 내용도 지도 인력에 따라 교수-학습 활동, 진로지도, 생활지도와 상담활동, 교정활동 등을 포함된다. 물론 협의적 영역에서의 지도 내용도 포괄함은 물론이다(김영인 외, 2017).

(1) 교수-학습 활동

교수-학습 활동은 학교 교육 현장에서 교수자(교사)가 학습 목표를 달성하기 위하여 특정한 내용을 가지고 전개하는 교수 활동과 이를 학습자(학생)가 학습하는 활동을 의미한다. 또한 교수(敎授)는 교사 한 개인에 의해 전개되는 사상이나 활동이 아니라 인간 학습에 직접적인 영향을 끼칠 수 있는 모든 사상을 기술하기 위해 교육(teaching)보다는 지도(instruction)라는 용어를 사용한다(Gagné & Briggs, 1979). 반면, 학습(learning)이라 함은 단순히 교과를 공부하는 것 이상의 개념으로 흔히 심리학에서는 경험이나 연습의 결과로 의식과 행동상에 비교적 지속적인 변화가 일어나는 과정을 말한다. 따라서 청소년지도의 한 영역으로서 교수-학습 활동이라 것은 대체로 학교 교육현장을 중심으로 교수자가 학습자의 학습

활동에 영향을 미침으로 학습자의 의식과 행동상에 비교적 지속적인 행동 변화를 일어나게 하는 지도활동이라 할 수 있다.

(2) 진로지도

진로(進路)는 한자어 해석으로 '인생길을 걸어간다'라는 의미이고, 커리어(career)의 사전적 의미는 '한 사람의 생애 전 과정'이라는 말을 의미한다. 진로는 한 개인이 생애를 통해 갖는 경험과 지위의 총체로 정의된다. 즉, 개인이 일생 동안 일과 관련해서 경험하고 거쳐 가는 모든 체험들을 의미한다(김봉환, 2019). 또한 지도란 '개인의 진로 발달을 촉진시켜 자신의 진로를 계획하고 직업을 선택하게 하며, 선택된 직업을 준비함은 물론 그 직업에 취업하여 적응하고 계속 발전할 수 있도록 도와주는 지도의 과정'을 의미한다(김영인 · 노경주 · 정철영, 2006). 즉, 청소년으로 하여금 자신의 미래를 구체적으로 마련할 수 있도록 도와주고 조력해 주는 실천적 개입활동을 의미한다.

이러한 진로지도는 단순한 취업알선이나 직업선택을 위한 활동만이 아닌 청소년 개인으로 하여금 구체적인 직업선택, 준비, 취업, 직업생활 적응 등을 단계적으로 도와주는 계속적인 활동을 말한다. 진로지도는 대체로 모든 수준의 학교와 일반적인 상담기관 등에서 일반 교사, 진로상담교사, 직업교사, 상담 관련 전문가 등에 의해 전개된다.

(3) 생활지도와 상담활동

생활지도(guidance)는 흔히 지도 대상을 '안내한다', '이끌어준다', '지도한다'라는 뜻을 내포한다. 즉, 바람직한 방향이란 정향성(orientation)을 갖고 성장 세대를 안내하고 이끈다는 의미이다. 생활지도의 개념은 '지도 대상으로 하여금 자기 자신에 대한 이해와 현실 생활에 잘 적응하여 자신의 능력을 극대화할 수 있도록 조력하는 조직적이고 의도적인 교육 활동'이라고 본다. 따라서 생활지도는 일련의 지도 과정이자 노력으로써 지도 대상 개인에 대한 관심을 갖고 주위 환경에 대한 이해를 돕는 의도적인 지도 활동이다.

상담활동은 생활지도의 하나로 생활지도의 다양한 활동 중 중핵적인 활동이다(김범준·구병두, 2007). 상담은 학생인 피상담자와 상담 전문가인 상담자 사이에서 독특한 관계와 상담 면접의 기술을 통하여 정서적, 정신적 문제 해결력을 신장시키고 정신건강을 향상시켜 능동적으로 생활상의 과제를 해결하고 일상에 적응하도록 돕는 활동을 말한다.

대체로 생활지도는 대면 관계의 여부에 상관이 없는 반면, 상담은 생활지도 중에서도 주로 대면 관계를 통해 수행되는 활동이므로 생활지도는 상담을 포괄하는 포괄적 개념으로 이해된다. 생활지도는 전문상담교사, 담임교사, 교과 교사 등의 모든 교사와 교장, 교감 등 학교 행정가가 모두 담당할 수 있는 교육활동의 하나로 볼 수 있다면, 상담 활동은 전문상담교사나 전문상담사, 상담 자원봉사자 등 가급적 상담 전문성을 갖춘 지도자에 의해 전개되는 활동으로 제한된다.

(4) 교정활동

교정은 범죄 소년 혹은 우범 소년을 대상으로 하는 전문적인 청소년지도 활동이다. 즉, 대상 청소년으로 하여금 사회로의 원활한 복귀와 그 후의 취업과 취학 등 일상적 생활로의 복귀에 대비하여 이루어지는 지도 활동을 말한다. 교정이란 '범죄나 비행을 저질렀거나 저지를 우려가 있는 소년을 갱생하기 위해 가정, 학교, 시설 및 지역사회에서 행하는 원조활동'을 의미한다(이상현, 2004).

교정교육은 광의로는 가정·학교·기관·시설 및 지역사회에서의 교육을 의미하지만 협의로는 대책 보호와 시설에서의 수용 보호를 가리킨다. 대책 보호에는 보호관찰과 가정재판소의 시험관찰이 포함된다.

비행소년에 대한 교정 활동은 개별적 처우의 방법과 집단적 처우의 방법, 그리고 자율적 요법(operant therapy) 등이 있다. 개별적 처우는 동기부여(motivation), 경청(listening), 관찰(observation), 성찰(reflection), 감정의 명확화(clarification), 장면 구성(structuring), 정화(abreaction), 응답(response), 한계(limitation), 면접기술 등의 전문적 기술이 요구된다. 집단적 처우에는 구성원의 관계, 감정의 지지, 조언과 지도, 설명과 해석, 완화와 제한, 문제 행동에의 접근, 집단 활동에 대한 평가, 사회자원의 활용 등 지도자의 적절한 역할과 기술이 요구된다(이상현, 2004). 이와 같은 교정교육에는 지도자의 자기 인식, 자율성의 촉진, 대상자와의 신뢰 관계가 원만하게 이루어져야 하는 등 기본적인 인간존중의 의식이 밑바탕에 자리 잡아야 한다. 대체로 교정 활동을 전개하는 지도자들을 일컬어 교정사업가라고도 하는데 그 의미는 교정교육의 장에 있어서 비행소년을 지도하고 원조하는 전문가를 뜻한다.

2) 협의적 측면의 청소년지도

협의적 영역에서 청소년지도자는 청소년지도를 담당하는 전문가로서 「청소년기본법」에 따른 청소년지도사 혹은 청소년상담사로 국한하거나 그에 준하는 사회적 전문성을 인준받은 자로 제한하고 있다.

(1) 심성계발 활동

심성계발 활동은 청소년들로 하여금 자신의 참된 본성인 심성(心性)과 소질을 긍정적으로 이해하고 수용하게 하며, 자존감을 향상시킴으로 긍정적인 삶의 태도를 형성하게 하는 활동을 의미한다. 심성계발이란 참되고 변하지 않는 마음의 본체를 이해하고 이를 깨우쳐 발현시키는 것이다(김영인 외, 2017). 따라서 청소년지도자는 청소년 심성계발 활동의 효율적 전개를 위해 활용 가능한 전문적인 지도기법과 기술, 지식 등을 갖추어야 한다. 여기에는 청소년 심성계발 활동의 개념 및 의미에 대한 이해, 심성계발 활동의 목적과 효과에 대한 탐색, 심성계발 활동의 기본 전제와 프로그램에 대한 이론적 측면의 숙지와 프로그램 운영의 실제, 심성계발 활동의 진행 단계와 지도기법, 심성계발 활동지도를 위한 청소년지도자의 자질 등이 포함된다.

(2) 리더십 계발 활동

리더십(Leadership)은 비전과 목표를 제시하고 구성원들을 이끌어가는 힘이다. 즉, 특정 상황 속에서 집단의 목표를 달성하기 위해 리더와 추종자들 간의 상호 작용 과정에서 리더가 추종자의 마음을 움직이고 동기화하는 영향력 행사 과정을 말한다. 따라서 청소년 리더십 계발 활동은 청소년으로 하여금 리더로서의 자격과 소질을 갖추도록 하는 청소년 활동의 한 분야를 의미하며, 최근 청소년의 삶의 역량기술 강화 차원에서 각광받는 분야이기도 하다.

청소년 수련활동은 좋은 프로그램과 좋은 시설을 토대로 훌륭한 지도자가 리더십을 발휘하여 안전하게 교육할 수 있는 여건이 마련될 때 그 효과는 극대화될 것이다(김창현, 2007). 안병환과 김창현은 청소년지도자 대상 연구에서 청소년지도자들은 변혁적 리더십을 가장 많이 발휘하고 다음으로는 서번트리더십을 많이 발휘하였으며 상대적으로 거래적 리더십은 발휘 수준이 가장 낮은 것으로 나타났다(안병환 외, 2009).

리더십 계발 활동을 지도하는 청소년지도자는 청소년으로 하여금 리더십을 함양하고 이를 계발하도록 하기 위해 전문적인 지도기법과 기술, 지식을 숙지할 필요가 있다.

(3) 사회성 계발 활동

사회성은 '주어진 사회적 상황에서 사회적으로 수용되고 가치를 부여받고 있는 특수한 방법으로 타인과 상호 작용하는 능력'을 의미한다. 특히 사회적 존재로서 인간이 갖추어야 할 능력 중 하나가 바로 사회성이다. 따라서 사회성 계발 활동이라 함은 이와 같은 사회성을 계발함으로써 자신의 자아를 실현하고 타인과의 관계 형성 등 사회적 능력을 함양하는 지도 활동을 말한다. 특히 다양한 사회적 관계를 체험하면서 성인기를 준비하는 청소년의 사회성 계발은 사회적으로나 개인적으로 매우 중요한 의의를 가진다.

사회성 계발 활동을 위해 감정 조절 능력의 계발, 공감적 능력과 의사소통 기법의 계발, 협상능력과 인간관계 등이 포함된다.

(4) 자연 체험 활동

자연 체험 활동은 오늘날 청소년기에 자연 체험의 필요성이 높아지는 현대사회 변화에 부응하는 청소년 활동 중 하나이다. 청소년들은 자연 체험을 통해 자연과 환경의 중요성을 이해하고 자연과의 호응 속에서 생태적 환경과 생명의 신비로움을 체득하며 모험과 도전 의식도 함양할 기회를 가진다. 궁극적으로 자연 체험활동은 청소년으로 하여금 전인적인 성장을 이룰 수 있도록 하는 체험 위주의 활동이다.

자연 체험 활동에는 다양한 활동 분야가 있지만 여기서는 야영 활동(캠핑 활동)과 자연 생태 체험 활동을 중심으로 다루고자 한다. 먼저 야영 활동은 청소년들이 대자연 속에서 오두막이나 텐트 등을 이용하여 야영하면서, 성원들과 협력하여 분야별 다양한 활동을 통해 자연에 대한 이해와 적응 능력, 원만한 인간관계 형성과 지도력, 강인한 체력과 정신력 등을 함양하여 전인적 인간으로 성장하도록 조력하는 활동을 말한다. 이러한 일련의 과정에 적용되는 지도가 바로 야영지도 활동 혹은 캠핑지도 활동이다. 흔히 야영 혹은 캠핑 지도방법은 곧 캠프생활에서 필요한 지도기법이나 기술을 의미하는데, 캠프의 성격에 따라 다양하게 나타날 수 있다. 자연 생태 체험은 청소년으로 하여금 자연환경 속에서 전인적인 성장을 이루도록 돕는 창조적이고 교육적 경험을 제공해 주는 생태 체험 활동으로 최근 인기 있는 자연 체험 활동이다.

이처럼 자연 체험 활동이 전통적으로 야영 활동(캠핑 활동)부터 최근의 생태 체험 활동에 이르기까지 분야와 범주가 넓어지면서 청소년지도자는 자연 체험 활동지도를 위한 전문적 능력과 자질을 더욱 요구받게 되었다.

자연 체험 활동의 개념과 의의부터 유래와 유형은 물론이고 다양한 프로그램 개발 및 운영 능력이 요구된다. 구체적으로는 집단생활을 통한 공동체 생활 및 협동심 배양 기술, 책임감·자립심. 솔선수범과 같은 리더십 함양 방안, 문제해결 능력·의사 결정 능력·창의적 사고능력 배양 방안, 자연 이해·적응 능력과 환경 보전 활동 실천 방안, 안전 관리 능력·응급 처치 능력·스트레스 관리 능력 배양 기술 등이다.

(5) 문화예술활동 지도

청소년 문화예술활동이란 '청소년이 다양한 문화예술 활동, 문화 콘텐츠 창작 활동 등을 통해 창의적이고 주체적인 문화적 역량을 증진하고 문화적 감수성을 함양하는 일련의 활동'을 의미한다. 청소년 문화예술 활동 역시 청소년지도의 핵심적인 활동 영역으로서, 21세기 지식기반 문화시대의 주요 활동 분야이다. 특히 최근 문화 산업이 차세대 핵심전략 산업으로 부각함에 따라 청소년의 문화예술 역량강화를 위해 국가적으로 중요성이 커지고 있다.

청소년문화 활동 지도방법에는 신세대 문화 특성에 대한 일반적인 이해는 물론이고 전통문화 활동에 대한 이해와 실제 지도방법, 뉴미디어 문화 활동 지도방법, 청소년 소비문화 및 경제 활동 지도방법, 청소년문화의 역기능 예방 지도방법 등이 포함된다.

(6) 교류활동 지도

청소년교류활동이란 '지역 간·남북 간·국가 간의 다양한 교류를 통해 청소년들이 국제적 감각과 공동체 의식을 함양하고, 글로벌 리더십을 배양하는 지도 활동이다. 특히 청소년 교류 활동은 세계화·국제화·지방화 시대로의 시대적 환경 변화에 적응하고, 국제무대에서의 글로벌 리더십을 함양하기 위해 그 중요성이 점차 커지고 있는 청소년지도 활동 영역이다.

청소년 교류 활동 개념에 대한 이해, 청소년 교류 활동의 유형 및 특징, 청소년 교류 활동의 전개 과정과 실제 기법, 청소년 교류 프로그램 개발, 청소년 교류 활동 평가 방법, 청소년 교류 활동의 제도적 지원방안 등이 포함된다.

(7) 봉사활동 지도

봉사활동은 '청소년들이 자신의 정신적·육체적 자원을 활용하여 자발적인 의도로 타인이나 사회를 위해 계획을 가지고 일정 기간 대가 요구 없이 지속해서 수행하는 활동'을 의미한다. 청소년들은 봉사 활동을 통해, 민주시민으로서의 소양과 행동 양식을 습득할 뿐만 아니라 자신의 재능과 소질을 발견하고, 자신이 살아갈 공동체적 삶의 영역을 체험함으로써 건강한 인성을 형성하고 심성을 개발할 수 있다.

청소년 자원봉사 활동 지도방법에는 자원봉사 활동의 개념, 청소년 자원봉사 활동의 유형 및 특징, 청소년 자원봉사 활동지도의 원리 및 전개기법, 청소년 자원봉사 활동의 활성화 방안 등을 포함할 수 있다.

(8) 자치활동 지도

자치활동은 '청소년들이 공통의 목적과 관심사에 의해 스스로 조직하고 운영하는 활동'을 말한다. 청소년 자치활동은 동아리 활동을 포함해 최근 다양한 자치활동의 사례들이 제도적으로 보장된 상황에서 부쩍 증가하고 있는 활동 분야이다. 청소년 자치활동 지도방법은 이러한 자치 활동들이 효율적이고 효과적으로 전개될수록 청소년지도자가 적절하게 개입하는 전략이자 기술이며 지도기법이다.

청소년 자치활동의 개념 및 의의에 대한 이해를 비롯하여 자치 조직의 구성 단계와 활동 단계에서의 유의할 지도방법, 실제 자치활동 지도에 요구되는 다양한 방법과 전략 등이 포함된다.

(9) 여가 활동지도

여가 활동지도란 '청소년들이 여가를 활용하여 즐겁고 재미있는 정신적·신체적 활동을 통해 자신의 만족이나 즐거움을 추구하는 활동'을 의미한다. 여가는 일상생활에서의 스트레스, 갈등, 정서적 긴장 등을 해소하게 하고 생활의 활력을 제공한다는 점에서 청소년지도의 중요한 활동 영역이다. 청소년 여가 활동 지도자는 청소년들의 여가와 놀이 활동이 건전하고 긍정적인 방향으로 전개되도록 지원하고 조력하여야 하며 이에 따르는 전문적인 지도기법과 전략, 지식과 기술을 갖추어야 한다.

청소년 여가 활동의 개념 및 의의와 활동의 유형 및 특징에 대한 이해, 청소년 여가 활동 프로그램 개발 및 운영기법, 청소년 여가 활동의 활성화 전략 등이 포함될 수 있다.

(10) 사이버 공간 활동 지도

최근 디지털 문화가 급격히 확산함에 따라 사이버 공간은 청소년의 중요한 활동 공간으로 자리매김하였다. 일반적으로 청소년 사이버 공간 활동(혹은 사이버 활동)에 대한 지도는 청소년들이 사이버 공간에서 행하는 다양한 형태의 개별적 혹은 상호적인 활동에 관련하여 긍정적 측면을 극대화하고 부정적 측면을 최소화하기 위한 청소년지도자의 개입 전략과 기법을 의미한다. 성장 시기에 사이버 공간에서의 활동 경험은 청소년의 가치관과 의식 구조, 생활 전반에 직간접적인 영향을 미치는 중요한 환경이 되고 있다. 특히 청소년들의 사이버 일탈 행위와 과도한 몰입 및 중독 등 역기능적 특성들은 심각한 사회 문제로 부각되는 실정이다. 따라서 청소년지도자는 청소년 사이버 활동의 역기능을 예방, 치유하고 나아가 건강한 사이버 문화를 조성하는 데에 체계적으로 개입할 수 있는 전문적 자질과 기능을 갖추어야 한다. 청소년 사이버 활동의 개념 및 유형, 청소년 사이버 활동의 순기능과 역기능에 대한 전반적인 이해, 역기능적 사이버 활동의 진단과 예방 활동, 청소년 정보문화교육의 개념·특성에 대한 이해와 실제 프로그램 운영 능력, 건전한 사이버 활동 촉진전략 등이 포함된다.

한편, 최윤진(1997)은 청소년지도의 내용을 사회성, 도덕성, 진로지도, 보건지도, 성에 대한 지도, 여가지도, 국제교류지도 등을 다음과 같이 제시하였다(성열준 외, 2016).

첫째, 사회성 지도이다. 사회성 지도는 개인의 책임, 자립과 협조, 공중도덕과 사회참여 등에 관련된 태도를 청소년이 획득하도록 돕는 것으로 정신건강의 정진을 위한 조력, 자립정신과 사회참여, 사회봉사 정신의 육성은 물론 사회 참여 활동, 말씨, 듣는 방법, 발표능력까지도 포함한다.

둘째, 도덕성 지도이다. 도덕성 지도의 목표를 크게 나누면 세 가지이다. 우선 일상생활의 영역에서 사회의 건전한 향상이나 발전을 위하여 인간으로서 바람직한 생활태도와 행동양식을 학생들에게 고양시키는 것이다. 학생들이 일상생활의 기본적인 행동양식을 보다 잘 이해하고 관습화함과 더불어 시간과 장소에 알맞게 적절한 행동을 할 수 있도록 한다. 인격의 존엄, 인간애 등에 기반이 되는 인간존중 정신을 기르고 개인의 자성, 개인과 개인, 개인과 집단, 집단과 집단 간의 인간관계를 중심으로 인간존중 정신을 바르게 행할 수 있는 판단력과 태도를 기른다.

셋째, 진로지도이다. 진로지도는 학생이 걷게 되는 인생에서 늘 현재보다 나은 생활을 목표로 하여 진행시키는 것이지만 일반적으로 말할 때 학교에서 행해지는 진로지도는 어느 고등학교에 진학할 것인가, 어느 대학으로 입학할 것인가 등의 진로선택으로 제한되어 실시되고 있다. 진로지도가 학생의 미래를 전망하는 생활지도로 이루어지고 장기간에 걸쳐 이루어지기에 청소년지도론에서는 이에 따른 전문적 지식이 요구된다.

넷째, 보건지도이다. 보건지도는 건강에 대한 지도, 안전에 대한 지도, 그리고 성에 대한 지도 등으로 구성된다. 건강유지는 질병과 상해로부터 일어나는 것뿐만 아니라, 신체적 정신적으로 자신이 지닌 능력을 최대한으로 발휘하는 것까지를 포함한다. 그러므로 건강지도에는 신체적 건강과 정신건강 문제도 포함된다. 나아가 건강의 유지와 증진을 목표로 하는 적극적인 단련도 포함된다. 안전에 대한 지도에서는 교통안전에 대한 지도 등이 중시된다. 교통규칙 학습의 문제, 스스로 자신의 안전을 지키는 자립적 태도의 문제, 피해자만이 아니라 가해자가 되지 않도록 하기 위한 지도 등이 포함된다.

다섯째, 성에 대한 지도 역시 인격의 완전성과 풍요로운 인간 형성을 목표로 하는 관점으로 처리되어야 한다. 동시에 인간의 성에 관한 인식을 깊게 하고, 성에 관한 건전한 태도와 행동을 익히게 함으로써 가정과 사회의 일원으로서 필요한 성에 관한 기초적인 사항을 습득하도록 도와주는 것이 청소년지도론에서는 중요한 과제 중의 하나이다.

여섯째, 여가지도이다. 여가지도는 학생들에게 여가의 중요성을 깨닫게 하고 다양한 여가활동 가운데 자신에게 가장 적합한 것을 선택하여 여가를 그 자신이 이용하도록 만드는 데 있다. 여가는 학생들이 자유로이 사용할 수 있는 시간이지만 이것은 단순히 오락시간과 기분전환 시간이 아니라 인간성을 풍요롭게 하기 위한 귀중한 시간이다. 내일을 위해 활력을 축적하고 스스로를 한층 높여 충실한 역할을 할 수 있도록 하는 일이다.

일곱째, 국제교류지도는 청소년들에게 국제화 시대에 걸맞은 지구촌의 의미, 지구환경보존의 의미 등을 일깨워 주기 위해 필요한 활동과 그에 관련된 방법, 기술을 가르치는 일이다.

05
Chapter

청소년지도방법의 이론

1. 청소년지도방법의 이론적 근거

청소년지도방법론에 대한 학문적 정의를 도출하기 위한 출발점으로 청소년지도 개념에 대하여 학자들 간의 합의가 필요하다. 오래전부터 학자들과 활동 현장에서는 논의가 활발히 진행되는 가운데 큰 진전을 이루고는 있지만, 청소년학 분야에서 청소년지도는 국내에서 학문적 정립이 여전히 미흡한지라 교육학과 관련한 교수-학습이론과 교육공학적 차원에서 이론적 체계가 청소년지도 이론에 원용되고 있는 형편이다. 결국 청소년지도에 대한 이론적 체계는 관용적인 합의 도출이 필요하다.

청소년지도방법론의 영역은 청소년활동의 이해, 청소년지도의 성격 및 특성, 청소년지도의 이론 및 원리, 청소년지도의 기법 및 방법, 청소년에 대한 이해 및 특성, 청소년지도자 이해 등이 포함된다. 청소년지도방법 또는 방법론은 청소년지도를 구체화하기 위한 방법 또는 방법에 대한 이론 연구로, 모든 청소년지도를 전제하는 개념으로써 학계와 실천현장에서 넓게 활용하고 있는 개념이다(전희일 외, 2018).

2. 경험학습이론

1) 경험학습의 개념

경험학습(experiential learning)은 학습자가 직접 참여하는 실제적인 활동, 실제적인 체험을 통해서 학습함(learning by doing)을 의미한다(Lang et al., 2006). 학교교육이 인지교육에 초점이 맞추어져 있다면 청소년지도는 주도적·자발적 참여로 체험중심의 활동을 통해 전인적인 성장이 목표이다. 때문에 체험중심의 학습을 통해 교육적인 효과를 성취하는 것에 그 목적을 둔다는 점에서 경험학습이론이 강조된다. 또한 청소년지도방법은 목표를 달성하기 위한 계획적이고 체계적인 활동으로 최적화된 프로그램에 근거하여 이루어진다. 이렇게 실제로 프로그램을 운영하고자 할 때 중요한 이론적 토대가 되는 것이 경험학습이론이다(오윤선 외, 2024).

경험에 대한 정의는 학자에 따라 다르기도 하지만 공통적으로 어떤 사건을 직접 관찰하거나 행동에 참가함으로 얻어진 결과이다. 다시 말해, 자신이 실제로 해보거나 겪어본 것 또는 거기서 얻은 지식이나 기능으로 개인의 삶을 형성하는 의식적인 사실로 정의된다.

존 듀이(John Dewey, 1859~1952)는 학습자의 경험을 중요시했다. 학습자는 자신에게 의미 있고 중요한 경험을 통해 지식과 아이디어를 만든다고 했다. 그는 학습자의 경험을 토대로 학습자 내부에서 스스로 일어나는 능동적 과정임을 의미한다(류정희 외, 2024). 즉, 개인이 새로운 경험을 통해 어떤 것을 이해하는 교육적인 경험을 하게 되고, 그 결과로 성장이 일어난다고 보았다(Dewey, 1938). 듀이(Dewey)는 학습자의 경험을 간과한 전통적 교육의 대안으로 경험 중심 교육을 제시하였으며 교육을 경험의 끊임없는 재구성이라 하였다(Dewey, 1916). 체험활동을 중심으로 이루어지는 청소년지도방법에 있어 경험학습의 중심개념인 경험의 교육적 특성을 살펴보는 것은 청소년지도사가 경험의 질을 구성함에 있어 매우 중요하며 그 특성은 다음과 같다(오윤선 외, 2024).

첫째, 듀이는 교육을 경험의 계속적인 재조직 또는 재구성으로 인식하였다(Dewey, 1938). 과거로부터 전승된 경험은 재구성되고 변화되어 재창조된다. 동시에 현재의 경험도 미래에 발생될 수 있는 어떤 경험을 보다 심도 있게 경험하도록 하는 과정이라고 할 수 있다. 그러나 개인이 경험한 새로이 인식된 사건은 사실적인 사건을 그대로 받아들이는 것이 아니라 과거의 경험을 기반으로 구성된 인식의 틀 안에서 이해하는 한계점이 있다. 이런 측면에서 청소년들이 같은 체험을 하더라도 개인의 내부에서 일어나는 현상은 과거 경험의 질이나 성격에 따라 다르게 수용될 수 있다. 이러한 내부적 과정을 통해 개인의 경험은 재구성·재창조되며 성장하게 된다.

둘째, 경험은 연속성을 지니고 있으며 주위의 모든 대상과 상호작용한다. 다양한 경험이 이어질 때 경험의 연속성으로 인하여 선행경험은 후속경험에 영향을 미친다. 하나의 학습경험은 결코 독립적으로 발생하는 것이 아니며, 경험의 연속성을 유지하기 위해서는 구체적인 경험과 이에 대한 반성적 사고 과정이 필요하다. 연속성과 상호작용은 능동적으로 결합되어 작용하며 경험학습의 기초를 제공한다(Merriam et al., 2007). 청소년활동 경험은 함께 활동하는 친구들과의 상호작용, 지도자와의 상호작용 등 다양한 상호작용을 동반한다. 그리고 개인과 환경의 조건들이 상호작용을 하면서 주어진 상황을 해결해 나가고 이를 통해 개인은 적응의 양식을 취해 나간다. 따라서 청소년지도자는 청소년의 새로운 경험이 지속성을 가지고 긍정적 변화를 수반할 수 있는 상호작용이 되도록 안전한 상황에서 다양한 자극을 제공하는 것이 필요하다.

셋째, 경험이 그 자체로 완성되기 위해서는 심미적 특질을 지녀야 한다고 설명한다. 다양한 경험은 심미적 특질을 통해 통합되고 하나의 경험으로 완성된다. 경험이 통합되지 않는다면 경험은 분리된 일시적 사건에 불과하기 때문이다. 심미적이라는 것은 감상하고 지각하고 즐기는 것으로서의 경험을 말한다. 인식(recognition)은 자유롭게 발전할 기회를 가지기 전에 고정되어 버린 지각이다. 인간은 인식을 할 때 과거에 익숙하게 형성된 고정관념의 틀로 돌아가는 특성을 지니고 있다. 따라서 인간 내면을 크게 동요시키지 않는다. 그러나 심미적 경험은 지각(perception)을 가능하게 하여 인간 내면에 파급되는 물결을 통해 발전할 기회를 제공한다. 인간은 심미적으로 즐거움과 매력을 지닌 경험을 할 때 이를 수용하고 상호작용할 수 있으며 재구성을 통한 경험의 재창조가 가능하다. 즐거움이 출발점이 되어 과거와 현재의 경험이 상호작용하게 되기 때문이다. 교육에서도 경험의 심미성을 느낄 수 없다면 내면의 변화는 발생하지 않는다. 청소년이 다양한 활동을 경험하는 과정에서 느끼는 감정의 움직임을 통해 자아존중감 및 사회성 향상 그리고 긍정적인 태도 변화를 가져온다는 것은 이미 많은 연구에서 증명되고 있다. 따라서 청소년지도방법은 청소년들이 적극적이고 주도적으로 자신들의 활동을 즐기며 마음을 움직일 수 있는 감동적인 경험이 되도록 접근해야 할 것이다.

듀이(Dewey)가 경험이라는 철학적 개념을 교육적인 학습으로 이끌어 오게 된 것은 교육의 궁극적인 목적이 사람들을 민주 사회의 활동적이고 건강한 참여자들이 되도록 하는 것에 있다는 그의 정의와 관련이 있다(Dewey, 1916). 따라서 경험학습은 경험이 구성하는 그 내재적 특성을 통해 인간 성장과 함께 사회에 적응 및 변화해 나가는 과정이라고 할 수 있다(조미영, 2011). 결과적으로 교육은 경험의 질에 의해 결정된다고 할 수 있다(Dewey, 1938). 그러므로 청소년지도 또한 청소년지도자가 목표를 가지고 구조화한 경험의 질과 접근방법에 따라 그 효과성이 결정된다고 할 수 있다.

2) 경험학습 과정

1980년대에 콜브(Kolb), 자비스(Jarvis), 메지로우(Mezirow)와 같은 학자들에 의해 경험학습 과정에 관한 연구가 이루어지며 더욱 확장되었다. 학습을 결과로서가 아니라 하나의 과정으로 파악하였다. 경험학습에 대해 콜브(Kolb)는 '경험의 전환을 통해 지식을 창조하는 과정'이라고 정의하였다(Kolb, 1984). 즉, 경험한 내용을 성찰, 개념화 그리고 실험을 통해 전환하고 이런 과정을 통해 새로운 지식이 창조되는 과정이 경험학습인 것이다. 자비스(Jarvis)는 경험학습을 '경험을 지식, 기능 및 태도로 전환시키는 과정'으로 정의하였다(Jarvis, 1987). 학습자가 경험 안으로 들어가서 경험에 대한 성찰을 하여 새로운 기술, 태도 또는 사고방식을 개발하는 과정으로 정의되기도 한다. 메지로우(Mezirow)는 '경험의 의미를 새롭게 수정・해석하는 과정'으로 정의하였다(Mezirow, 1991).

정리하자면, 경험학습(Experiential Learning)이란 경험에 의한 학습 혹은 경험을 통한 학습이라 할 수 있다(Lewis et al., 1994).

경험학습과 관련하여 체험학습이나 실천학습을 같은 의미를 지닌 용어로 사용할 수 있으나 엄밀히 구분된다. 체험학습은 신체적인 경험(physical experience)을 강조하는 학습이고 실천학습(action learning)은 실제 행동을 강조하는 활동으로 체험학습과는 구분된다. 경험학습은 이러한 체험학습과 실천학습을 포괄하는 더 광범위한 개념이라 할 수 있다(김지자 외, 2001).

학생들의 경험은 두 가지 주요한 요소에서 비롯된다고 제안하였는데, 첫째, 학생은 과거 경험들을 축적한다(계속성)는 것이고 둘째, 과거 경험들은 현재의 상황과 상호작용한다(상호작용)는 것이다. 즉 모든 개인적인 과거의 경험들은 개인적 현재와 미래의 경험에 인상적인 영향을 주면서 결합하게 된다. 결국 듀이는 이러한 경험들이 학생들의 미래 경험의 성격에 지속적으로 영향을 미칠 것이기 때문에 학생들의 경험들은 중요하게 여겨져야 한다고 강조하였다(Neill, 2008).

듀이의 경험학습 모형은 학습이 경험, 개념, 관찰, 행동을 통합하는 변증법적 과정이라는 점을 강조한다. 충동에서 시작된 경험학습 과정은 관찰을 통해 지식을 얻게 되고 지식을 근거로 판단을 하게 되는데, 그 판단은 다음 단계의 충동으로 이어진다. 경험에서 충동은 생각에 원동력을 주고, 생각은 충동의 방향을 제시한다. 즉각적인 행동을 지연시키는 것은 관찰과 판단에 필수적이며 행동은 목적 성취를 위해 필요하다. 이러한 과정들의 통합을 통해 맹목적인 충동을 성숙한 목표로 개발한다.

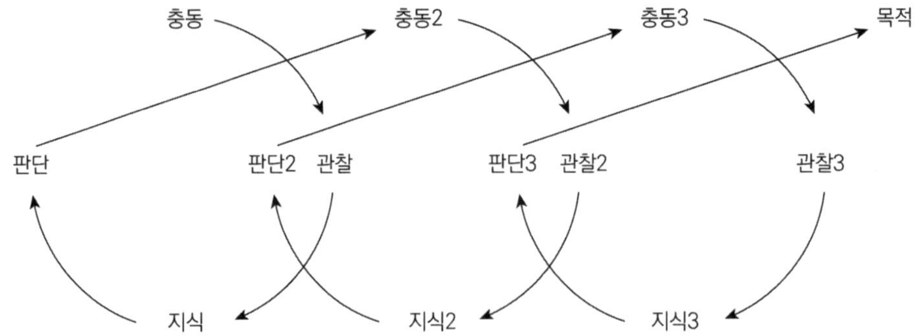

| 그림 5-1 | 듀이의 경험학습 모형

출처: Kolb, D. A. (1984). Experiential learning: experience as the source of learning and development. New York: Prentice-Hall.

콜브(Kolb)는 학습이란 경험에 기초한 연속적인 프로세스로, 지식은 학습자의 경험으로부터 나오는 것으로 경험들이 개인적이거나 혹은 객관적·환경적일 수 있다고 말한다(Kolb, 1984). 학습에 관한 행동주의 및 인지이론에 대한 대안을 개발하는 것을 원하지 않고 경험학습을 통하여 경험, 지각, 인식과 행동을 결합하는 전체론적인 통합학습 관점을 제시한다(김진한, 2020). 콜브(Kolb, 1984)는 학습은 지식이 경험의 전환을 통해 구성되는 과정이며, 개인의 '감정', '지각', '행동', '사고' 간의 상호작용인 것으로 이 네 가지의 능력을 요구하는 순환적인 과정 모델로 볼 수 있다(Goldberg, 2000). 경험학습의 네 가지 과정은 구체적 경험(Concrete experience, 새로운 경험을 하고자 하는 개방성과 의욕), 반성적 성찰(Reflective observation, 새로운 경험을 다양한 관점에서 볼 수 있는 관찰 및 성찰 능력), 추상적 개념화(Abstract conceptualization, 관찰한 것에서 아이디어 및 개념을 만들어 낼 수 있는 능력), 적극적 행동(Active experimentation, 새로운 아이디어 또는 개념이 실제 현장에서 사용될 수 있도록 하는 능력)이다. 콜브는 이 능력들이 구체적 경험에서 시작하여 성찰, 추상적 개념화를 거쳐 적극적 행동으로 움직이는 사이클 프로세스 안에서 상호 연관되는 관계로 생각하며, 마지막 단계에서 이루어지는 모든 행동은 새로운 구체적 경험이 되고, 그것은 다시 경험적 학습 사이클을 시작하는 것으로 보았다(김정례, 2021).

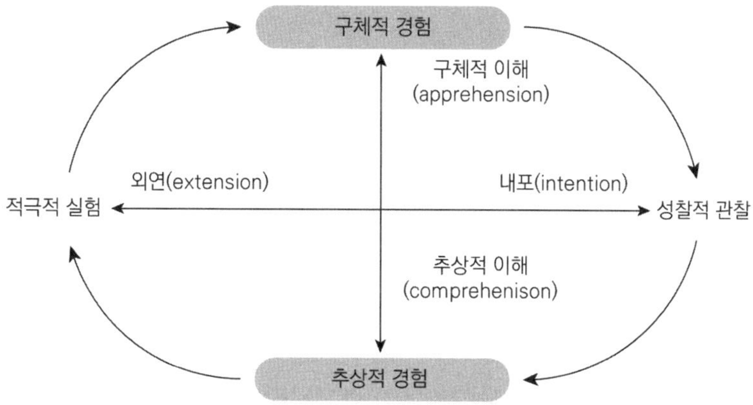

| 그림 5-2 | 콜브의 경험학습 모형

출처: Kolb, D. A. (1984). Experiential learning: experience as the source of learning and development. New York: Prentice-Hall.

첫째, 구체적인 경험은 감각기관을 통한 대상과의 직접적인 접촉을 의미한다. 새롭고 구체적인 경험을 하는 단계이다.

둘째, 반성적 관찰은 구체적 경험에 대한 회상적 관찰과 의미 찾기의 과정을 의미한다. 서로 다른 관점에서 경험을 해석하고 반성하는 단계이다.

셋째, 추상적 개념화는 논리적 분석과 이해를 통해 추상화된 명제(혹은 가설적 지식)를 만들어내는 것을 의미한다. 관찰을 논리적으로 통합시키기 위하여 아이디어와 개념을 창출하는 단계이다.

넷째, 적극적 실험은 추상적 개념화의 과정을 통해 도출된 일반원리들을 새로운 상황에 적용하여 검증하는 것을 의미한다. 학습자는 그것을 주변 세계에 적용한다.

3) 경험학습의 특징

콜브는 경험학습이론의 특징을 다음의 여섯 가지로 제시하고 있다(김정례, 2021; 김진한, 2020; 김영인 외, 2017; 이춘자, 2016; 조미영, 2010; 현영섭, 2009).

첫째, 학습을 결과가 아니라 과정으로 이해한다. 행동주의 학습이론이 자극과 반응을 중심으로 결과에 관해 이야기하는 것에 반해, 콜브는 학습의 과정에 초점을 맞추었다. 즉, 경험학습은 학습이 경험을 통해서 지속해서 지식이 산출되고 수정되는 과정으로 구체적 이해(apprehension)이다.

둘째, 학습은 경험에 토대를 둔 계속적인 과정이다. 듀이가 말하는 경험의 '계속성'을 콜브는 적극적으로 인용하였다. 경험은 시간적으로 계속되기 때문에 학습도 시간적인 연속성을 가지고 계속된다. 이런 계속적인 과정을 통해서 지식은 확대・재생산된다. 특히 콜브는 '순환(Cycle)'이라는 개념을 도입함으로써 학습이 어떻게 지속되고 계속될 수 있는지 보여주었다.

셋째, 학습의 과정에는 어떠한 갈등의 해결이 필요하다. 학습세계와 학습 상황에서도 대립과 갈등은 존재하기 때문에 학습의 과정에서 갈등을 해소하고 봉합하여 통합하는 과정은 필연적이다. 그리고 콜브는 이 과정에서 진정한 창조성과 성장이 촉진된다고 보았다.

넷째, 학습을 세상에 적응해가는 종합적인 과정으로 본다. 학습은 세계에 적응하는 전인적 과정이라는 의미로 총체적이므로 경험학습은 사고로만 이루어지지 않는다. 학습에는 사고, 감정, 지각, 행동 등 모든 것이 포함된다. 콜브의 학습순환에서도 나타나듯이 경험학습은 적극적인 행동과 실험으로도 나타난다. 그리고 콜브는 경험학습이론의 목표와 '통합된' 인격을 제시하며 경험학습이 전인적 과정임을 드러냈다.

다섯째, 학습을 사람과 환경의 교호작용(Transaction)으로 본다. '교호작용'은 듀이의 용어로서 학습자와 사회가 영향을 주고받으며 같이 변화하는 작용을 의미한다. 콜브는 학습자가 환경과 서로 영향을 주고받을 수 있는 존재로 상정하였다. 경험학습에서는 인간의 내면적인 인지과정 또는 환경의 자극 어느 하나만을 중요시하지 않는다. 반면 인간의 내면적인 인지과정과 환경적 자극 요소의 유기적 관련성과 상호작용으로 이루어진 학습의 생태학적인 체계를 중요시한다.

여섯째, 학습을 지식 창조의 과정으로 본다. 학습은 생활의 장에서 환경에 적응해 가는 과정이다. 환경에서의 효과적인 적응을 위해서는 학습자는 경험학습을 통해서 지식을 창출하고 축적한다. 끊임없이 변화하는 환경에서 새로운 체험 활동을 통해서 창출된 새로운 지식은 기존의 지식에 통합되거나 기존의 것을 대체하게 된다.

3. 구성주의이론

1) 구성주의 의미

구성주의(constructivism)는 지식이 학습자의 삶의 맥락(context)에 따라 주관적으로 구성되는 것이다. 학습자에 의해 삶의 맥락에 적합하게 구성되고 삶의 맥락이 달라지면 끊임없이 재구성되는 개인의 구성물이다. 개인이 환경에 적응하면서 자신의 생존에 가장 적합하고 유용하게 구성되는 산물이 지식이므로, 구성주의 입장에서 지식은 절대적이거나 불변의 것일 수 없다. 삶의 맥락이 변하면 지식은 변할 수밖에 없기 때문이다.

구성주의가 지식에 있어서 중요한 것은 객관적인 진리성(truth)이 아니라, 삶의 적합성(viability) 또는 유용성(usefulness)이다. 구성주의에서 지식은 모두가 받아들이는 보편적 합리성(rationality)을 가지는 것이 아니라, 어떤 특수한 맥락에 적합한 일리가 있는 합당성(reasonableness)이면 된다.

기존 행동주의에서 학습자는 외부자극에 수동적으로 반응하는 존재로 보았다면, 구성주의에서는 환경과 상호작용을 통해 맥락에 적합한 의미를 적극적이고 능동적으로 탐색하고 구성하는 존재 또는 공동 구성자로 학습자를 보았다. 또한 행동주의에서 중재자는 관리자로 보았다면 구성주의에서 중재자는 학습

환경을 조성하고 안내하며 학습자료를 유의미하고 적합하게 잘 다룰 수 있도록 도와주는 역할을 수행하며, 의미 구성을 촉진하는 촉진자 또는 공동참여자의 개념으로 보았다(류인혜, 2021; 홍혜원, 2020; 서진원, 2012). 구성주의 관점은 교육이나 청소년지도에 있어서 지식보다는 삶을 안내하고 가르치는 것이 중요시된다. 지식이란 삶의 맥락에서 의미를 가질 때만 존재가치를 지니기 때문이다. 또한 이미 만들어진 지식을 지도자에 의해 일방적이고 획일적으로 주입하거나 강요하지 않고 자유로운 탐구활동과 경험을 통해 청소년 스스로 정답을 만들어 가도록 독려하고 협력한다. 이런 점에서 구성주의는 청소년지도방법의 중요한 이론적 토대가 될 수 있다.

구성주의는 지식을 구성적이라고 보기 때문에 그 지식을 구성하는 개인의 주관적인 태도가 우선된다고 본다(최영우, 2020). 구성주의의 핵심은 학습자 중심, 스스로 할 수 있는 능동적 태도와 교사는 도와주는 역할만 해야 한다. 구성주의적 학습원칙을 정리하면 다음과 같다.

| 표 5-1 | **구성주의적 학습원칙**

구분	세부적 내용
체험학습	• 학습자의 선수지식, 관심, 배경에서 학습의 출발 • 문화적 동화를 통한 전문인으로서의 변화
자아성찰적 학습	• 자기주도적 학습, 자기규율적 학습, 문제해결 능력 • 토론을 통한 성찰적 사고 실천
협동학습	• 다른 학습자들과의 대화 참여를 통한 문화적 동화 • 그룹 시너지 효과(학습 효과, 다양한 시각 노출) • 개인 생각이나 견해에 대한 타당성 검증 및 심화학습
실제적(Authentic) 성격의 과제 제시	• 학습과 성과의 연계성(지식의 전이성 증가) • 학습과제의 상황성과 실제성 고려 • 학습동기의 증가(주인의식)
교사의 역할: 코치, 동료학습자	• 학습의 조력자, 코치 • 학습자들과의 대화참여를 통해 새로운 시각, 내용 등을 학습할 기회(동료 학습자로서의 역할) • 학습자들에 대한 참된 의미의 신뢰와 권위 이양 실천

출처: 강인애. (2003). 우리 시대의 구성주의. 서울: 문음사.

구성주의는 학생들이 스스로 주관적 지식을 구성할 수 있어야 함을 강조한다. 학생이 지식을 구성하는 주도적인 역할을 하며, 교사는 학생이 지식을 구성할 수 있도록 학습 환경을 조성하고 학생의 지식구성을 도와주는 안내자의 역할을 한다. 학습 환경의 조성은 학생들이 인지적·사회적 활동에 의한 지식구성을 할 수 있도록 적절한 학습 요소들을 개발, 제공·유지하는 것이다(류인혜, 2021; 서진원, 2012).

2) 구성주의 특징

구성주의 특징은 다음과 같이 정리된다(오윤선 외, 2024).

첫째, 구성주의에서 지식이란 인식 주체가 결정하는 상대적인 것으로 개인에게 의미 있고 적합하다면 모두 타당하다고 본다. 따라서 맥락에 적합한 의미를 구성하는 데 초점을 맞춘다. 이러한 인식론은 포스트모더니즘(post-modernism) 사조와도 일치한다. 객관주의에서는 절대적 진리와 지식이 존재하며 이를 습득하는 것이 교육 및 활동의 목표가 된다.

둘째, 구성주의에서는 신체적·사회적 경험을 통해 사고영역이 성장한다고 본다. 따라서 지도자는 다양한 활동, 직접적인 실습 및 체험학습, 사물에 대한 조작 및 실험 등을 중심으로 직접 활동하며 배울 수 있도록 구성하고 인도하는 것이 필요하다. 또한 지도자는 학습자가 세상을 이해하도록 도울 수 있지만 자신의 세계를 구성하도록 강요해서는 안 된다. 한편 객관주의는 사고영역이 외부 실재를 반영하고 외부 실재에 의해 통제된다고 본다.

셋째, 구성주의에서 교사는 학습자를 위한 안내자, 조력자, 촉진자, 지지자의 역할을 수행한다. 이는 학습자 개인에게 전통적 행동양식이나 지식을 정확히 전수하는 지식의 전달자, 정보처리 활성자, 관리 감독자가 아닌 학습자가 무한한 인식 또는 생각을 창조할 수 있도록 안내하며 도와주는 역할을 한다.

넷째, 구성주의에서는 학습자를 의미의 능동적 구성자인 동시에 산출자로 본다. 객관주의에서는 학습자를 정보의 수동적 수용자로 보는 반면에 구성주의에서는 학습자를 능동적, 창조적, 개성적 그리고 무한한 가능성을 가지고 있다고 본다. 따라서 학습자 개인의 생각이 존중되고 그것을 활동에 최대한 반영한다.

다섯째, 구성주의에서는 협동학습 환경을 중시하여 다양한 견해의 인식과 문제 해결력, 사고력, 인지적 전략의 습득을 중요시한다. 이는 개별적인 학습환경을 중시하여 개인의 과제, 활동, 성취의 중요성을 강조하며 지식의 암기와 축적을 중요시하는 것과 확연한 차이를 보인다.

여섯째, 구성주의 교육과정은 창조적·실용적 교육과정으로 학습자의 특성, 적성, 관심, 성취 수준뿐만 아니라 학부모 및 지역사회의 요구와 특성이 반영된다.

구성주의는 지식을 어떻게 보느냐에 따라 인지적 구성주의와 사회문화적 구성주의로 분류할 수 있다. 전통적 지식관인 객관주의와 구성주의의 교수-학습 원리를 종합적으로 비교·분석하면 다음과 같다.

| 표 5-2 | 객관주의와 구성주의의 비교

구분	객관주의		구성주의	
지식	• 보편타당한 절대적 진리와 지식 • 인식 주체와 독립되어 외부에 존재		• 맥락에 적합한 의미 구성 • 마음의 산물로 인식 주체에 의해 결정	
의식	상징의 처리자, 자연의 거울		상징의 구성자, 자연의 해석자	
사고	• 외부 실재를 반영 • 외부 실재에 의해 통제		지각과 구성에 근거하며, 신체적, 사회적 경험을 통해 성장	
의미	인식 주체와 독립		인식 주체에 이해 결정	
상징	• 실재를 표상 • 외부 실재의 내적 표상		• 실재를 구성하는 도구 • 내부 실재의 표상	
대표유형	행동주의	인지주의	인지적 구성주의	사회적 구성주의
학습	외현적 행동의 변화	인지구조의 변화	개인의 주관적 경험에 근거한 의미 구성	사회적 상호작용을 통한 의미 구성

학습자관	외부 자극에 반응하는 수동적 학습자관	내적으로 정보를 처리하는 능동적 학습자관	환경과 상호작용하여 의미를 구성하는 능동적 학습자관	
교육과정	교과서 중심의 기본 기능 강조		다양한 자료에 근거한 구성활동 강조	
교수	지식과 정보의 전달	지식과 정보의 전달 또는 발견	개인적 이해를 위한 사고 안내	지식의 공동 구성
지도자의 역할	관리자, 감독자	정보처리 활성자	촉진자, 안내자	촉진자, 안내자, 공동 참여자
학습자의 역할	정보의 수동적 수용자, 청취자, 추종자	정보의 능동적 처리자	구성자, 산출자, 해석자, 의미의 능동적 설명자	
핵심개념	자극, 반응, 강화	정보처리, 정교화	개인의 구성적 과정	사회 · 문화적 동화
주요 수업전략	연습과 피드백	정보처리 전략	유의미한 아이디어와 자료 등과 상호작용 할 수 있는 풍부한 학습기회 제공	유의미한 아이디어와 자료 등과 상호작용 할 수 있는 풍부한 학습기회를 학습자와 공동으로 구성
주요매체	다양한 전통적 매체와 CAI	컴퓨터에 기초한 수업	인터넷, 다양한 구성도구	
평가	양적 평가, 총괄평가 강조		질적 평가, 형성평가 강조	
주요 이론가	Skinner, Thorndike	Bruner, Ausubel	Piaget, Glasersfeld	Vygotsky, Rogoff

출처: 오윤선 외. (2024). 청소년지도방법론(2판). 파주: 양서원.

3) 구성주의 유형

(1) 인지적 구성주의

피아제(Jean Piaget, 1896~1980)는 '지식이 어떻게 구성되는가'와 '아동들이 어떻게 자신들의 세계를 알게 되는가'에 연구의 초점이 맞추어져 있다. 수년간의 연구는 피아제로 하여금 인간은 성장하면서 자신의 환경과 교류하며, 창조 및 재창조된다고 결론지었다. 즉, 외부로부터 객관적인 정보가 주입되는 것이 아니라 경험을 통하여 자신의 지식을 쌓아가고 경험, 신념, 가치, 역사, 기존 인식들이 인지구조의 한 단위인 인지도식(schema)을 창출한다는 것이다. 그리고 이러한 도식들은 동화와 조절이라는 적응과정을 통하여 변화하고 확장되며 더욱 정교해진다는 것이다(송인섭 외, 2013).

피아제의 인지발달이론에 의한 구성주의 교육의 원리는 네 가지로 요약할 수 있다(정대련, 2021; 정형원 외, 2008).

첫째, 아동들은 인지발달 단계에 따라 실재(Reality)에 관한 해석을 달리한다.

둘째, 학습자가 참여할 수 있고 동화와 조절의 적응과정이 일어나는 활동과 상황에 의해 인지발달이 촉진된다.

셋째, 학습자료와 학습활동들은 아동의 신체 또는 정신활동에 적절한 것이어야 한다.

넷째, 학습자들이 적극적으로 참여할 수 있고 도전적인 학습방법을 사용하여야 한다.

한편 인지적 구성주의에는 글라저스펠트(Glasersfeld)의 급진적 구성주의가 포함된다. 급진적 구성주의는 인식의 자율성을 주장하면서 전통적으로 인정되어 온 객관성의 개념을 부정한다. 세 가지의 급진적 구성주의의 원리를 다음과 같이 제시하였다(Glasersfeld, 1990).

첫째, 지식은 감각을 통하거나 의사 교환의 방법에 의하여 피동적으로 받아들여지는 것이 아니다. 지식은 능동적으로 인식하는 주체에 의해 구성되는 것이다.

둘째, 인식 기능은 적응적이고 적합성 또는 성장성을 지향하는 경향이 있다.

셋째, 인식은 주체가 경험적 세계를 조직하는 데 공헌하는 것이며 결코 객관적·존재론적 실재의 발견을 돕는 것이 아니다.

급진적 구성주의는 지식이 언어를 통해 말하는 사람으로부터 듣는 사람에게로 전달될 수 있다는 관점을 부정한다. 따라서 학습자 개인의 고유한 방식으로 그들 자신의 지식을 구성하도록 하는 교육을 지지한다. 이처럼 급진적 구성주의는 지식의 주관적 측면을 강조하고 있으며 각각의 주체를 개별적이고 주관적인 자기 세계의 중심으로 본다.

(2) 사회적 구성주의

사회적 구성주의 원류는 비고츠키(Lev Semenovich Vygotsky, 1896~1934)의 이론에서 그 유래를 찾는다. 인지적 구성주의가 지식 형성 과정에서 개인의 정신적 작용을 주요 요인으로 본다면 사회적 구성주의는 개인의 인지적 발달에 개인이 속한 사회와 그 구성원과의 상호작용, 즉 사회적 상호작용이 미치는 영향을 중요시한다. 그리고 모든 사회 구성원의 공통 주관성을 객관성으로 간주한다.

비고츠키는 인간과 환경의 교류에 있어서 조정(Mediation)이라는 개념을 도구뿐만 아니라 기호(Sign)의 사용에 접목시켰다. 비고츠키 이론체계의 주요 주제는 학습자들의 사회적 교류가 인식 발달에 있어서 기초적인 역할을 한다는 것이다. 그는 아동의 문화적 발달에 있어서 모든 기능(주의집중, 논리적 사고, 개념 형성 등도 포함)은 두 차례 나타나는데 사회적 수준에서 먼저 일어나고, 후에 개인적 수준에서 일어난다고 했다. 즉, 사람과 사람 사이에서 먼저 일어난 후에 아동의 개인 내에서 일어난다. 모든 고등 정신 기능은 개개인 사이의 실제적 관계에서 일어난다. 비고츠키 이론의 또 다른 관점은 인지발달의 가능성은 '근접발달영역'(ZPD; Zone of Proximal Development)이라 불리는 특정한 기간에 한정되어 있다는 것이다. 더 나아가 근접발달영역의 완전한 발달은 사회적 교류에 전적으로 달려 있다는 것이다. 성인의 도움이나 동료와의 협조에 의해 발달할 수 있는 기능의 범위는 개인이 혼자서 얻을 수 있는 것보다 훨씬 앞선다는 것이다(정형원 외, 2008).

비고츠키 이론의 기본전제는 다음과 같다(오윤선 외, 2024; Moll, 2009).

첫째, 인간은 환경과 상호작용하는 존재로 사회문화적 환경과의 상호작용을 통해 지식을 형성해 나간다. 인간을 둘러싸고 있는 사회문화적 환경은 인간이 무엇을 아는가를 결정할 뿐만 아니라 인간이 어떻게 사고하는가에 많은 영향을 준다.

둘째, 언어와 인지구조는 서로 독립적으로 발달하지만 언어가 주도적인 역할을 한다. 아동은 언어를 통해 자신을 돌보는 사람들의 지식과 태도를 내면화하며 자신을 발견하는 수단을 제공한다. 사회문화적 구성주의가 인지적 구성주의와의 차이점은 사회구성원들 간의 의사소통을 통한 지식의 구성이라고 할 수 있다.

셋째, 비고츠키는 개인이 속한 사회의 문화체계와 주위의 환경 조건들이 매우 중요하며 사회 속에서 성숙한 협동자들과 상호작용이 학습의 효과를 가장 극대화할 수 있다.

비고츠키는 비계(Scaffolding, 건축공사 때 높은 곳에서 일할 수 있도록 설치하는 임시 가설물)를 통한 근접발달영역(ZPD)의 개념을 강조하였다. 근접발달영역은 도움 없이 혼자서 과제를 처리할 수 있는 아동의 실제적 발달수준과 타인의 도움을 받아서 수행할 수 있는 잠재적 발달수준 사이의 영역을 의미한다. 근접발달영역은 학습이 발달에 영향을 미칠 수 있음을 의미한다. 또한 학습자가 지식을 구성함에 있어 지도자 혹은 교사의 학습 공동참여자, 촉진자, 안내자로서 역할의 중요성을 시사한다. 즉, 지도자는 활동 및 수업을 통하여 근접발달영역에 작용하여 학습자의 잠재적인 능력을 깨우칠 수 있도록 해야 한다.

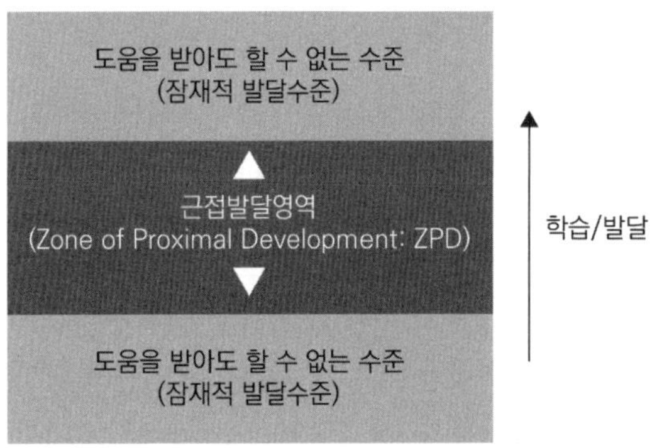

| 그림 5-3 | **비고츠키의 근접발달영역**

4) 구성주의 학습의 원리

구성주의적 학습이론의 학습원리를 정리하면 다음과 같다(류인혜, 2021; 최영우, 2020; 홍혜원, 2020; 김영인 외, 2017; 김종문 외, 2002; Fosnot, 1996).

첫째, 학습은 구성적·능동적 과정이다. 구성주의에서는 학습을 주어진 상황에서 개인의 주관적인 경험과 사회적 상호작용을 통해 의미를 구성해 나가는 과정으로 보기 때문에 학습자의 자율성, 자기 주도성, 능동적인 참여가 매우 중요하다.

둘째, 학습은 반성적 사고를 통해서 추진된다. 반성적 사고는 개인적 경험에 대한 의미를 따져 보게 하므로 학습의 중요한 원천이 된다. 반성을 통해서 자신에게 적합한 의미를 창출하고 구성할 수 있기 때문이다.

셋째, 학습은 적절한 인지적 불균형에 의해서 촉진된다. 반성적 능력은 자신의 행동과 판단을 스스로 점검하여 비판하는 능력으로 자기에게 적합한 지식을 구성하는 원동력이 된다. 이는 반성을 통해서 자신에게 적합한 의미를 창출하고 구성할 수 있기 때문이다. 학습에서 반성적 계기를 마련하기 위해 자신의 경험 들여다보기, 반성적 글쓰기 등을 활용할 수 있다.

넷째, 학습은 사회적·대화적 활동이다. 학습에서 교육자와 학습자, 학습자와 학습자 간의 대화를 통한 수평적인 소통적 관계의 형성은 중요하다. 소통을 통해서 의미가 이해되고 공유될 수 있으며 의미 형성이 촉진될 수 있기 때문이다. 학습조직은 학습활동, 학습주체, 학습과제 및 반성적 사고를 자극하므로 담론 공동체가 될 필요가 있다.

다섯째, 학습은 도구와 상징을 통해 촉진된다. 학습은 의미를 구성하는 과정이므로, 이를 도와줄 수 있는 도구와 상징을 풍부하게 제공하면 학습이 촉진된다. 학습에서 여러 가지 물리적 도구와 언어를 중심으로 하는 다양한 상징체계가 활용될 수 있어야 한다.

여섯째, 학습은 앎의 방법을 알게 하는 과정이다. 인간의 궁극적인 성취는 지식의 방법을 아는 것이다. 구성주의 학습은 외부에 존재하는 명제적 지식을 발견하고 수용하는 과정이 아니라, 학습자 스스로 자신의 삶의 맥락에 적합한 지식을 형성하는 과정이다. 따라서 학습에서 앎 자체, 즉 'what'보다는 앎의 방법, 즉 방법적 지식인 'how to'를 알게 하는 것이 중요하다.

5) 구성주의 학습의 형태

구성주의에는 여러 학습의 형태가 있으나 대표적으로 워취(Wertsch)의 대화학습, 콜린스 등(Collins, Brown, & Newman)의 인지적 도제학습, 바로우(Barrows)의 문제중심학습, 말라구찌(Malaguzzi)의 소집단 프로젝트학습 등을 들 수 있다.

(1) 대화학습

대화학습 모형은 사회적 구성주의 이론을 바탕으로 고안된 학습모형이다. 대화학습은 언어가 지닌 기능, 즉 상호작용하고 서로를 위계적으로 조직하는 기호학적 공간에서 새로운 사고를 생성하는 점과 양방향적이고 수평적인 의사소통을 통해 의미를 창출하고 공유하는 대화적 기능을 주목하여 착안되었다. 대화학습에서는 지도자 혹은 교사가 자신의 질문에 근거하는 답을 갖고 있거나 교사와 학습자가 비대칭적 위계관계 속에서 지식의 숙련이나 전달에 목적을 두고 접근한다면 오히려 창의적 사고를 저해하게 된다. 대화는 학습자를 지식구성의 주체로 인정하고 수평적이고 개방적이며 상황에 따라 유연해야 하고 학습자의 지적 호기심과 동기를 자극할 수 있어야 한다.

(2) 인지적 도제학습

형식교육이 피상적인 측면에만 초점을 두어 교육의 복잡한 성격을 제대로 반영하지 못함으로써 실패하고 있다고 비판했다. 대안으로 전통적 의미의 도제(apprenticeship) 원리를 통해 전문가의 수행의 성격을 밝히고 그러한 수행을 적절히 습득할 수 있는 방법을 고안해 보려는 데서 인지적 도제학습(Cognitive Apprenticeship Learning)이 비롯되었다.

브라운 등(Brown, Duguid, & Collins)에 따르면 학습은 교과지식을 전달받거나 미리 설계된 문제를 해결하는 것보다는 해당 학문분야의 전문가가 과제를 어떻게 수행하는지를 다양한 측면에서 관찰할 때 배울 수 있다고 주장한다(Brown et al., 1989). 따라서 인지적 도제모형에서 학습이란 특성 사회집단의 전문가들이 지닌 지식과 사고과정을 학습하는 것으로 학습자가 전문가의 수행에 요구되는 다양한 기능을 확인하고, 이들이 적용되는 조건을 발견하여 이를 내면화하는 과정을 통해 이루어진다고 할 수 있다. 이는 결국 학습이 점차적으로 복잡한 과제, 상이한 문제해결 상황으로 계열화되는 것을 의미한다.

학습절차는 문제해결을 위하여 전문가가 구체적으로 시범을 보이는 시연 단계(modeling), 문제해결을 위한 인지적 틀을 제시하는 교육적 도움제공 단계(scaffolding), 학습자가 스스로 문제를 해결할 수 있도록 교수적 도움을 점차 줄여가는 교수지원중단(fading) 단계의 세 단계로 구성된다(Collins et al., 1989). 시연은 실제 과제의 문제해결 과정을 전문가가 시범과 설명을 통해 보여주고 학습자가 그 과정을 관찰하는 것이다. 최정임(1998)은 시연이 학습에 가장 효과적이며 학습자를 중요한 방법에 몰두하도록 유도한다고 주장한다. 교육적 도움 제공은 학습자가 이미 알고 있는 것을 현재의 과제에 전이할 수 있도록 촉진시켜주며 문제해결을 위한 인지적 틀을 제시하여 학습에 도움을 주는 디딤돌 역할을 한다. 이때 교수적 도움은 근접발달영역(ZPD) 내에서 꼭 필요한 경우에만 제공하고 과제수행이 익숙해짐에 따라 점차적으로 축소하고 학습자들이 숙련되면 완전히 제거되어야 한다.

(3) 문제중심학습

문제중심학습(Problem Based Learning: PBL)이란 구성주의적 학습관을 충실하게 반영하는 실천적 모형으로써 '문제로 시작하는 수업'이라고 할 수 있다. 이 이론을 정립하여 활용하는 데 가장 큰 공헌을 한 사람은 캐나다 맥매스터(McMaster) 의과대학 교수인 바로우(Barrows, 1988)이다. 그는 구성주의 이론과는 별개로 그가 의과대학 교육현장에서 교수로 활동하면서 느꼈던 기존 강의식과 암기식 수업환경의 부실성, 비현실성 등의 문제에 대한 대안적 방편으로 문제중심학습을 제시했다. 그러다가 문제중심학습은 구성주의에 의한 이론적인 지지를 받게 되었다. 더피(Duffy)는 문제중심학습의 학습목표는 "학습자로 하여금 어떤 문제나 과제에 대한 해결안을 혹은 자신의 견해나 입장을 전개(develop)하고, 제시(present)하며, 설명(explain)하고 나아가 옹호(defense)할 수 있어야 하는 것"이라고 주장한다(Duffy et al., 1996). 따라서 교사는 설명보다는 문제를 제시하고 학습자들이 그 문제를 인식하여 그것을 스스로 혹은 동료들과의 토의를 통해 해결할 수 있도록 수업을 설계하는 것이 필요하다. 문제중심학습은 협동학습과 자율학습 그리고 다시 협동학습의 세 과정으로 이루어져 있다. 구체적으로 문제 사례의 제시, 자기 주도적 학습, 소집단 학습, 일반화, 반성(reflective thinking)의 다섯 가지 단계를 거친다.

문제중심학습의 특징은 다음과 같이 세 가지로 살펴볼 수 있다.

첫째, 학습은 문제인식에서 시작된다. 따라서 학습자들은 자신들이 정보를 수집하는 이유와 학습하는 목적에 대해 더 명확히 인식하게 된다.

둘째, 관련 분야에 실재하는 비구조화된 문제들을 풀어간다. 비구조화된 문제는 현실 세계의 복잡한 상황을 반영하고 있기 때문에 이러한 문제를 활용하는 것은 문제중심학습의 핵심적 요소라 할 수 있다.

셋째, 학습자 중심이다. 문제중심학습에서는 자기 주도적 학습(Self-directed Learning: SDL)이 강조된다. 학습자들은 스스로 학습과정에 대한 계획을 세우고 관리하며, 점검하고 통제하는 능력이 필요하며 집단 구성원 간의 토론을 통해 자신과 타인의 관점을 비교하는 과정이 요구된다. 상대적으로 기존의 교육방식에 비해 교사의 역할은 상당히 축소된다고 할 수 있다.

(4) 프로젝트학습

이탈리아 북부 지역에 위치한 에밀리아 시립 유치원에서 로리스 말라구찌(Loris Malaguzzi, 1998)에 의해 시작된 프로젝트학습은, 레지오 에밀리아 접근법(Reggio-Emilia approach)으로 유아교육에서 널리 알려져 있다. 프로젝트학습은 학습자들의 상호 관계를 강조하며 시작(소집단 구성, 흥미와 동기유발, 과제 설정과 파악, 계획 등), 전개(협력활동, 대안 모색과 문제해결 등), 정리(평가와 반성, 성과 발표 등)의 세 단계로 구분된다. 프로젝트학습은 상호 협동 욕구를 중시하며 비고츠키의 근접발달영역(ZPD) 개념을 매우 중요시한다. 프로젝트학습에서 학습은 인간 개인의 능동적이고 주체적인 활동으로 인간들 사이의 상호작용 과정에서 이루어진다고 본다. 이 학습에서 지도자는 다음 연구를 자극하는 상황을 창조하는 역할수행으로 더 효율적인 학습이 발생하도록 해야 한다.

4. 동기이론

1) 동기의 개념

동기(Motivation)는 라틴어 'moveers'에서 유래되었으며 움직인다(Move)는 뜻을 가지고 있다. 따라서 동기는 움직임(Movement)을 가져오는 과정이며, 움직임은 맹목적인 것이 아니라 방향이 있는 것이다.

린슬리(Lindsley)는 어떤 목표를 지향하는 행동을 일으키고 방향을 잡아 주고 유지하는 힘의 총합(Lindsley, 1957)이라고 정의하고, 베렐슨 등(Berelson & Steiner)은 어떤 목표를 향해 행동하도록 활력을 주고 움직이게 하며 행동방향을 제시하는 내적인 상태로 정의하였다(Berelson et al., 1964). 또한 이길복 등(2005)은 어떠한 행동을 할 때에 근원이 되는 내적·외적인 조건을 지칭하는 것으로 행동의 방향을 결정하고 활성화시키는 중요한 기능을 담당하는 요인으로 정의했다. 그리고 강명희(2014)는 동기란 일정한 목표의 성취를 위하여 특정한 계열의 행동을 시동하여 지속시켜 나가는 내적 상태라고 정의하였다. 동기는 어떤 목표를 향하도록 방향을 제시하고 목표 달성을 위해 효과적인 행동을 하도록 강화한다. 즉, 동기는 방향을 제시하고, 행동을 유발하고, 유지하는 신체적·심리적 상태를 의미한다고 할 수 있다.

이를 종합하여 오늘날 심리학에서 논의하는 동기의 의미를 살펴보면 다음과 같다(오윤선 외, 2024; 김영인 외, 2017).

첫째, 동기는 인간이 행동을 추구하게 하는 상태를 일컫는다.

둘째, 동기란 단순히 생물학적 욕구인 본능(Instincts)이나 추동(Drive)을 넘어 사회환경과 상호작용을 통해서 발달하는 자아실현의 욕구까지를 포함하는 것이다.

셋째, 동기는 한 개인의 특정한 행동을 발생시킬 뿐 아니라 일정한 방향성을 갖게 하며, 효과적인 행동을 지속시키는 활력소라고 정의할 수 있다.

청소년지도방법의 전제조건은 청소년들의 적극적이고 실질적인 참여를 극대화하는 것이다. 따라서 청소년지도자는 프로그램에 참여하는 구성원들 동기의 본질, 유형, 수준, 장애 요인 등을 파악하고 청소년들의 동기 및 참여 유발 요인을 강화할 수 있도록 지도하는 것이 필요하다.

2) 동기의 기능

동기의 기능은 크게 네 가지로 살펴볼 수 있다. 즉, 활성적 기능(Activating function), 지향적 기능(Directive Function), 조절적 기능(Adjusting Function), 강화적 기능(Reinforcing Function)이 있다(정연우, 2020).

첫째, 활성적 기능(Activating Function)이다. 동기는 행동을 유발하고 지속하게 해주며 유발한 행동을 성공적으로 추진하는 힘을 주게 된다. 일반적으로 개체에게 결핍 상태가 발생하면 이를 충족하고자 하는 동기가 형성되고, 그 동기는 특정한 유인물을 찾아 요구(need)가 해소되어 만족을 얻을 때까지 다양한 반응 행동을 하게 된다(김춘기, 2013).

둘째, 지향적 기능(Directive function)이다. 인간의 행동은 목표를 지향하는 방향으로 움직인다. 목표는 강력한 동기유발의 조건으로 행동을 수정하고 제어하는 방향타 역할을 한다. 이러한 면에서 지향적 기능은 수많은 선택적 과정을 통해 이루어진다고 할 수 있다.

셋째, 강화적 기능(Reinforcement function)이다. 행동의 결과로 어떠한 보상이 주어지느냐에 따라 동기유발의 수준은 달라지며 이때의 보상이란 어떠한 행동의 결과로 생기는 외적 강화이다. 강화적 기능은 지향적 기능과 밀접한 관계를 지니고 있다. 즉, 동기유발을 통해 어떤 목표를 지향하는 행동이 일어나고 그 결과로 목표를 달성하는 바람직한 효과가 발생했다면 학습자는 동일하게 전과 같은 행동을 계속 반복하게 된다. 반면 목표를 달성하지 못한 행동은 감소되거나 소멸하게 된다. 이런 면에서 행동은 '동기 → 선택 → 만족 → 강화 → 습관' 혹은 '동기 → 선택 → 불만족 → 소거'의 과정으로 이루어진다고 할 수 있다.

넷째, 조절적 기능(Adjusting function)이다. 동기는 목표 행동에 도달하기 위해서는 다양한 과정과 방법 또는 동작이 선택되고 수행됨에 있어서 조절적 기능을 한다.

3) 동기의 종류

동기는 목표 행동을 일으키고 방향성을 지시하는 근원이 어디에 있는지에 따라 크게 내재적 동기(Intrinsic Motivation)와 외재적 동기(Extrinsic Motivation)로 구분할 수 있다(Ryan & Deci, 2000).

먼저, 외재적 동기는 동기의 근원이 외부에 있다고 보고 보상, 사회적 압력,

벌 등과 같은 외부의 통제로부터 동기가 유발될 수 있다고 보는 것이다. 따라서 외재적 동기는 다른 사람의 평가나 보상체계 등 환경적인 요인이 동기로서 작용하여 행동하게 된다고 믿는다. 외재적 동기는 학습자가 학습에 수동적으로 임하게 할 수 있고, 점점 보상의 강도를 높여야 같은 수준의 동기를 유발할 수 있게 된다는 단점이 있다. 반면, 내재적 동기는 행위 자체에 내재되어 있는 욕구, 흥미, 호기심, 가치, 신념, 포부, 만족감, 성취감 등이 보상이 되어 과제를 수행하는 것으로 행동을 일으키는 힘이 개인의 내면에 있다고 본다. 내재적으로 동기화된 사람은 행위에 참여하는 것 자체가 하나의 보상으로 작용하기 때문에 명시적인 대가나 외부의 보상이나 압력에 의존하지 않고 자신의 의지에 따라 자발적으로 행동한다(오윤선 외, 2024; Schunk et al., 2010; Ryan et al., 2000). 즉 내재적 동기는 참여자들이 능동적이고 자발적으로 학습에 참여할 확률이 높다. 이러한 두 가지 동기의 유형은 상반된 개념이 아니며 일률적인 관련성이 존재하지도 않는다(Schunk et al., 2010; Lepper et al., 2005). 즉, 외재적 동기가 낮다고 해서 내재적 동기 수준이 높아지는 것이 아니며, 외재적 동기가 높다고 해서 내재적 동기 또한 높은 것은 아니라는 의미이다. 따라서 청소년지도방법에 있어서는 참여자들의 자발적이고 능동적인 참여를 위해 외재적 동기보다는 내재적 동기를 우선으로 활용할 필요가 있으나. 상황에 따라 외재적 동기도 적절하게 사용할 수 있어야 한다.

4) 켈러의 ARCS 학습동기이론

켈러(keller, 1987)는 동기를 사람들의 행동 방향과 정도를 결정하는 요인으로 파악하여 학습동기유발 및 범주화된 지식을 동기 문제해결에 활용하기 위해 주의집중(Attention), 적절성(Relevance), 자신감(Confidence), 만족감(Satisfaction)의 네 가지 범주를 중심으로 구체적 전략을 제시하였고, 각 개념의 앞글자를 따서 ARCS 이론(모델)이라 부른다(황고은, 2022; 정연우, 2020; 박영복, 2019).

| 표 5-3 | ARCS 동기이론 구성 범주

구성요소	하위전략	관련 질문
주의집중 A (Attention)	• 지각적 각성 • 탐구적 각성 • 변화성	• 흥미를 끌기 위하여 무엇을 할 수 있는가? • 탐구하는 태도를 어떻게 유발하는가? • 주의집중 유지를 위해서는 적절한 변화를 어떻게 줄 수 있는가?
관련성 R (Relevance)	• 목적 지향성 • 모티브 일치 • 친밀성	• 학습자의 요구를 어떻게 하면 최적으로 충족시켜 줄 수 있는가? • 최적의 선택과 책임감, 영향을 언제, 어떻게 제공할 수 있는가? • 학습자의 경험과 수업을 어떻게 연결하는가?
자신감 C (Confidence)	• 학습요건 • 성공기회 • 개인적 통제	• 성공에 대한 긍정적인 기대감을 어떻게 키워줄 수 있는가? • 자신의 능력에 대한 믿음을 향상할 수 있는 학습경험을 어떻게 제공할 수 있는가? • 학습자가 자신의 성공이 자신의 노력과 능력에 의한 것이라고 어떻게 알 수 있는가?
만족감 S (Satisfaction)	• 내재적 강화 • 외재적 보상 • 공정성	• 새롭게 배운 지식과 기능을 사용하도록 의미 있는 기회를 어떻게 제공할 수 있는가? • 학습자에게 성공에 대한 외적 강화를 어떻게 제공할 수 있는가? • 학습자가 자신의 성취에 대하여 긍정적인 느낌이 들도록 어떻게 도와줄 수 있는가?

출처: 오윤선 외. (2024). 청소년지도방법론(2판). 파주: 양서원.

06
Chapter

청소년 대상별 지도방법

전통적으로 청소년지도를 위한 개입방법은 청소년 개인을 대상으로 한 개인중심 지도방법, 집단을 대상으로 한 집단중심 지도방법으로 분류할 수 있다. 청소년집단의 유형과 그들의 교육적 요구가 다양한 만큼 청소년지도방법의 유형은 매우 다양하게 제시될 수 있다. 뿐만 아니라 지도대상으로서의 청소년집단의 특성, 크기, 학습목적, 학습내용, 학습장소, 학습조직의 특성, 학습 기간 등에 따라서도 지도방법의 유형이 달라질 수 있다. 청소년지도방법의 유형화는 지도방법의 특성과 조직방법, 접근방법 등에 따라(한국청소년개발원, 1997) 달리 정의될 수 있다.

1. 개인중심 지도방법

1) 개인중심 지도방법의 개념과 목표

(1) 개인중심 지도방법의 개념

개인중심 청소년지도는 청소년지도자와 청소년 개인의 일대일 대면관계를 통해 이루어지는 지도 형태라 할 수 있다. 개인중심 지도방법은 개인의 문제해결 능력 신장과 해결할 과제에 초점을 둔다. 자발학습의 원리, 자기주도적 학습의 원리, 다양성의 원리 등의 원리가 있으며 그중에 자기주도적 학습의 원리는 개인중심 교육방법의 핵심을 이룬다. 학습자 스스로 학습 계획을 세우고 교수자의 지도나 상담을 받거나 매체나 시설을 이용하여 독자적으로 학습하는 것으로 도제제도, 개인교습, 계약학습 등이 있다.

개인중심 지도방법의 필요성은 개인주의의 심각성, 사이버 공간의 확장으로 인한 문제, 가정의 교육기능 상실이다(김창현, 2023).

첫째, 개인주의의 심각성이다. 정보화 및 4차 산업혁명 시대의 인간관계는 빅데이터, 사물놀이, 스마트폰 등 인터넷을 기반으로 한 인간관계 속에서 직접적인 인간 대 인간의 의사소통은 단절되고 일상화되어 가는 상황에서 점차 개인화, 익명화됨으로 인해 '레떼'란 용어를 통해서 확인이 가능하게 되었다. 레떼(Lettee)는 Letter(편지)과 electric(전자)의 합성어로 인류는 커뮤니케이션의 시간, 공간 그리고 표현수단의 제약을 극복하고 인터넷이라는 새로운 커뮤니케이션의 진화를 경험하면서 레떼는 오랫동안 사람 사이의 커뮤니케이션 수단이었던 편지의 의미를 인터넷카드라는 수단의 혁명을 통해 전달하고 있는 시대가 이미 도래된 지도 오래되었다.

둘째, 사이버 공간의 확장으로 인한 문제이다. 사이버 공간의 확대는 전통적 지도방법인 대면적인 집단지도 방법과 함께 사이버 공간을 주목적으로 하는 개인중심의 지도방법이 개발되어야 함을 의미한다. 즉, 전통적인 직접적 대면지도 방법과 달리 간접적 비대면 지도방법의 개발이 필요하게 되었다. 청소년들이 사이버 공간을 중심으로 활발하게 움직이고 있고, 많은 청소년은 사이버 공간과 현실 공간의 구별을 하지 않는 경우가 있다. 더욱이 사이버 공간에서 갖게 되는 여러 개의 아바타는 청소년의 정체성에 혼란을 가중하고 있는 것이 오늘의 현실이다. 즉, 직접적 대면지도와 함께 사이버 공간을 중심으로 한 비대면적 지도방법 또한 매우 중요하다는 것을 의미한다. 이러한 측면에서 학교 교육의 측면에서도 대입시라고 하는 명제가 학교 또는 학원의 공간을 중심으로 한 집단교육 형태로 진행되었지만, 최근 들어서는 인터넷 과외처럼 전통적인 학교교육 역시 점차 개인화되고 있는 현실이 한편으로는 교육적 순기능도 많지만, 역기능이 심각함을 우려해야 할 것이다.

셋째, 가정의 교육기능 상실이다. 청소년 대상의 개인지도가 가정에서 어렵다면 과연 청소년활동을 통하여 가능한가라는 물음이 제기된다. 과거 가정교육의 개념은 가정이라고 하는 공간 내에서 교육을 말하지만, 오늘의 청소년들은 다양한 대중매체를 통하여 다양한 정보와 지식을 공유하고 습득하고 있다. 각종 매체를 통한 교육적 기능이 전통적인 가정교육의 기능을 대체하고 있는 현실을 감안할 때 다양한 사회교육기관(청소년 관련 수련시설과 단체 포함)을 통하여 청소년 대상의 교육을 추진하려는 노력이 활성화되어야 하며, 이에 다양한 청소년 지도방법을 통한 교육적 접근이 진행되어야 한다. 그러므로 현재의 가정교육이라고 하는 것은 가정과 지역사회, 가정과 학교, 또는 가정과 수련시설과의 파트너십이라고 하는 측면에서 생각해야 하고 단순히 과거처럼 한 개체(가정, 학교, 수련시설 등)만이 청소년 건전육성을 담당해야 한다는 논리는 더 이상 설득력이 없게 되었다. 특히, 빠르게 변화하고 있는 청소년 대상의 교육, 그것도 전문성과 다양성이 요구되는 개인중심의 지도를 한 개체가 전담한다는 것은 교육적 효과를 비롯한 결과를 담보할 수 없는 것이기 때문에 청소년활동 현장의 지도자는 그 어느 때보다 지도방법의 중요성을 인식하여야 한다.

(2) 개인중심 지도방법의 목표

개인중심 지도방법의 목표는 학습자 스스로 현실에 지각하고 개인의 인지과정을 통해 자기 행동에 반응하며 자신의 태도를 형성함으로써 궁극적인 자기 변화를 유도하는 것이다. 즉, 자신의 감정과 자극 및 통제기술의 개선이 필요와 자아존중감과 또래 사이 관계 능력의 개선이 요구되고, 조직과 집단 사이의 질서유지 능력의 개발이 필요하고, 친교성을 확립해야 하기 때문이다. 청소년은 아동과 성인 사이의 과도기적인 존재로 신체적 · 인지적 · 정서적 · 사회적인 면에 있어 미성숙에서 성숙의 상태로 발달하는 과정에 있다. 이 과정에서 청소년들은 자신이 되고자 하는 이상적인 모습과 현재 자신의 모습 간의 차이로 인해 심리적으로 불안정한 상태를 보이게 된다. 따라서 청소년지도방법은 청소년들의 감정, 자극 그리고 충동에 대한 절제 및 통제력 향상, 자아존중감 향상, 심리적 독립성과 자율성 확립, 사회성 향상 등의 면에서 다양한 경험을 통하여 생산적이고 책임 있는 성인으로 성장하도록 한다. 청소년 개인능력개발을 위한 지도방법의 목표를 살펴보면 다음과 같다(신성철 외, 2023).

| 표 6-1 | 청소년 개인능력 개발을 위한 지도방법의 목표

발달요구	지도방법 목표
육체적 활동 기회	• 새로운 육체적 능력을 시험해 보는 기회 제공 • 성장과 사춘기의 정상적 변화 이해 • 빠른 성장으로 정신적 혼란의 이완 기회 제공
능력과 성취 기회	• 개인적 인지를 위한 몰입 기회 • 성공을 위한 기회 • 또래로부터 승인욕구 기회 • 새로운 관심과 능력의 출현 기회 • 성인으로부터 승인욕구 기회 • 급진적 · 문화적 정체성의 수용 기회 • 상상적 청중으로서 자기 인식 기회 • 책임성을 위한 기회 • 성적 정체감의 수용 기회 • 불확실한 자아존중감 수용 기회
자아정의의 기회	• 이성 정체감의 수용 기회 • 자신의 미래에 대한 자기 인식 기회 • 감정주의적이고 분위기 중심의 수용 기회 • 자신의 긍정적 신체 이미지 구축 • 타인으로부터 새로운 반응인정 기회 • 형식적 조작기의 징후 인식 기회
또래, 성인 간 적극적 사회적 상호작용	• 부모와 다른 성인과의 상호작용 기회 • 또래의 중요성 인식 • 성인으로부터 승인 기회 • 또래로부터 승인 기회
의미 있는 참여 기회	• 실제 성인세계의 한 부분에 참여 기회 • 생활경험의 결핍에서 탈피하는 기회 제공 • 사회적 기술의 성숙

출처: 오윤선 외. (2024). 청소년지도방법론(2판). 파주: 양서원. 재구성.

개인중심 학습은 교과 지식을 축적하는 학습지향 지도방법과는 대조적인 접근이 요구된다. 개인중심 청소년지도방법에서 전제되는 조건은 다음과 같다(오윤선 외, 2024).

첫째, 개인의 성숙에 필수적 요소인 자기 주도성과 자발성을 가지기 위한 능력과 욕구 안에서 성장하여야 하며 그 능력은 가능한 한 빨리 개발되고 양육될 필요가 있다.

둘째, 학습자의 경험이 이를 지도하는 지도자의 전문성과 결합하여 지속적으로 풍부한 학습자원이 될 수 있도록 개발되어야 한다.

셋째, 개인이 일상생활을 수행하고 또는 그들의 삶의 문제를 더욱 적절하게 해결하기 위한 목적으로 제시되어야 한다. 교과 지식을 축적하는 식으로서의 학습지향은 학교교육에서 조건화된 결과라면 청소년들에게는 경험을 통한 일을 성취하거나 문제를 풀어나가는 학습과제 중심으로 조직화하여야 한다.

넷째, 학습자의 내적 자극, 즉 호기심, 자아실현을 위한 욕구, 성장에 대한 강렬한 욕망, 성취에 대한 갈망, 성취 만족, 높은 도덕적 가치 등에 의해 동기화가 형성되어야 한다.

특별히 개인중심 지도방법에서 중점을 두어야 할 부분은 개인이 추구하는 내적 가치를 토대로 이를 '선택'하고 '존중'하며 '행동'하는 세 단계를 통해 내적 가치를 발현하도록 하는 것이다(김정렬, 2015).

첫째, 선택화 단계는 ① 자유로운 선택, ② 충분한 대안 중에서 선택, ③ 발생할 결과에 대해 심사숙고한 다음에 선택한다.

둘째, 존중화 단계는 ① 선택에 대한 확신, ② 자신의 선택을 자랑스럽게 여기며 존중한다.

셋째, 행동화 단계는 ① 선택하고 확신한 가치의 행동화, ② 행동을 반복한다.

2) 개인중심 지도방법의 유형

개인중심 청소년지도방법은 지도자와 청소년이 보조자나 기자재 없이 완전히 독자적으로 이루어지는 학습 형태, 학습보조자의 도움을 받는 형태, 교육자료나 기자재를 활용하는 형태가 있다. 자신이 경험하는 학습과정에 대한 결과를 지각하는 경험학습적 또는 실천학습적 가치에 대한 지각에서 출발할 수 있다. 개인중심 청소년지도방법은 청소년지도의 현장에서 실제 사용되는 각종 활동 가운데 개인의 목표와 가치를 중심으로 이루어지는 활동의 형태로서 가장 중요한 전개 방향은 학습자 자신이 스스로 학습목표에 도달하도록 실천하는 자기주도적 학습기법이 기저를 형성해야 하며 이러한 의미가 수용되는 모든 학습기법은 개인중심 지도방법의 범주에 포함될 수 있다. 청소년지도는 학교교육의 범주와는 달리 비범주적·비형식적 특성이 강하기 때문에 자기주도적 학습형태가 매우 효과적이다. 자기주도 학습의 본질은 학습자들이 참여하는 훈련과정에서 의욕을 고취한다. 개인적 훈련의 필요성을 발견해 내는 기회를 제공하고, 훈련을 가장 적절히 수행할 방법을 선택하도록 한다(정지웅 외, 1996; Confessore et al., 1992). 청소년지도자는 개인 학습자의 특성과 목표를 고려하여 상황에 맞게 다양한 지도방법을 추구하는 것이 바람직하다. 이러한 목표의 달성을 위한 개인중심의 지도방법은 다음과 같은 유형으로 분류할 수 있다.

(1) 도제제도

도제제도(徒弟制度)는 중세 유럽 장인(master)과 도제(apprentice) 중심의 기술 전수 형태의 교육에서 비롯된 개인중심 지도방법이다. 제자가 스승 밑에서 일정한 기능을 전수하여 독립할 수 있도록 하여 독자적인 영업을 하고, 그 역시 새로운 수련공을 두어 그 기능을 전수해 주는 제도로 수공업의 기능후계자를 양성하던 방법이다. 이 제도는 오랜 과거로부터 직종과 관계없이 사용되는 가장 이상적인 훈련방식 중 하나로 경험 있는 숙련자로부터 오랜 기간 함께 지내면서 개별적 습득을 하는 형태이다.

(2) 컴퓨터보조수업

컴퓨터보조수업(Computer Assisted Instruction: CAI)이란 컴퓨터를 직접 수업매체로 활용하여 많은 사람을 교육하면서, 동시에 개개인의 적성이나 이해력에 즉응하는 개별 지도가 가능한 교육시스템을 말한다. 이는 컴퓨터의 대량 정보처리능력을 이용하여 교사의 역할을 대행하도록 하는 것으로, 1인 교사에 의한 집단 학습방식의 불편을 보완하는 것을 목적으로 한다. 컴퓨터 기술을 이용한 교육은 1980년대 시청각 교육을 시작으로 1990년대 CAI, 2000년대 ICT(Information Communication Technology) 활용 교육 등으로 계속 발전되어 교육 패러다임 변화를 이끌었다. 청소년지도현장에서도 온라인 오리엔티어링 등에 응용되는 등 그 활용 정도가 높아지고 있다. 또한 자기 주도형 학습의 대표적 형태라 할 수 있다. CAI는 학습내용 구성에 따라 반복학습형, 개인교수형, 시뮬레이션, 교수게임형, 혼합형 등으로 분류되며 각 유형은 수업목표와 특성에 따라 독특한 기법을 사용하여 설계한다.

① 반복연습형: CAI 프로그램 중 가장 일반적으로 사용되는 양식으로 이미 습득한 지식이나 기능을 반복연습하여 정규수업을 보충하고 강화하기 위한 것이다.

② 개인교수형: 마치 교사와 학생이 일대일로 수업을 하는 것 같이 컴퓨터가 교사의 역할을 담당하여 새로운 학습 내용을 가르치고 확인하며 강화한다. 학습자에게 자세한 안내와 정보, 연습과 피드백이 제공되고 학습결과를 평가하여 학습자의 학습능력에 따라 각자의 속도로 학습할 수 있도록 한다.

③ 시뮬레이션형: 시간적, 공간적, 경제적 제한으로 실제 경험할 수 없는 상황을 실제상황과 유사하게 컴퓨터로 모의하여 실제와 유사한 경험을 갖도록 한다. 시뮬레이션형은 비행기 조정훈련, 사업 경영의 실습, 상황 판단 훈련, 위험한 과학실험, 인체 수술 등 자연과학이나 사회과학분야에서 정보, 사고능력, 문제해결능력의 적용을 촉진하기 위해 활용된다.

④ 교수게임형: 동기유발과 학습을 강화시키기 위해 오락적인 요소와 경쟁적인 요소를 가미하여 이미 습득한 지식, 기능 등을 강화하는 고도의 동기유발적 접근방법이다. 이 유형은 사실과 원리, 문제해결능력, 협동과 같은

사회적 기능, 태도형성 등에 사용된다.

⑤ 혼합형: 하나의 프로그램에 두 가지 이상의 유형이 혼합된 형태를 말한다. 일반적으로 코스웨어를 개발할 경우 교수활동을 보다 다양화하고 학습을 증진하기 위해 두 개 이상의 CAI 유형을 포함하는 것이 가장 흔하게 사용되는 방식이다.

(3) 원격교육

원격교육은 교육현장에서 가르치는 사람과 청소년 사이에 물리적인 거리가 존재할 때 방송이나 통신수단 등을 활용하여 개별적으로 학습하게 하는 방법이다. 청소년지도 현장에서는 강좌형 프로그램이나 지도자 전문성 연수 프로그램 등에서 응용 가능성이 크다.

(4) 상담

상담(Counselling)은 개인적으로 어려움이 있는 청소년이 훈련받은 상담자의 도움으로 자신의 내적 문제를 치료하는 방법이다. 즉, 도움이 필요한 내담자가 전문적 훈련을 받은 상담자와의 안전한 대면관계 속에서 언어라는 매체를 통해 문제해결, 새로운 학습 그리고 전인적 성장을 경험하는 과정이라 할 수 있다. 청소년 상담자는 청소년과 수용적이고 구조화된 관계를 형성한 후 청소년이 자신과 환경체계에 대해 의미 있는 이해를 증진하도록 함으로써 청소년 스스로 효율적인 의사결정과 행동화를 통해 적응적인 정서를 갖도록 도울 수 있다. 이를 통해 청소년의 문제해결을 위한 지원은 물론 보다 적극적으로 정신질환 및 문제행동을 예방함으로써 청소년의 성장과 발달을 촉진한다.

(5) 직접 개별수련

일정한 지도자에 의존하여 수시로 직접 만나 쌍방 커뮤니케이션을 통해 학습하는 방식으로 개인지도, 멘토링, 코칭 등이 이에 속한다. 비용이 많이 들고 한

지도자를 한 청소년이 독점한다는 점에서 비효율적이라는 단점도 있지만 교육학에서는 영재교육 혹은 학습부진아 지도 등에서 매우 효과적인 방법이라는 평가를 받아왔다. 청소년지도 현장에서는 직업교육, 진로 지도 등에서 응용할 수 있는 지도방법이다.

(6) 현장경험학습

청소년들을 교외로 이끌어 현장에서 구체적으로 경험하고 학습하는 기회를 얻게 하는 실천적 학습방법이다. 현장경험학습의 종류는 크게 역할놀이 현장학습, 참여관찰, 현장학습 그리고 개인체험 프로젝트로 구분할 수 있다.

① 역할놀이 현장학습: 역할놀이(role-playing)는 청소년들이 어떤 문제를 직접 역할을 수행해 봄으로써 그 문제를 밝혀내고 해결하여 그 결과를 논의함으로써 학습하는 형태이다. 역할놀이는 청소년들의 흥미를 유발하고 능동적으로 참여할 수 있도록 한다. 그리고 현장에서 일어날 문제를 사전에 경험함으로써 자신의 견해를 명료화할 수 있는 언어적 능력과 대화기술을 함양시키고 대처능력을 향상한다는 점에서 매우 효과적인 지도방법이라 할 수 있다.

② 참여관찰 현장학습: 원칙적으로 관찰이 이루어지는 사건이나 현장에서 직접 눈으로 참여 · 관찰하는 방법으로 청소년은 기록을 재구성하여 실제 상황을 느낄 수 있게 해준다. 이는 현장견학 활동과 같이 직접적인 체험을 요구하는 학습과 동일한 효과를 가져올 수 있다.

③ 개인체험 프로젝트: 특수한 목적을 달성하기 위하여 특정한 과제목표를 설정한 다음 이를 실천에 옮기는 방법으로 개인중심 학습방법에 있어 가장 전통적이고 보편적인 방식이다. 흔히 대안 교육현장 등에서 많이 활용되는 지도방법으로 완전학습, 프로그램학습, 프로젝트학습 등이 포함된다.

(7) 인턴십

도제중심의 학습과 거의 유사한 형태로 자신의 희망이나 적성에 적합한 영역을 선정하여 일정 기간 사전 경험을 통해 전문지식을 습득하는 과정이다. 전통적으로 의사들의 현장교육 및 훈련에 많이 활용하였다. 인턴십은 현재 예비 청소년지도 인력 직무 훈련과정에 응용되기도 하며 청소년 직업 실습과정과 연계하여 활발하게 적용되고 있는 개인중심 지도방법이다.

| 표 6-2 | 청소년 개인능력 개발을 위한 지도방법

유형	주요내용
도제제도	주로 기술습득과 관련된 영역으로서 경험 있는 숙련자로부터 개별적 습득을 하는 형태
컴퓨터보조수업	컴퓨터 학습을 의미하며, 개인중심 학습방법은 프로그램이 된 컴퓨터와 상호작용을 통하여 학습하는 형태
원격교육	가르치는 사람과 청소년 사이에 물리적인 거리가 존재할 때 방송이나 통신수단 등을 활용하여 개별적으로 학습하게 하는 방법
상담	개인적으로 문제가 있는 학습자가 성인상담자의 도움으로 자신의 내적 문제를 치료하는 방법
직접 개별수련	직접 방문하여 개인지도식으로 학습을 지도하는 방법
현장경험학습	야외의 학습재료를 활용하여 현장체험을 하는 실천적 학습방법
인턴십	도제중심 학습방법과 거의 유사한 형태로 자신의 희망이나 적성에 적합한 영역을 선정하여 사전 경험을 통해 전문지식을 습득하는 과정

출처: 김창현. (2023). 청소년지도방법론(2판). 파주: 정민사. 재구성.

2. 집단중심 지도방법

1) 집단중심 지도방법의 개념과 목표

(1) 집단중심 지도방법의 개념

인간은 태어나면서부터 집단에 소속되며 집단을 통하여 성장과 발달을 경험한다. 집단이란 일정한 기간 공동의 목적을 성취하기 위해 활동할 수 있도록 통합되어 집단으로 인정될 수 있는 다수인의 집합체라고 규정한다. 넓은 의미로 인간의 집합체는 모두 사회집단이라고 할 수 있으며, 좁은 의미로는 공동의 목적을 성취하기 위해 구성원 사이에 분명한 기능적 상호 의존관계가 인정되는, 이른바 조직적 집단에 한정된다. 특히 공동의 이익을 기초로 하여 결집한 이익집단은 정책결정 과정에서 중요한 역할을 수행한다. 일정한 교호작용 및 상호 의존의 체제를 이루고 있는 사람들의 모임・집단은 그 개념이 조직과 유사하므로 서로 같은 것으로 보고 집단과 조직이라는 용어를 구별 없이 병용(併用)하고 있는 것을 흔히 볼 수 있으나 엄밀히 말한다면 이 둘은 서로 구별되는 개념이다.

또한 집단은 두 명 또는 그 이상의 사람들이 모인 집합체로, 공동의 목적을 성취하려 상호작용하거나 상호 의존적인 사람들의 집합체를 말한다(Robbins, 1983). 이러한 집단은 직업이라는 동일한 목적을 가지기도 하고 사회적 단락에서 필요에 의해 만들어지거나 아니면 동아리나 순수한 의미를 위해 자발적으로 형성되기도 한다. 그러므로 집단은 정도의 차이는 있어도 상호작용을 전제로 하여 어떠한 사회적 협동행위를 지속하는 동적인 과정의 한 종류로 그 상호작용이나 사회적 유형, 주요 내용, 직접적 개별학습 기법, 직접 방문하여 개인지도식으로 학습을 지도하는 방법이다. 계약학습제기법(약정학습기법)은 일정한 계약기간을 정해 놓고 기간 내에 약정한 학습내용을 지도하는 과정이다. 다매체 보조개별 학습기법은 다양한 학습매체를 이용하여 개별적으로 학습을 지도하는 방법이다.

행위의 수준에 의하여 일차적·이차적, 공식적·비공식적 등으로 분류되지만 공통적인 것은 복수의 사람들이 정해진 사회적 행위를 행하는 단위로서의 최소 단위에 위치하는 것이 집단이다.

특별히 청소년기는 신체적 성숙과정에서의 긴장과 부모에게서 독립하고자 하는 욕구, 그들이 갖는 지위 역할의 모호성 등으로 인해 정서적 불안과 혼란을 겪게 된다. 이때 청소년들은 또래집단을 통해 서로에 대한 친밀감과 소속감을 느끼며 또래와의 관계를 통해 문제를 해결하고 심리적 안정감을 유지하게 된다. 청소년들은 집단의 경험을 통해 의사소통 능력, 적응적 대처기술, 효과적인 문제해결기법을 개발하기 때문에 집단중심 청소년지도방법은 매우 효과적인 지도방법이라 할 수 있다(오윤선 외, 2024).

집단지도는 바람직한 학습과 생활태도를 촉진하기 위해 주로 정보와 자료를 제공하는 예방적 접근방법이다. 즉, 집단원에게 필요한 정보를 제공하고 미래에 도래할 수 있는 어려움에 대한 방향 안내에 초점이 있다. 집단지도는 비교적 구조화되어 있고 논의되는 주제도 일반적으로 집단지도자에 의해 선정된다. 집단의 크기는 보통 12명 이상(약 15~20명)의 대상으로 운영된다(박운성, 1988). 청소년집단이란 어떤 공통 목표를 달성하기 위하여 상호의존적 관계에서 작용하는 두 명 이상의 청소년으로 구성된 모임을 의미한다. 따라서 집단중심 청소년지도는 청소년지도자와 공통의 목표를 지닌 청소년집단이 집단의 역동성과 지도자의 리더십을 서비스 매개물로 하여 이루어지는 지도 형태로 청소년지도 현장에서 가장 빈번하게 활용되는 접근방법이라 할 수 있다. 집단지도의 성격을 살펴보면 다음과 같다(신성철 외, 2023).

첫째, 집단지도는 집단경험을 통하여 집단구성원의 공통된 목적달성과 함께 개개인의 필요와 욕구를 충족시키기 위한 수단으로서의 활동이다.

둘째, 집단지도는 집단역동이론을 바탕으로 한 집단의 사고과정을 방법상의 중책으로 여기는 활동이다.

셋째, 집단지도는 집단 속에서 집단 내 구성원 사이의 심리적 역동관계를 활용한다.

넷째, 집단지도는 전문가의 지도로 이루어져야 한다.

다섯째, 집단지도는 집단목표를 성취하면서 집단구성원이 스스로 합리적이고 과학적인 방법으로 해결하도록 한다.

한편, 개인의 학습을 성취하는 가장 효율적인 방법의 하나는 학습자의 관여를 위한 개개인의 프로그램을 준비하는 일이다. 청소년과 지도자의 양원적인 접근의 수행은 높은 직무과업으로라도 개인의 능력이 철저하게 고려되어야 한다. 성취도의 관심이 낮으면 다음과 같은 문제점을 가지고 있다.

| 표 6-3 | **성취도의 관심이 낮은 현상의 문제점**

구분	문제점
시간 관리의 미성숙	청소년이 하나의 활동을 마치면 다음 단계로 활동의 이동할 때, 유능한 청소년은 이러한 단계의 이동이 빠르고 그 단계의 마침이 일어나기 전에 다음 단계로 넘어가는데 그렇지 못한 청소년은 이러한 학습단계의 전이가 낮다. 그렇기 때문에 주제의 고갈이 심하고 활동의 효율성을 낮게 느끼며 시간의 관리에 문제가 발생한다.
지루함	지도자나 다른 작업활동에 너무 많은 시간을 빼앗기게 되거나 기다릴 경우 나타나는 현상인데 다음 단계의 진보나 아니면 완벽한 처방을 요구하면서 나타나게 된다.
동기결여	점유되지 않고 지루함을 느끼거나 관심을 잃게 되면 동기를 상실하게 된다.
혼란	창조적인 마음은 항상 새로운 경향을 추구하며 계속된 관심을 불러일으킨다. 하지만 이러한 능력을 갖추지 못하게 되면 어떤 것을 단지 그에 적절한 것만을 추구하는 것으로 전환되며 단순함만을 추구하고 잠재적인 문제만을 발생시키는 사람으로 전락하게 된다.
특별한 활동의 준비	앞서 4가지의 문제는 지도자가 청소년을 위하여 필수적으로 제공해야 할 의미를 통합적이고 함축적으로 수용한 것이다. 즉, 청소년을 위한 전체를 바라보는 스펙트럼 능력의 포괄성을 의미한다.
지도자로서 증대되는 준비시간	함축적으로 구체적 활동을 위해 활동내용의 준비에 더욱 많은 시간을 할애해야 함을 의미한다.

감정적이고 목가적 문제 수용	청소년들은 필수적이지는 않지만, 또래적 특성과 같은 사회적 특성이 있다. 우수한 청소년들은 지도자의 일방적 지시를 거부하고 이들만의 특성을 보이기에 청소년들의 내적 특성을 지도방법에 활용해야 한다.

출처: 김창현. (2023). 청소년지도방법론. 파주: 정민사.

(2) 집단중심 지도방법의 목표

인간은 신체적 · 정신적 · 정서적 힘으로 결합한 단위로서 타인과의 필요하고도 중요한 상호작용을 통해 계속해서 발전하는 존재로 보는 것이다. 이는 인간의 생활주기(life cycle)를 통해서 생존을 위하여 필요한 생물학적 욕구 외에 기본적 욕구로서 소속에 대한 욕구, 중요한 개인으로 인정을 받고자 하는 욕구, 참여에 대한 욕구가 강하므로 집단지도의 방법은 이러한 요구를 충족시켜 주는데 그 기능이 있다고 하였다(Konopka, 1972). 특히 청소년기의 집단경험 관계의 중요성은 다음과 같은 세 가지 차원에서 매우 효과적이기 때문에 그 효용성이 큼을 알 수 있다.

첫째, 하나의 전문직으로서의 집단지도 방법은 청소년들의 사회적 기능의 향상에 적극적으로 관여한다.

둘째, 청소년들의 사회적 기능과 집단 간의 긴밀한 상호작용에 대한 경험과는 중요한 상관관계가 있다.

셋째, 청소년들의 사회적 기능의 향상을 위하여 청소년들은 때때로 전문가의 도움이 필요하다.

따라서 집단중심 지도방법의 목표는 청소년지도자가 구성한 집단의 종류에 따라 다소 달라질 수 있지만, 일반적으로 청소년지도방법의 목표를 다음과 같이 제시할 수 있다(Toseland et al., 2001).

첫째, 지지집단의 목표는 청소년들이 스트레스를 주는 생활상의 사건을 잘 대처하고 효과적으로 적응할 수 있도록 돕는 것이다.

둘째, 교육집단의 목표는 청소년들의 지식, 정보 그리고 기술 향상에 있다. 교육집단은 주로 강의기법을 활용하여 구조화되는 특징을 갖는다. 대표적인 예로 성교육을 받는 청소년집단이 있다.

셋째, 성장집단의 목표는 청소년들에게 자신과 타인에 대해 그들의 생각, 감정, 행동을 인식, 확장, 변화시킬 기회를 통하여 자신의 잠재력을 최대한 발휘하도록 하는 것이다. 대표적인 예로 청소년을 위한 가치명료화집단이 있다.

넷째, 치료집단의 목표는 청소년들의 행동 변화, 개인적인 문제의 개선 또는 상실된 기능의 회복을 원조하는 것이다. 대표적으로 게임중독으로 인한 치료를 받는 청소년집단이 있다.

다섯째, 사회화 집단은 사회적 관계에 어려움을 가지고 있는 청소년을 중심으로 사회기술을 학습하는 데 목표가 있다.

이상과 같이 집단의 종류에 따라 목표에 차이가 있지만 공통적인 집단중심 지도방법의 목표는 청소년들이 집단경험을 통해 학습자 자신의 내적 변화를 도모하는 것이다. 즉 청소년 개인이 집단 간의 상호작용을 통해 자신의 문제를 객관적으로 검토하고 문제해결을 위한 행동을 습득함으로써 자기관리 능력 향상 그리고 집단과정을 통해 대인관계 능력 및 사회적 기술을 발전시켜 개인의 전인적 성장을 향상하는 것이다. 이를 정리하면 다음과 같다(오윤선 외, 2024).

| 표 6-4 | 집단중심 지도방법의 목표와 특징

항목	정의	성공적인 집단구조형성	집단지도의 순기능	역기능의 집단구성
자기인식	• 타인에 대한 효과뿐만 아니라 자신의 느낌, 감정, 동인을 인식하고 이해하는 능력	• 적극적이고 생산적인 집단기술을 가짐 • 집단구성원에 대한 감정의 영향요인을 이해하고 감정 통제 • 자기 확신, 높은 자아존중감, 긴밀하고 통합적인 자아정체감 • 자기 행복감을 포함한 심리적 건강상태	• 감정을 지각하고 그들이 집단으로서 가능한 영향을 제공함 • 집단구성원은 타인의 문제를 지각하고 그 문제를 추출하려 시도	• 다른 집단구성원이 갖고 있는 행동에 영향을 주지 못함 • 문제발생 시 집단 구성원은 개인적 문제에 관심을 두는 형태로 바뀜 • 집단구성원은 타인의 환경에 조언을 못 함

자기 조절	• 행동에 옮기기 전에 판단하는 능력 • 자신의 통제 능력	• 자기 스스로 통제할 수 있는 감정의 자아 지각상태 • 감정을 통제하고 집단의 과업을 우선시하는 능력 • 갈등, 압력, 스트레스 등에서 감정을 조율 • 돌봄 · 지원을 통해 좌절과 스트레스 대처	• 집단은 생산적 부분에 초점, 감정을 조율함으로써 그 결과에 대해 부정적 영향을 갖지 않음 • 집단은 과업의 촉진과 직무수행에 적극적인 관계 형성	• 집단구성원은 또래의 인식이 부족하고 감정적 격정을 다스리지 못함 • 의사소통에 문제가 있어 집단구성원은 감정적, 대인적으로 편향됨
동기 부여	• 외적 지위의 상승을 위한 열정 • 에너지나 열정의 추구	• 최선을 다해 타인의 집단구성원에 기여하는 동기 • 개방형 · 유연성 · 변화 동기 · 혁신성 · 창조성 · 공통적 문제해결력 • 새로운 일의 시도, 헌신, 목표지향성 • 개인 또는 집단목표의 성취를 위한 관심 • 집단의 도덕성이나 적극적이고 생산적인 환경 유지 자세	• 집단구성원은 편안함을 느끼고 문제 발생 시 상호 논의를 통한 지원 • 동기화된 집단은 건설적 비평이 이루어지며 목표지향적이고 청사진에 관심을 가짐	• 권력적 환경 창출이 어려우며 동기의 상실, 부정적 비판만이 난무 • 패배주의적 사고
대인 관계 능력	• 타인이 만든 감정을 이해하는 능력 • 타인의 감정적 반응에 따라 대처하는 기술	• 동료의 마음 이해 · 해석 • 타인과의 공통의 협력적 분위기 형성 • 협동적 관계로 잠재능력을 전환 • 타인을 위한 관심, 안심시키는 감정 • 구성원들이 자신의 감정을 표현할 때 환경을 조성하는 능력	• 타인의 입장에서 직무수행을 통해 상대방의 이해가 가능하고 갈등 조율에 도움 • 집단토의가 서로를 도와준다는 의식이 강함 • 서로 다른 대인관계, 문화, 감수성 등의 이해	• 화가 나거나 폭력적으로 됨 • 문제의 본질 파악 곤란 • 계획과정에 서로의 입장 이해가 어려워 통일된 의견 제시가 곤란하고 상호 불신
사회적 기술	• 상호 간의 지지망을 구축하고 관계를 유지하는 능력 • 협력적 분위기를 조성하는 능력	• 집단문화를 협력적이고 지원적이며 안락하게 하되 자기 판단적이지 않게 만드는 능력 • 다른 집단구성원과 적극적인 대인관계를 형성하는 전문적 능력 • 효과적인 의사소통과 사회적 기술을 통한 협동, 협력, 집단구축 • 타인에 대한 존경과 지원의 조장을 통한 적극적 집단분위기 형성 • 긴장완화, 갈등해소를 위한 집단 상호 간의 교호능력	• 개인 태도보다는 마지막 집단의 과업을 중시함 • 건강한 사고를 위한 의사소통 강화	• 집단 간 의사소통 결여 • 집단 간에 자신의 감정을 표출하지 않으며 동시에 타인의 감정도 수용하지 않음

출처: 오윤선 외. (2024). 청소년지도방법론(2판). 파주: 양서원. 재구성.

2) 집단중심 지도방법의 유형

집단중심 지도방법의 적용을 위해서는 가장 중요한 것은 집단의 크기이다. 집단중심 청소년지도방법은 대부분 소집단을 대상으로 한 방법이 중심이 된다. 집단의 크기는 학습자의 참여 수준에 영향을 주는 중요한 요소이지만 성공적인 토론을 보장하는 최대 또는 최소 크기의 절대적인 기준의 집단규모는 사실상 정확히 규정하기는 어렵다.

비교적 비슷한 성격의 구성원으로 조직된 소집단 지도방법에는 크게 강의기법, 토론기법, 브레인스토밍, 역할연기, 현장경험, 게임 및 시뮬레이션 기법 등이 있으며, 대집단중심 지도방법에는 짧은 시간에 많은 정보를 다수에게 전달하기 위한 기능으로 회의지도기법, 강연, 매체 이용, 매스컴 활용 등이 있다. 밀러(Miller)에 의하면 집단의 크기는 3~15명 정도가 적당하다(Miller, 1986)고 한다. 다른 사람은 6~8명이 적합하다고 하기도 하며 4명 이하가 좋다고 하는 경우도 있지만, 기본적으로 토론이 가능한 구성원으로서 12명 이하의 형태가 가장 바람직할 것으로 보인다. 집단지도에서 가장 활발히 적용하는 토론기법은 모든 집단, 주제, 영역, 연령, 정신적 수준의 차이가 다른 상태에서도 적용이 가능한 기법이다. 궁극적으로 토론을 통해 얻고자 하는 것은 청소년들이 어떻게 아이디어를 효과적으로 표현하거나 그들의 인성의 한 부분처럼 토론기술을 통합하는 능력을 배울 필요를 제공해 주는 것이다. 집단 내에서 토론을 조장하는 가장 기초적인 것은 의사소통을 들 수 있다. 의사소통 기법은 사람들의 의사소통 목적을 가지고 수행하는 것으로 아이디어를 지원하고 집단토론을 촉진하며 타인에 반응하는 것을 말한다. 집단 내에서의 의사소통 구조가 지도력과 집단의 만족도 그리고 문제해결과 효율성에 커다란 영향을 주고 집단의 문제에 매우 큰 영향을 미친다는 점에서 그 필요성이 매우 중시되고 있다.

(1) 강의기법

교수기법 중 가장 전통적인 방식으로써 지금까지 학교교육에서 주된 방법으로 사용되어 온 지도방법의 하나이다. 강의기법은 중요한 정보를 효율적이고 능률적인 교사의 언어로써 학습자에게 전달하도록 설계된 수업모형이다. 강의 전달 방식으로는 낭독식, 암기식, 요점식, 즉흥식 등으로 구분된다. 강의기법의 근원은 고대 희랍시대의 철학자들이 서로의 지식을 공유하기 위한 방법으로 사용한 이래 지금까지 사용하고 있는 방법이다. 강의기법은 지도자가 다수의 청소년에게 비교적 단시간 내 많은 양의 지적 내용을 이해시키고 암기시키는 방법으로는 가장 적절하다는 장점으로 인해 지금까지도 널리 사용되고 있으나 교육적 효과는 회의적이다. 그 이유는 일방적인 전달체계로 인한 학습자의 비동기 때문이다. 급변하는 사회에서는 지식 위주의 주입식 강의교육에서 벗어나 현장과 접목할 수 있는 창의적이고 실천적인 지도방법이 요구된다.

(2) 토론기법

토론기법의 가장 중요한 기능은 쌍방향 의사소통(two-way communication)이다. 즉, 토론을 통해 자신의 견해를 밝히는 동시에 타인의 의견을 들음으로써 보다 활성화된 학습을 행할 수 있다는 점이다. 토론은 찬성과 반대 또는 긍정과 부정의 입장을 견지하는 사람들이 자신의 주장을 가지고 논리적으로 상대방을 설득하여 자신의 주장이 옳음을 입증하는 논의방식으로 다른 사람의 생각과 의견을 존중하며 문제의 해결방향을 모색할 수 있다. 넓은 의미에서 각자의 의견을 협동적으로 제시하는 토의의 한 과정에 속한다. 토론은 지도자의 독재를 방지하고 다양한 이해관계에 있는 집단의 의견을 수렴하여 올바른 정책을 꾸려나가는 민주주의 발전에 절대적으로 필요한 논의방식이라 할 수 있다(천대윤, 2004).

우리나라에서 토론기법은 전통적인 수업방식인 지식 전달식 강의 수업의 한계를 극복하고 학습자의 참여를 이끌어내고 학습의 주체가 되게 하자는 취지에서 여러 가지 수업 모델이 개발되던 중 발표식 수업 모델에 '반박'을 추가함으로써 청소년들 사이에 교차조사형 토론 형식의 대회가 치러지고 있다. 토론기법은 자신의 생각과 타인의 생각을 공유하며 사고력, 창의력을 기르도록 해준다. 또한 건설적이고 협동적인 과정을 통해 문제를 해결하고 아울러 민주시민으로서 기본 자질을 함양하도록 지도할 수 있다. 토론기법의 장·단점을 살펴보면 다음과 같다.

| 표 6-5 | 토론의 장·단점 비교

장점	단점
• 자신과 타인의 생각을 공유하며 사고력, 창의력을 기르도록 해준다. • 문제에 다각도로 접근할 수 있다. • 의사결정 과정에 직·간접적 참여로 결정을 수용하는 것이 비교적 수월해진다. • 상호 교류 및 협력 학습을 통해 바람직한 사회성을 길러 준다. • 토론하는 과정을 통해 민주적 소양을 함양할 수 있다.	• 다수의 논리가 소수를 억압하게 된다. • 신속한 의사결정과 행동이 어렵다. • 어떤 토론자나 파벌이 토론을 지배하게 되면 자유로운 의사표현이 어려울 수 있다. • 차선책을 선택하는 오류를 범할 수 있다. • 의견 불일치가 팽팽히 맞서는 경우, 갈등이 생기고 서로에게 나쁜 감정을 가질 수 있다.

출처: 오윤선 외. (2024). 청소년지도방법론(2판). 파주: 양서원.

토론의 형태는 다양하게 분류된다(신성철 외, 2023).

첫째, 소집단분과토론은 대집단에서 5~12명 이내로 나누어 분과형태의 토론을 진행한 후에 전체집단이 다시 모여 각 분과 소집단의 토론결과를 종합 정리한다.

둘째, 버즈토론(Buzz Session Discussion)은 미시간대학의 필립스(Phillips)가 고안하여 '벌들이 붕붕 소리를 내면서 무리를 이루는 상태'를 뜻하며 6명씩 6분간 토의를 한 내용을 발표한다고 해서 6·6토론 또는 필립스 교수가 창안했다고 해서 필립스66기법이라고도 한다.

셋째, 패널토론은 배심토론이라고도 하고 사회자와 찬반토론자(패널), 청중들로 구성되며, 찬반에 해당하는 해당 분야의 전문가나 권위자로 구성하여 4~6명의 패널이 주제에 대하여 토론하는 형식이다.

넷째, 포럼은 사회자, 발표자(1인 이상), 청중들로 구성되고 발표자가 발표를 마치면 발표자와 청중들 간의 자유로운 토론이 이루어진다.

다섯째, 세미나는 고등교육기관에서 교수의 지도하에 학생들이 공동으로 토론, 연구하는 교육방법으로서 학회 등에서 지명된 몇몇 회원의 연구발표를 토대로 전체 회원이 토론하는 형식이다.

여섯째, 심포지엄은 특정한 문제에 대하여 두 사람 이상의 전문가가 서로 다른 입장에서 강연식으로 발표하고 참석자들에 답하는 형식의 토론회이다.

일곱째, 워크숍은 몇 개의 소집단으로 분류하여 작업과 토론을 병행하는 형식으로 전문적인 기술이나 아이디어를 시험적으로 실시하면서 검토해 나간다.

여덟째, 원탁토론은 소규모의 참가인원이 둥근 원탁에 둘러앉아 자유롭게 토론하는 형식으로 토의형식에 가깝다.

아홉째, 지그소(Jigsaw) 토론은 조각 그림 맞추기(Jigsaw Puzzle) 토론으로 모집단이 모여서 과제를 분담하고, 특정 과제를 맡은 학생들끼리 따로 모여서 토론한 후에 모집단으로 돌아가서 동료들에게 알려주는 진행방식이다.

(3) 브레인스토밍

브레인스토밍(Brainstorming)은 1941년 미국의 광고 회사 CEO인 알렉스 오스본(Alex F. Osborn)이 개발한 것으로 창조적 대안을 개발하는 기법이다. 주어진 문제나 관심 분야에 대하여 비교적 짧은 시간 내에 학습자들로부터 여러 가지 해결방안이나 아이디어를 얻어 내는 기법으로, 제안된 해결방안이나 아이디어는 질보다 양에 더 관심을 두는 것이 특징이다(Osborn, 1993). 한 가지 문제에 대해 가능한 한 기상천외한 생각을 자유롭게 말하는 가운데 타인이 낸 생각을 비판하지 않고, 오히려 그 생각을 확장하여 묘안을 내도록 한다. 회의를 성공시키기 위해서는 타인의 아이디어를 비판하지 않아야 하며, 자유분방한 아이디어를 환영하고, 되도록 많은 아이디어를 서로 내놓아야 한다. 이 방법은 다음과 같은 기본적 규칙을 포함한다(김창현, 2023).

| 표 6-6 | 브레인스토밍의 기본규칙

구분	기본규칙
표현하기	아무리 이상하고 다듬어지지 않아도 혹은 상상에 지나지 않을지라도 마음에 떠오르는 생각은 무엇인지 표현하도록 한다. 자유스러운 분위기에서 제한을 받지 않도록 한다.
비평가적	아이디어를 내놓는 동안 어떠한 평가도 허용되지 않는다. 다른 사람에 대한 평가도 역시 마찬가지이다.
아이디어의 양	아이디어가 많으면 많을수록 좋다. 양적으로 많은 것이 요구되기 때문이다. 양적인 증가는 훌륭한 해결책을 내놓을 가능성이 높기 때문이다
변경	타인의 아이디어를 수정하거나 확대시키는 것이 권장된다. 브레인스토밍은 집단에서 실시된다. 그래서 참가자들은 서로로부터 아이디어를 이끌어낸다. 전체적으로 회의 참가자들이 자유스럽게 토론과정에서 제시한 모든 아이디어를 기록하도록 한다. 개방적 질문을 통하여 아이디어를 자극하고 상호 의견제시가 적절하지 않을 경우 차례차례 묻는 절차를 통하여 모든 사람의 의견이 자유롭게 수용되도록 하며 궁극적으로 모든 사항이 최종적으로 평가되도록 한다.

출처: 김창현. (2023). 청소년지도방법론(2판). 파주: 정민사. 재구성.

토론기법은 지도자(토론 주최자) 1명, 기록자 1명을 포함하여 6~12명의 참가자(stormer)가 약 20~60분 리더로부터 문제의 설명을 듣고 될 수 있는 대로 많은 대안(storming)을 제시하도록 하여 토의하고 분석하여 결정한다. 이를 통해 청소년들은 연상작용과 상호자극을 통해 보다 창조적이고 융통성 있는 대안을 도출할 기회를 얻게 된다. 브레인스토밍 기법의 성공 여부는 청소년지도자의 토론 진행방식에 많은 영향을 받는다. 청소년지도자는 자유로운 분위기 속에서 특정 청소년의 의견대로 흘러가지 않도록 이끌어야 한다. 또한 청소년 전원이 참여하여 아이디어를 낼 수 있도록 배려와 조정의 능력을 발휘해야 한다. 토의주제도 구체적인 안건을 제시해야 하며 가능하다면 회의하기 며칠 전에 주제를 공유하여 참가자들이 미리 아이디어를 고민해 올 수 있도록 하는 것이 좋다.

(4) 역할연기

개인중심 지도방법에서도 유용하게 활용되는 역할연기(Role Play)는 소집단 지도방법에도 활발하게 활용되는 지도방법의 하나이다. 실제적 위험부담이 없는 가상적 상황에 대해 소집단 구성원들에게 서로 다른 역할을 번갈아 가며 수행해 보도록 함으로써 집단 구성원 간의 친근감을 증대시키고, 의사소통기술과 대처능력을 향상하도록 돕는 기법이다. 역할연기는 아직 가치관 혼란을 겪고 있는 청소년들에게 연습 그 자체가 교육적 효과를 가질 수 있다. 역할연기는 학교폭력 및 성폭력 가해·피해 청소년들에게 그 효과를 입증받고 있다.

(5) 현장경험

조직적인 계획에 의해 현장에서의 실제 경험을 통해 지도를 받는 방식이다. 단체견학, 수행여행 등 일종의 학습여행 프로그램을 통해 이미 오래전부터 시행되었으며 청소년 봉사활동도 현장경험에 속한다. 청소년지도자는 현장경험이 반성적 사고를 통해 의미 있는 경험이 되도록 현장활동 후 주의를 기울여 지도해야 한다.

(6) 게임 및 시뮬레이션

게임이란 일정한 규칙을 정해 놓고 승부를 겨루거나 즐기는 놀이로 청소년들의 흥미적 욕구를 만족시키면서 청소년의 정서조절, 사회적 기술 습득 그리고 집단 간 상호작용을 통한 사회화 과정에 중요한 역할을 한다. 시뮬레이션은 복잡한 문제나 사회현상을 해석하고 해결하기 위하여 실제와 비슷한 모형을 만들어 모의적으로 실험하여 그 특성을 파악하는 것으로 물리적 시뮬레이션과 논리적 시뮬레이션 등으로 분류할 수 있다. 이러한 기법들은 아동·청소년의 사회화 훈련, 가치관 교육 등에 있어 흥미와 교육적 효과를 제고시키는 집단지도방법으로 활용도가 높다고 할 수 있다.

(7) 레크리에이션

레크리에이션의 어원은 라틴어 '레크레스트오(Recrestio)'에서 유래한 것으로

'신선하다' 또는 '재충전하다'라는 회복의 의미를 지니고 있다. 따라서 전통적인 의미의 레크리에이션은 산뜻하고 차분하면서 자발적으로 선택한 행동을 의미하며, 현대적 의미에서 레크리에이션은 피로를 풀고 새로운 힘을 얻기 위해 여러 사람과 함께 놀거나 운동 등을 즐기는 일이다. 레크리에이션은 1930년대 이후 미국 경제불황으로 인해 청소년 일탈 및 범죄의 증가 등 사회문제가 크게 대두되자 이에 대한 해결방안으로 빈민계층의 아동·청소년의 건전한 인격형성 및 여가선용을 위한 지역사회활동으로 레크리에이션을 활용하기 시작했다. 이후 우리나라에서는 1980년대부터 각 대학에서 교양과목의 하나로 레크리에이션 교육을 시작하였다.

레크리에이션은 청소년 여가선용을 통하여 심신의 피로를 해소해 주고 사회의 구성원으로서 사회성과 책임성을 길러주며 또한 활달하고 명랑한 성격을 갖도록 해준다. 또한 집단활동을 통하여 '나도 할 수 있다'라는 자신감을 느끼게 해주며 청소년의 창의력 개발 및 대인관계능력을 향상해 주는 기능을 한다. 나아가 건전한 집단의 결속을 도모하여 청소년들이 바람직한 사회적 성취를 가능케 하는 원동력이 될 수 있도록 지도하는 방법이다.

3) 단계별 집단 과정

집단은 시간이 지남에 따라 집단의 내부 구조, 의사소통과 상호작용 형태, 응집력, 사회적 통제, 문화 등이 형성되며 변화되어 간다. 이러한 변화를 집단 발달이라고 한다. 집단 발달과정에서 서로 구분되는 기간 또는 구분되는 정도를 집단 발달단계라고 한다. 집단 발달단계는 학자마다 서로 다른 견해를 가지고 있으나 일반적으로 청소년집단 발달단계는 사전, 초기, 중간, 종결단계로 구분할 수 있다. 집단의 사전단계는 집단을 계획하고 조직하며 청소년들을 모집하는 것과 관련된다. 집단의 목적에 대한 설정은 청소년의 욕구가 드러남에 따라 청소년수련기관이나 청소년지도자가 이에 부응하기 위하여 집단을 결성하기로

할 때 어느 정도 정해진다. 집단의 목적은 청소년지도자와 집단구성원의 토론을 통해 타협 및 수정될 수 있다. 이후 집단 초기단계에서는 집단감정이 출현하게 된다. 이때 청소년지도자는 집단저항을 다스리고 수용적이고 안락한 활동 분위기를 조성해야 한다. 초기단계가 진전되면서 집단활동에 대한 동기와 능력이 촉진되고 청소년들의 집단 내에서 자신의 역할을 모색하고 시험한다. 중간단계는 활동의 과업과 목표를 달성하기 위해 집중적으로 노력하는 단계이다. 중간단계에서는 구성원 간 상호관계와 집단응집력이 매우 발달하게 된다. 집단응집력이란 집단 내에서 자신이 인정받고 수용된다는 소속감으로서 집단성원의 긍정적인 변화에 영향을 미친다. 종결단계는 그동안 집단이 해온 노력을 종결하고 총괄평가를 한다. 종결단계에서는 집단감정과 응집력이 감소한다. 청소년지도자는 활동종결에 따른 감정을 처리할 수 있도록 지도가 필요하다.

청소년집단 발달단계에 따른 지도활동을 다음과 같이 제시할 수 있다(오윤선 외, 2024).

| 표 6-7 | 발달단계별 청소년지도 활동

구분	실시할 지도활동
사전단계	• 청소년들에 대한 오리엔테이션 • 활동환경의 준비 • 청소년집단의 구성 • 잠재적 후원 기관 및 청소년에 대한 사정 • 활동의 목표설정 • 청소년들의 모집 • 집단활동에 대한 승인 등
초기단계	• 활동목표와 집단의 기능에 대한 설명 • 집단활동에 대한 동기와 능력의 촉진 • 과업목표와 집단유지목표 간의 균형 유지 • 집단목적의 설정 • 집단의 구조화 • 안락한 활동 분위기의 조성
중간단계	• 활동의 준비 • 활동의 구조화 • 청소년의 목적성취 지도 • 활동평가
종결단계	• 활동에 대한 의존성을 감소시킴 • 활동종결에 대한 감정을 처리할 수 있도록 지도 • 청소년이 미래에 대한 활동 참여계획을 수립할 수 있도록 지도 • 실행된 청소년활동에 대하여 총괄평가

출처: 성열준 외. (2016). 청소년지도방법론. 파주: 양성원.

07
Chapter

청소년활동지도 프로그램 운영

1. 청소년활동지도 프로그램 개념

1) 청소년활동지도 프로그램 개념

프로그램(program)이란 용어는 본래 라틴어 'prographein'에서 유래한 것으로 17세기에 처음으로 문헌에 등장하였으며, '칙령' 또는 '포고(布告)'라는 뜻을 지니고 있다. 오늘날 사전적 의미로는 어떤 활동의 목록, 순서, 예정계획을 미리 공개해 놓은 계획표 또는 컴퓨터 실행 명령어로 사용되고 있다. 이러한 의미에 있어서 프로그램이란, 어떤 활동을 시간적 순서에 따라 구체적으로 나열한 사전계획표나 진행순서표로 볼 수 있다(민준기, 1990). 그러나 프로그램의 실제 개념은 일정한 활동들을 구체적으로 실행하기 위해 필요한 총체적 환경을 뜻한다. 즉, 특정 문제와 대상을 상대로 구체적 목표를 달성하기 위하여 일정 기간에 인력과 예산 등을 투입하여 반복적이고 조직적인 활동을 벌이는 단위사업으로 의도적이고 조직적인 활동을 뜻하는 것이다. 지금까지 광범위하고 다양하게 사용되었다. 프로그램은 학자에 따라 다양하게 정의하고 있으나 주장하는 학자마다 관점에 따라 상이한 개념을 가지고 있기 때문에 어느 한쪽의 정의만 가지고 판단하기는 어렵다. 하지만 최종적으로 같은 맥락에서 이해하면서 프로그램을 개발하고 적용을 하게 된다. 따라서 프로그램은 일상적 의미(팸플릿), 교육적 의미(커리큘럼), 통합적 의미(프로그램)의 세 가지 의미로 구분한다(김창현, 2023).

첫째, 일상적 의미(팸플릿)라고 할 수 있다. 이것은 인간의 실존적 가치를 무시하고, 단순히 시간에 따라 진행될 내용, 사건, 활동만을 강조함으로 이루어진다는 것이다. 예를 들면 행사 프로그램, 방송 프로그램, 컴퓨터 프로그램 등이다.

둘째, 교육적 의미(커리큘럼)이다. 이것은 학습자의 참여와 실존적 가치를 인정함으로써, 일상적 의미에서의 프로그램 이상의 의미를 함축하고 있다고 볼 수 있다. 따라서 특정 목표로 학습자가 변화하도록 체계화시켜 놓은 교육내용을 강조한다. 아울러 학습자가 익혀야 할 교육내용을 외부의 교수자, 전문가가 사전 계획하여야 한다는 점을 지나치게 강조하고, 학습자보다 교수자, 전문가의 역할을 강조함으로써 규범적·폐쇄적인 성격이 부각되는 한계가 있다는 것이다. 그리고 청소년지도 현장에서는 교육과정(커리큘럼)이라는 용어보다 프로그램이란 용어를 사용하는 것이 현장감이 있다고 본다.

셋째, 통합적 의미(프로그램)의 프로그램이다. 청소년의 건전한 발달과 사회적응을 목적으로 하는 여러 가지 청소년활동지도나, 청소년이 참여하는 활동을 실현하기 위해 필요한 교육적 경험과 환경의 집합체이기 때문이다. 교육내용, 교육방법, 교육활동, 교육매체가 하나로 통합된 교육적 실체로 적용되기 때문이다.

2) 프로그램의 유사개념

청소년활동지도 프로그램으로 가지고 있는 기본적 성격은 프로그램과 흔히 혼용되어 사용되고 있는 여러 유사개념과 비교하여 그 차이를 살펴보면 이해하기가 좋다(신성철 외, 2023).

(1) 교육과정

청소년활동지도 프로그램은 흔히 학교의 교육과정(Curriculum)과 같은 의미로 사용되기도 한다. 그러나 교육과정은 학교와 같은 형식적인 정규교육기관(Formal Education)에서 사용되는 반면에 프로그램은 평생교육기관과 같은 무형식적인 교육기관(Nonformal Education)에서 사용된다(박노열, 1997). 이러한 측면에서 프로그램과 교육과정은 많은 차이점을 보이게 된다. 특히, 교육과정은 규정이나 원칙에 의해 제도화되어 획일성과 경직성을 많이 띠게 되고 프로그램은 규제와 형식에 비교적 자유로워서 덜 규격화되어 다양성과 융통성을 보이게 된다. 그러므로 프로그램은 내용과 형식에 있어서 획일적이고 표준화된 학교의 교육과정에서 탈피된 더 개방적이고 탄력적인 형태를 가지게 된다.

(2) 프로젝트

프로젝트(Project)는 프로그램의 하위개념으로 세부화·구체화하는 활동으로 간주하기도 한다. 그러나 프로젝트는 집행전략을 강조하여 복잡하거나 불확실한 사건과 같은 특정한 문제를 효과적으로 극복하고 조직하는 활동으로 보는 것이 일반적인 경향이다. 그러므로 프로그램은 어떤 기관이나 단체의 일반적이고 정기적인 활동내용을, 프로젝트는 어떤 특수한 비정규적인 활동이나 사업을 의미한다고 볼 수 있다(정지웅 외, 2000).

(3) 계획

계획(Plan)은 어떤 목적을 효율적으로 달성하기 위해 앞으로 수행되어야 할 활동을 사전에 예측하여 준비하는 것을 말한다. 프로그램 역시 목표 달성을 위하여 앞으로의 상태를 예측하여 사전에 준비하는 활동으로써 미래의 행동에 관한 결정이라는 점에서는 계획과 본질적으로는 커다란 차이가 없다. 다만 계획은 결정한 목적을 달성하는 데 필요한 내용을 개략적으로 진술하는 것인 데 비하여, 프로그램은 계획된 활동들이 실행에 옮겨질 수 있도록 보다 구체적인 형태로 자세히 편성해 놓는 것을 의미한다고 볼 수 있다.

(4) 일정표

일정표(Schedule)는 수행되어야 하는 활동을 단계별로 나누어 보다 구체화한 후, 이를 날짜나 시간의 순서대로 적어 넣은 것을 말한다. 일정표 자체가 프로그램의 한 부분이 될 수도 있다. 그러나 활동내용을 비롯하여 관련 사항을 세부적으로 기술되어 있는 프로그램에 비하여 일정표는 활동의 내용보다는 활동의 제목만을 간단하게 날짜순으로 기록해 놓은 것을 말한다(정지웅 외, 2000).

이러한 맥락 속에서 청소년활동지도 프로그램은 청소년의 건전한 성장을 목적으로 시행하는 다양한 청소년활동을 효과적이고 효율적으로 실천하기 위한 활동들의 집합이라고 볼 수 있다. 이에 청소년활동지도 프로그램은 일정한 청소년활동을 구체화하기 위한 활동내용과 그에 관련된 자원과 조건 등을 종합적으로 연결하여 자세히 편성해 놓은 것으로 정의할 수 있다.

3) 청소년활동지도 프로그램의 중요성과 성격

(1) 청소년활동지도 프로그램의 중요성

청소년지도를 청소년들이 건전한 성장을 할 수 있도록 가르치고 이끌어주는 목적 행위, 실천적 행동이라고 정의한다면, 청소년활동지도 프로그램은 이러한 목적을 달성하기 위해 사용되는 수단이 된다. 이러한 의미에서 청소년활동지도와 프로그램은 불가분의 관계가 있다. 실천적 행동에는 실천하는 주체, 즉 지도의 주체인 청소년지도자가 있고, 그 실천을 받는 대상, 즉 지도의 객체인 청소년이 있다. 그리고 청소년지도자와 청소년이 서로 긴밀하게 교섭할 때는 언제나 상호 간의 활발한 활동을 조장하는 매개체가 존재하게 되는데, 이를 프로그램이라고 한다. 즉, 프로그램이란 청소년지도 활동에 있어서 청소년지도자가 청소년들에게 지도해야 할 내용과 경험 및 활동이 된다. 이처럼 청소년활동지도 프로그램은 그 자체가 목적은 아니지만, 그 목적을 실현할 수 있는 활동내용으로서 청소년지도 활동에 있어서 매우 중대한 역할을 하고 있다. 아무리 훌륭한 청소년지도와 훌륭한 청소년이 있다고 할지라도 이 둘을 연결해 주는 우수한 프로그램이 없다면 지도의 성과는 크게 기대할 수 없게 된다. 결국, 청소년지도 활동이 효과적으로 달성되는가는 청소년활동지도 프로그램에 달려있다고 볼 수 있으므로, 청소년지도에 있어서 청소년활동지도 프로그램은 매우 중요한 요소라고 할 수 있다.

청소년활동지도 프로그램은 공식적으로 청소년기관의 근본적인 목적과 세부적인 목표로부터 파생되는 구체적이고 세부적인 하위목표를 추구하면서 청소년기관의 목적을 실행하는 중요한 수단이 된다. 이에 프로그램 활동은 청소년기관 내에서 가장 중요하고 핵심적인 과업이 된다. 실제 청소년기관의 거의 모든 활동은 프로그램 활동과 직·간접적으로 관련되어 프로그램이 원활하게 운영될 수 있도록 지원하는 작용을 한다고 볼 수 있다. 그러므로 청소년활동지도 프로그램은 청소년기관에 있어서 그 존재의 여부와 향방에 영향을 미치는 가장 중요하고 필수적인 수단이라고 볼 수 있다.

청소년활동 현장에서 청소년지도자가 수행하는 역할 가운데 가장 중요한 역할은 청소년들의 특징에 맞는 적합한 프로그램을 계획·실천·평가하는 일이다.

청소년들의 다양한 욕구를 반영하여 프로그램을 개발하기 위해서는 청소년활동지도 프로그램과 청소년활동지도 프로그램 개발에 대한 개념적 이해가 우선 선행되어야 한다. 청소년활동지도 프로그램은 청소년들에게 지도해야 할 내용과 방법을 체계적으로 구조화한 것이다. 따라서 청소년지도자는 프로그램의 의미와 성격, 청소년지도 프로그램의 유형, 프로그램 개발 절차에 대한 이해가 필요하다.

청소년활동을 위한 프로그램의 실제 개념을 보면 다음과 같이 정리할 수 있다. 청소년활동지도 프로그램은 청소년의 전인적인 성장을 위한 변화과정을 체계적으로 조력하기 위한 목적으로 무엇(what)을 통해 어떻게(how) 조력하고 지원할 것인가를 구체화한다. 따라서 청소년활동지도 프로그램은 일정한 청소년활동을 구체화하기 위하여 필요한 활동내용과 함께 관련된 자원, 조건 등의 제반 여건을 종합적으로 연결하여 단계적으로 자세히 편성해 놓은 것을 의미한다(송병국 외, 2007). 즉, 지도목적을 달성하기 위하여 가장 적합한 경험 및 내용을 선정하고 이를 조직화한 다음, 이들 경험을 어떤 매체를 활용하여 어떤 방법과 절차로 제공할 것인지를 체계적으로 계획한 것이 프로그램이다(한상철, 2014). 청소년활동지도 프로그램에는 목표, 1개 이상의 활동, 활동에 수반되는 구체적인 기법, 대상, 시기, 지도에 필요한 인적·물적 자원, 순서와 계속성, 평가전략 등 요소들이 유기적으로 결합하여 있다(오윤선 외, 2024).

(2) 청소년활동지도 프로그램 성격

청소년지도 프로그램은 청소년지도자의 입장에서 청소년지도사가 청소년들에게 지도해야 할 내용과 방법을 체계적으로 구조화한 것이고, 청소년의 입장에서는 청소년들이 청소년지도자의 지도하에 경험한 모든 활동의 집합이라 할 수 있기 때문이다(김정명, 1991). 이처럼 청소년지도에 있어서 지도자와 청소년이 만나 활동이 이루어질 때는 청소년지도 프로그램이 사용된다. 그러므로 이러한 청소년활동의 내용을 반영하는 청소년활동지도 프로그램은 프로그램으로서의 기본적인 성격과 청소년활동의 독특한 성격을 동시에 가지게 된다. 먼저 청소년활동지도 프로그램의 기본적인 성격을 살펴보면 다음과 같다(신성철 외, 2023).

첫째, 예방적 접근을 하려고 하고 있다. 문제가 굳어진 후에 다루는 것보다 초기의 문제를 방지하는 것이 더 효율적이고 비용 절감 면에서 효과적이라는 인식에서 출발한다.

둘째, 탄력적 접근은 청소년이 문제행동을 피하고 위험에 노출됨에도 불구하고 발달적인 성장을 기대할 수 있도록 프로그램을 기획하고 있다.

셋째, 긍정 발달적 접근을 하고 있다. 이는 청소년들의 자원 형성의 기회를 제공함으로써 청소년들의 삶을 향상하는 데 목적을 두고 있다.

이러한 프로그램의 기본적인 성격을 바탕으로 프로그램 참여자들은 예방, 탄력성, 그리고 긍정적 정서 발달을 위해 프로그램에 참여하고 있으며 다양한 세 가지 유형의 접근법은 정리하면 다음과 같이 정리할 수 있다.

| 표 7-1 | **청소년활동지도 프로그램의 기본적 접근**

접근유형	예방적 접근 (Prevention Approach)	탄력성 접근 (Resilience Approach)	긍정 발달적 접근 (Positive Youth Development Approach)
기본이론	발달적 맥락주의	탄력성 이론	발달적 시스템 이론
기본가정	문제행동이 일어나기 전의 청소년들을 지원하는 데 초점을 맞추고 문제행동 예방에 주력함	극한 환경에도 굴하지 않고 건강한 발달을 할 수 있도록 탄력성을 증진하는 데 있음	단순히 문제나 결함을 최소화하거나 예방하는 것이 아니라 청소년이 개발되어야 할 자원으로 간주하여 개인적·사회적 자원을 발달시키는 데 초점을 둠
프로그램 모델	다중 위험·예방 인자 모델	탄력성 지향모델	긍정적 청소년발달 모델
대표 프로그램	약물 및 마약 남용 방지 프로그램, 인터넷스마트폰 과의존 등의 각종 예방 프로그램	Say It Straight (SIS), Families and Schools Together(FAST), Resilient Youth Curriculum	방과 후 프로그램 Boys & Girl Scout 프로그램

출처: 신성철 외. (2023). 청소년지도방법론. 파주: 정민사.

이를 바탕으로 청소년활동지도 프로그램의 기본적인 성격을 정리하면 다음과 같다(송병국 외, 2007).

첫째, 청소년활동지도 프로그램은 청소년활동에서 앞으로 전개될 행동을 예측하여 이를 바탕으로 미래의 행동방향을 사전에 수립하는 미래지향적인 성격이 있다.

둘째, 청소년활동지도 프로그램은 제시되는 활동이 최종적으로 실현하거나 도달하려는 결과로써 목표가 명확하게 명시되는 목표지향적인 성격이 있다.

셋째, 청소년활동지도 프로그램은 구체적인 목표를 효율적으로 달성하기 위한 최적의 전략을 선정하여 보다 합리적이고 구체적인 방안을 의식적으로 모색하고 제시하는 수단적인 성격이 있다.

넷째, 청소년활동지도 프로그램은 어떤 일을 실현하는 데 필요한 실제 행동을 전제로 하는 행위지향적인 성격이 있다.

다섯째, 청소년활동지도 프로그램은 일정한 공간과 기간 내에서 수행되어야 하는 활동들이 변화하고 발전하는 시간적인 연속상태를 내용으로 하는 동태적인 성격이 있다.

그러므로 청소년활동지도 프로그램은 목표, 계획, 설계, 절차, 조직된 방법, 창안된 행위, 정돈된 준비, 도식화 등을 포함한 광범위하고 포괄적인 성격이 있다(권일남 외, 2010).

한편 프로그램의 실제 개념은 활동이나 순서만을 의미하는 것이 아닌, 일정한 활동들의 구체적인 실행을 위한 경험의 총체라고 말할 수 있으며, 철학적 입장에서 프로그램의 개념을 ① 체제(system), ② 기획(planning, 계획과정에서 동사의 기능을 수행), ③ 문서(document), ④ 수행(performance), ⑤ 활동(activity) 등 다섯 가지 형태의 의미를 프로그램이라고 한다(김창현, 2023).

4) 청소년활동지도 프로그램의 기능

청소년활동지도 프로그램의 기능은 청소년들의 바람직한 성장이행을 위한 청소년들의 체험중심 활동으로서 청소년과 청소년지도자와의 만남과 활동을 위한 각종 공간, 즉 사회와 자연, 청소년활동 터전과의 접점을 형성시켜 주고, 각종 사물과의 연결을 도모하는 등 다양한 기능을 가지고 있으며, 이러한 기능을 정리하면 다음과 같다(김진화, 2005).

첫째, 청소년활동지도 프로그램은 청소년집단의 분위기 변화 및 청소년집단 내에 바람직한 효과를 불러일으키기 위해 자체 활동을 변경시키는 데 도움을 준다.

둘째, 청소년활동지도 프로그램은 청소년들에게 이익을 줄 수 있고 활동에 대한 만족에도 영향을 주며, 활동의 전 과정을 촉진하기 위해서도 유용하게 활용된다.

셋째, 청소년활동지도 프로그램은 청소년에게 간접적 수단을 제공하고 바람직한 활동목표를 달성하기 위해 집단 지도자에 의해 의도적으로 사용된다.

넷째, 청소년활동지도 프로그램은 청소년들의 의사 및 사회의 가치와 규범을 변화·유지하고 집단구성원의 흥미와 요구를 충족시킨다.

다섯째, 청소년들 사이의 상호작용을 촉진하며 정서적 긴장 및 갈등의 완화에도 도움을 준다.

여섯째, 청소년활동지도 프로그램은 청소년들에게 과제수행에 필요한 정보를 수집할 기회를 제공하며, 특별한 생활과제를 위한 기술을 개발하는 수단으로 활용되기도 한다.

일곱째, 청소년활동지도 프로그램은 활동을 통해 형성된 긍정적 관계를 기초로 금기나 수용된 규범에서 벗어날 수 있도록 허용하기도 한다.

이외에도 청소년활동지도 프로그램의 기능은 위에서 제시된 내용을 포괄하는 것으로 청소년활동을 통해서 바람직한 태도의 변화와 다양한 삶의 장면에서 발현될 수 있는 기량을 배양하고, 지식을 함양하며, 역량을 개발을 촉진하는 기능들이 있다(이교봉, 2008).

5) 청소년활동지도 프로그램의 특징

(1) 청소년활동지도 프로그램의 패러다임

패러다임(Paradigm)은 어떤 한 시대 사람들의 견해나 사고를 지배하고 있는 이론적 틀이나 개념의 집합체라고 정의한다(김진호 외, 2009). 여기서 청소년활동지도 프로그램 개발의 패러다임이란 청소년지도사가 청소년활동지도 프로그램을 개발하기 위해서 가지고 있는 이론적 틀이나 개념의 집합체, 인식의 틀이라 할 수 있다. 패러다임은 실증주의 패러다임, 구성주의 패러다임, 비판주의 패러다임으로 구분할 수 있다(송병국 외, 2007).

첫째, 실증주의 패러다임은 지식이 인식의 주체인 인간과 분리되어 존재한다는 객관적 인식론의 입장으로, 객관적으로 존재하는 지식을 학습자에게 전달하는 기계론적 교육관에 초점을 둔다. 교육현장에서는 교수자의 역할, 자극과 강화 등 행동주의 학습 원리를 강조하는 특징을 가지고 있다. 프로그램 개발은 타일러(Tyler)가 제시한 네 가지 질문에 따라 미리 계획된 특정 목표를 성취하기 위한 수단들을 표준화하는 것으로 인식하여 목표－수단 모형 또는 전문가 모형 등으로 이해된다. 전통적으로 자연과학에서 강조해 왔던 경험, 분석적 패러다임이며, 교육과정 개발의 근거이론이 되는 타일러의 이론과 관계되며, 이 패러다임에서 프로그램이란 청소년의 외부세계에 존재하는 새로운 지식과 정보, 프로그램 개발의 절차를 강조하고, 이러한 의도된 행동변화에만 관심을 두어 잠재적 성과를 등한시한다.

둘째, 구성주의(practical–interpretive) 패러다임에서 지식이란 인간의 감각적 혹은 지각적 경험으로부터 구성되며, 학습이란 그러한 구성적 과정을 통해 지식에 대한 내적 표상을 형성시켜 나가는 과정으로 규정한다. 교육관은 인간이 의미를 창조해 가는 주체적인 존재로 인정하고 교수자와 의미를 창조하는 상호작용의 과정을 교육으로 규정한다. 교육현장에서 교수자보다는 학습자의 행위를 강조하여 자율적인 참여와 적극적인 역할수행을 강조하고 있다. 프로그램 개발은 슈왑(Schwab)의 재개념주의자의 논리에 따라 교육실천과 실질적으로 관련된 사람들의 집단적 노력과 합의를 강조하는 순환적 합의제 모형을 뜻한다. 의미를 창조해 가는 주체적인 존재, 실존적 존재로 인간을 이해함으로써, 청소년지도의 과정을 청소년지도사와 의미를 창출하는 상호작용의 과정으로 청소년과 청소년지도의 합의와 의사소통이 강조된다.

셋째, 비판주의(criticism) 패러다임은 비판적 또는 해방적 패러다임이라 하며, 더 넓은 사회에서 이데올로기적, 사회경제적 힘들로부터 발생하는 인간의 억압상태를 해방하는 데 관심을 기울였다. 억압상태는 교육적 성장을 방해하므로 이러한 요인들을 밝혀내고, 극복하기 위해 교육이 필요로 한다고 주장하였다. 즉, 교육이 개인의 진정한 해방을 목적으로 하므로 교육을 '의식화' 과정으로 간주하여 학습자의 적극적 참여와 임파워먼트(empowerment)를 부각시켰다. 프로그램의 내용은 청소년의 반성(reflection)과 행위(action)의 상호작용으로 설명되는 비판적 실천행위(practice behavior)이고, 프로그램의 개발형태는 대화모형(dialogical model)의 형태를 보인다.

(2) 청소년활동지도 프로그램의 특징

다른 유형의 프로그램과 달리 청소년활동지도 프로그램만이 가지고 있는 독특한 특징은 다음과 같다(김창현, 2023; 신성철 외, 2023).

첫째, 청소년활동지도 프로그램은 청소년의 전인적인 성장과 발달을 목적으로 하는 인간중심 프로그램이다. 청소년활동지도 프로그램은 지덕체의 균형적인 발달을 위해 지식이나 기능습득 이외에 인격 형성, 심신 단련, 자질 함양, 정서 함양, 취미 계발을 위한 다양한 내용을 제공하고 있다. 특히, 청소년활동지도 프로그램은 삶, 인간, 그리고 자기 자신, 타인, 자연과의 관계를 올바르게 인식하고 이해하고 이를 바탕으로 긍정적인 자아개념 형성, 자아실현, 원만한 인간관계 형성을 가능하게 하는 인간적인 활동 환경을 제공하는 데 주된 관심을 두고 있다. 이러한 인간중심의 청소년활동지도 프로그램은 결과보다 과정을, 논리나 객관적인 기준보다는 신뢰, 사랑, 이해 등 심리적 유대감에 기초한 인간관계가 더 중요시되어 적절히 구성되어 있다.

둘째, 일반적으로 청소년지도에서 프로그램 개발의 기본 단위와 주제가 청소년단체와 청소년기관 등 조직체를 기본 단위로 한다는 특징을 가지고 있다. 청소년단체 및 청소년기관이 학교교육기관에 비해 대체로 소규모적이고 여건이 열악하지만 프로그램 개발은 학교교육과는 다르게 청소년기관 및 단체를 중심으로 더욱 역동적으로 이루어지는 특징을 가지고 있다.

셋째, 프로그램 개발에서 청소년지도사의 역할이 학교교육 현장에 종사하는 교사보다 월등히 크다는 특징을 가지고 있다. 학교교육 현장에서는 교사의 역할이 단순히 국가에서 이미 개발된 교육과정을 전달하는 역할만을 수행하는 데 비해 청소년지도사는 프로그램 내용을 선정하고 조직한다. 이러한 맥락에서 볼 때, 청소년지도에서 프로그램 개발은 그 활동의 잠재력이 상대적으로 매우 크다고 할 수 있다.

넷째, 청소년지도에서 프로그램 개발은 청소년기관 및 단체의 성격, 프로그램의 유형, 프로그램의 단위, 참여자의 형태, 프로그램 개발자의 성향에 따라 다른 양상을 보인다는 특성이 있다(권일남 외, 2010).

다섯째, 청소년활동지도 프로그램은 청소년의 요구 반영과 자발적인 참여를 전제로 한 청소년중심 프로그램이다. 청소년활동지도 프로그램은 의도적 목적에 의해 실천되기도 하지만 대부분 청소년의 직접적이고 구체적인 요구, 필요, 흥미 등을 바탕으로 교육적 · 성장적 가치를 고려하여 활동 목표와 내용이 선정된다. 따라서 청소년활동지도 프로그램은 청소년들의 다양한 특성과 요구에 따라 다양한 형태를 취한다. 또한, 청소년활동지도 프로그램은 청소년들 스스로가 자발적으로 참여하여 자율적으로 수행할 수 있도록 청소년중심의 활동이 주로 선택된다.

여섯째, 청소년활동지도 프로그램은 청소년의 실제 생활 자체를 기초로 실생활과 밀접하게 관련된 활동을 중심으로 하는 생활중심 프로그램이다. 청소년들이 일상생활이나 사회생활에서 실제로 겪는 경험이나 당면하는 문제들과 결부하여 현실 생활에 의미 있는 활동을 부여함으로써 청소년들이 자신의 생활에 더 충실하게 하고 있다. 또한, 청소년활동지도 프로그램은 청소년들에게 실제 생활의 장을 부여하여 실생활 속에 직접 구체적으로 경험하고 활동할 기회를 제공하여 스스로 문제를 발견하고 해결할 수 있는 능력을 배양하고자 한다. 이러한 실생활 속에서의 직접적인 체험활동은 자연적 · 사회적 · 문화적 생활의 모든 영역에 걸쳐 이루어지도록 다양하게 구성되어 있다.

그러므로 청소년활동지도 프로그램은 청소년들의 진정한 필요와 욕구를 바탕으로 청소년들이 실생활 속에서 직접 의미 있는 활동을 경험하게 하여 더욱 나은 전인적인 성장 발달을 조성하고자 하는 프로그램이다. 즉, 청소년활동지도 프로그램은 이론보다는 생활을, 지식보다는 행동을, 미래의 준비보다는 현실 생활의 적응을, 지도보다는 청소년중심의 활동을 중시하는 프로그램이다.

2. 청소년활동지도 프로그램 유형

생애 전 과정을 통해 경험하게 될 삶의 다양한 상황 속에서 건전하고 올바른 판단과 선택으로 인간다운 삶을 유지하고, 건강한 사회구성원으로 존재하기 위해 필요한 태도와 기량, 지식 등을 일정한 기준에 의해 명확하게 분류하고 유형화하는 것은 대단히 어려운 일이다. 특히 청소년활동지도 프로그램은 그 대상의 다양한 특성을 고려할 때 이를 분류하고 유형화하는 기준과 변수는 매우 많다. 또한 어떠한 기준이나 준거일지라도 반드시 절대적이고 배타적인 것이 아니라, 상대적이기 때문에 많은 제한점을 가지게 된다. 기준 여하에 따라서는 하나의 유형과 많은 내용이 포괄적으로 포함되기도 하고 하나의 현상이나 사실이 여러 유형으로 분류되기도 하며, 어떤 내용은 어느 한쪽으로도 분류되지 못하고 애매한 상태로 남겨지기도 한다(송병국 외, 2007). 이렇듯 청소년활동지도 프로그램의 유형을 분류하고 체계화한다는 것은 매우 어렵다. 그러나 청소년활동을 분류하고 유형화를 하는 것은 청소년 프로그램의 개발과 전개, 평가 등의 과정에서 더욱 분명하게 프로그램에 대한 이해가 선행될 수 있으며, 프로그램이 추구하고자 하는 목적과 방향성을 잃지 않고 일관되게 추진할 수 있다는 측면에서 프로그램을 분류하고 유형화하는 것은 필요한 작업이다(이교봉, 2008; 권일남 외, 2010 재인용). 따라서 청소년지도 프로그램의 유형은 다양하게 구분할 수 있다. 먼저 프로그램의 개발 주체에 따른 분류(국가 단위의 프로그램, 기관 단위의 프로그램, 지도자 단위의 프로그램), 프로그램의 구성범위에 따른 분류(단위 프로그램, 연속 프로그램, 통합 프로그램, 종합 프로그램), 프로그램 형태에 따른 분류(일일 정기형 프로그램, 숙박형 프로그램, 이동형 프로그램), 프로그램의 구조화 정도에 다른 분류(구조화된 프로그램, 비구조화된 프로그램), 청소년지도 내용에 따른 분류(건강보건안전활동, 문화예술활동, 과학정보활동, 예체능활동, 사회봉사활동, 모험개척활동, 자기계발활동, 국제교류활동, 직업체험활동, 환경보존활동)로 구분된다.

1) 개발주체에 따른 분류

(1) 국가 단위의 프로그램

국가 단위의 프로그램은 국가가 청소년지도의 활성화를 위하여 정책적으로 개발·보급하는 것을 목표에 두고 개발하는 정책적인 성격의 프로그램을 의미한다. 국가 단위의 대표적인 프로그램으로 청소년 기본계획의 목적하에 1992년에 한국청소년개발원이 개발하여 보급한 '청소년활동지도 프로그램(역사연극활동, 도시농촌 교환봉사활동, 호연훈련활동, 명절쇠기활동, 국토탐사활동 등)', 2001년에 문화관광부와 한국청소년개발원에서 개발하고 보급한 '각종 체험활동 프로그램(자연생태지도, 자동차 이해 및 체험, 만화영화 제작활동, 인터넷 신문 제작활동)', 2002년에 국립중앙청소년수련원에서 개발 보급한 프로그램(챌린지 어즈벤처, 댄스 스포츠 등) 등이 있다. 그러나 국가 단위의 프로그램이 각 지역의 청소년수련기관에 활용된 경우 지역성과 현실성 등을 충분하게 반영하기 어렵다는 문제점이 있다.

(2) 기관 단위의 프로그램

청소년 관련 기관인 청소년단체나 시설 등에서 독자적으로 개발하는 사업적인 성격을 가진 프로그램을 의미한다. 기간 단위의 프로그램은 기관의 이념과 지역성을 반영하여 독창적으로 개발되고 운영된다. 예를 들면, 청소년적십자의 각종 공중위생활동 프로그램, 해양청소년단의 해양스포츠활동 프로그램, 걸스카우트의 가정생활교육활동 프로그램, 한국우주소년단의 실물모형 제작활동 프로그램, 한국 청소년마을의 청소년 가족수련활동 프로그램 등이 해당한다. 그리고 활동의 내용을 비롯하여 방법, 시기, 장소, 효과, 평가 등이 명확하게 제시되는 등 구조화되어 있다는 장점이 있다. 그러므로 이들 프로그램은 보다 특징성과 구체성을 띠게 되고, 그 평가는 활동의 취지가 청소년들에게 얼마나 잘 효과적으로 전달되었는가에 따라 주로 이루어진다. 그러나 기관에 문서화된 프로그램이 존재하지 않을 경우 수련관의 시설만을 이용하는 수준이거나, 청소년지도사의 개인적 경험과 역량에 의존하여 수련활동을 전개할 수밖에 없어 기관이나 시설별로 독자적인 프로그램을 개발·운영하려는 노력이 요구된다.

(3) 지도자 단위의 프로그램

청소년지도현장에서 청소년지도사가 기관의 독자적인 프로그램에 기초하여 한 단위의 활동을 전개할 때 필요한 구체적인 활동계획을 수립하는 것을 의미한다. 지도자 단위의 프로그램도 활동내용, 시간, 장소, 대상, 매체, 자원 등 구체적인 요소를 포함하며 지도 실제를 명시해야 한다. 그러나 현실적으로 기관 수준의 프로그램이 있는 경우에도 단위활동 프로그램은 마련해 두지 않는 경우가 많으며, 설령 있다 하더라도 구체적인 지도지침을 제공해 주지 못하는 다분히 일반적인 지도안만 존재하는 실정이다.

2) 구성범위에 따른 분류

청소년지도 프로그램은 청소년활동을 통해서 도달하고자 하는 목표에 접근하기 위한 체험거리 또는 경험하게 될 거리들의 조합으로 이루어지게 된다. 가장 기본적인 단위의 활동거리가 단위 프로그램이며 일반적으로 활동 시간을 기준으로 일정한 편제에 따라 구성된 하나하나의 프로그램이 된다. 프로그램의 구성 형태와 범위에 따라 다음과 같이 구분할 수 있다(마상욱, 2021).

(1) 단위 프로그램

단위 프로그램이란 어떤 하나의 주제에 따른 내용을 바탕으로 단순하게 일회성으로 이루어지는 활동 프로그램을 의미한다. 즉, 하나의 주제를 추구하는 데 중점을 두고 하나의 활동을 단순한 방식으로 간결하게 이루어지는 간단한 활동 프로그램이다. 프로그램들은 비교적 짧은 시간에 이루어져야 하는 특정한 목표를 달성하기 위하여 만든 프로그램들로서 특정 상황에 적용되는 활동 노선을 정해 놓은 것이 대부분이다. 실물모형 제작활동 프로그램(자동차, 항공 모형, 배 등), 단편적인 지역사회 봉사활동 프로그램(지역사회 청소 활동, 위문 활동, 헌혈 캠페인 등), 견학 및 탐사활동 프로그램(고적 답사, 박물관 견학, 한강 탐사, 무인도탐사 등), 조사활동 프로그램(전통 생활용품 조사, 지역 문화재 조사 등), 각종 놀이활동 프로그램 등과 같은 일회성 행사활동 프로그램들이 여기에 속한다.

(2) 연속 프로그램

연속 프로그램은 단계적 프로그램이라고도 한다. 연속 프로그램은 하나의 주제를 여러 개의 내용으로 나누어 이를 일정한 순서에 따라서 연결한 프로그램이다. 즉, 같은 계열에 속하는 여러 개의 활동 프로그램이 단일 목표를 성취하기 위해 한데 모여서 이루어진 복합 프로그램을 의미한다.

프로그램의 활동내용들은 서로 얽혀서 연관되어 분리되지 않고 통일된 원칙에 좀 더 심화하고 확충된 맥락 속에서 계속해서 나타나도록 조직되어 있다. 어느 한 프로그램의 활동 결과는 반드시 다음 프로그램의 시작이 되도록, 즉 먼저 실행된 활동내용을 기초로 뒤의 활동이 이루어지도록 선후 활동내용 간에 종적인 체계를 이루면서 활동내용의 깊이를 더 하고 있다. 선후 활동 프로그램들은 주로 활동내용의 구조와 청소년들의 성장 발달과정에 따라 여러 단계의 프로그램으로 구체화하여 있다. 일반적으로 초보적인 단순 활동에서 복잡하고 어려운 활동으로, 구체적인 세부활동에서 추상적이고 일반적 활동으로, 부분활동에서 전체적 활동으로 발전되도록 단계적으로 연결되어 있다.

이러한 연속 프로그램은 기능연마나 기술 습득을 목적으로 한 청소년활동 영역에서 많이 개발된다. 대표적으로 수영, 태권도, 컴퓨터, 시, 그림, 노래, 악기, 연극, 탈춤, 바둑, 도예 등 비교적 장기간의 지속적인 훈련을 해야 하는 활동 프로그램이 있다.

(3) 통합 프로그램

통합 프로그램이란 한 주제에서 세분된 여러 활동과 비슷한 활동들을 모아 한 체계 속에서 적절하게 연결하여 하나의 활동으로 묶어서 구성한 프로그램이다. 프로그램은 각 활동의 기본적인 성격은 그대로 유지되면서 서로 관련된 내용만 적절하게 연결되어 하나의 활동을 구성하고 있는 내용의 융합적 접근방식을 취하고 있다.

통합 프로그램 역시 연속 프로그램과 같은 복합 프로그램의 한 방식으로 볼 수 있으나, 엄격한 의미에서 매우 다르다. 연속 프로그램을 구성하고 있는 하나하나의 프로그램들은 그 자체로서는 미완성의 결과물로서 각각 독립적으로는 존재하기 어렵지만, 통합 프로그램을 구성하고 있는 여러 프로그램은 서로 독립되는 개별 프로그램으로써 분리되면서 서로 모순되지 않고 하나의 목표를 향해 효과적으로 결합하여 있다. 즉, 부분적인 활동내용들이 대부분으로서 존재하면서 전체적으로 조화있게 결합하여 하나의 의미 있는 체계를 이루고 활동의 방향을 뚜렷이 하고 있다. 그러므로 활동내용의 종적인 체계를 이루고 있는 연속 프로그램과는 달리, 통합 프로그램을 구성하고 있는 다양한 활동 프로그램들은 수평적인 관계에서 서로서로 보강하고 강화할 수 있도록 조직되어 있다.

이러한 통합 프로그램은 하나의 목표를 달성하기 위해서는 상호 밀접하게 연관된 여러 유형의 활동들이 단편적으로 이루어지지 않고 청소년들의 경험 속에서 모두 함께 어우러져서 의미 있게 상호 연결되어 종합적으로 강화되어야만 하는 활동 영역에서 많이 사용된다. 특히, 가치관 또는 태도 형성이나 각종 사회문제 해결을 목적으로 하는 청소년활동 영역에서 많이 사용된다. 예를 들면,

환경문제를 인식하여 환경을 보호하는 태도를 형성시키기 위한 환경보호 프로그램은 강물 오염, 공해, 쓰레기 등 심각한 환경오염 실태를 알려 환경오염 문제의 심각성을 깨닫게 하는 인식 프로그램, 환경오염을 스스로 파악하게 하는 환경답사 또는 조사활동 프로그램, 자연환경과 인간 생활관계를 연구하여 자연보호의 중요성을 인식시키는 자연탐구활동 프로그램, 환경보호 하는 방법을 연구하는 환경보호 사례 프로그램, 환경보호를 실천하고 생활화하기 위한 환경보호 실천 프로그램 등을 함께 시행해야만 비로소 그 목적을 충분히 달성할 수 있다.

(4) 종합 프로그램

여러 영역의 활동 프로그램을 한곳에 모아서 활동의 체계에 따라 분류하지 않고 같은 구조 속에서 모든 활동을 종합적으로 전개하는 프로그램이다. 종합 프로그램은 부분별 프로그램들이 각각 고유한 목표와 성격을 그대로 유지하면서 어떤 연결원칙이나 공통적인 문제, 상호 관심의 영역에서 그 연계성을 합리적으로 조합한 총괄성을 가진 프로그램이다. 이는 마치 오케스트라처럼 여러 유형의 단위가 한 구조 속에서 각 활동을 다양하게 전개하면서 하나의 종합적인 기능을 하는 구조적 통합의 형태를 취한다. 종합 프로그램은 비교적 편성 규모가 큰 광역 프로그램으로서 주로 특정 기간에 이루어지는 일정한 제목 중심의 행사형 프로그램들이 대부분이다. 가장 대표적인 종합 프로그램으로는 세계화, 개방화를 달리는 국제사회 속에서 유연하게 적응할 수 있는 능력을 배양한다는 목적 아래 청소년들에게 다양한 활동 경험을 제공한 한국청소년개발원의 1994년 청소년수련광장을 들 수 있다. 청소년수련광장은 '함께 하는 삶'이라는 제목하에 시민활동 프로그램, 정신건강활동 프로그램, 전통문화활동 프로그램, 도예 실습 프로그램, 지역환경 실태조사 프로그램, 지역사회 봉사활동 프로그램, 가치탐색활동, 패러글라이딩실습 프로그램 등 다양한 영역의 프로그램을 일주일 동안 실시하였다. 이외에 다양한 기관에 의해 행해지는 청소년 우정 캠프, 청소년 문화광장, 청소년연합 체육대회, 청소년 여름 캠프 활동, 춤과 놀이마당 등 각종 행사 프로그램이 이에 해당한다.

3) 운영형태에 따른 분류

청소년활동의 특성상 장소, 시기, 방법, 내용, 목적에 따라 다양한 형태의 프로그램으로 운영된다. 청소년수련활동 인증제도에서 활동 프로그램의 운영 형태에 따라 인정기준을 설정하기 위해 도입되었다(이교봉, 2008).

(1) 일일 정기형 프로그램

청소년들의 일상생활이 이루어지는 생활근거지를 중심으로 숙박하지 않고 일정 기간 정기적인 활동이 이루어지는 형태의 활동 프로그램이다. 주로 청소년수련관, 청소년문화의 집 등에서 취미개발, 문화활동, 스포츠활동 등의 각종 기능습득을 중심으로 이루어진다.

(2) 숙박형 프로그램

청소년들이 집을 떠나 일정한 숙박시설을 갖춘 활동장소에서 1일 이상 숙박을 하면서 이루어지는 활동 프로그램이다. 주로 청소년수련원, 청소년야영장 등에서 자연체험활동, 모험활동 등을 중심으로 이루어진다.

(3) 이동형 프로그램

프로그램의 목적과 내용에 따라 사전에 선정된 활동 장소를 이동하면서 숙박과 더불어 이루어지는 활동 프로그램이다. 주로 역사탐험, 모험활동, 국토순례 등의 활동이 이루어진다.

4) 구조화에 따른 분류

(1) 구조화된 프로그램

구조화된 프로그램은 프로그램의 목적과 목표가 분명하고 그것을 달성하기 위한 활동, 지도방법 및 절차, 평가 및 피드백이라는 일련의 과정이 명확하게 제시되어 있다. 프로그램의 대부분은 각 분야의 전문가에 의해 이론을 기초로 하여 개발되고 있다. 이러한 전문성과 연속성을 바탕으로 누구나 계획을 보고 진행할 수 있도록 구체적으로 만들어져 있다. 청소년지도 프로그램은 구조화된 프로그램을 지향하고 있다.

(2) 비구조화된 프로그램

비구조화된 프로그램은 단순한 행사 진행표나 일정표와 같은 것이다. 이러한 프로그램은 프로그램이 갖추어야 할 기본적인 요소가 부분적으로 혹은 전체적으로 생략되어 있으며, 기관이나 실행자의 주관적 경험에 크게 의존한다. 물론 지도자의 입장에서 의도성을 갖고 일정에 따라 진행될 수 있으나 구체적으로 무엇을 어떻게 지도할 것인지에 대한 전문성과 지속성이 결여된 경우가 많다.

5) 활동내용에 따른 분류

청소년지도의 영역은 청소년들의 전인적 성장을 위한 가치 있는 경험과 체험거리를 의미한다. 이는 청소년들의 생활 전체를 포함하는 포괄적인 것으로 특정한 기준과 내용을 기준으로 전체를 설명하기에는 무리가 있다. 또한 시대적 변화에 따른 청소년들의 요구와 사회적 과제들로 인하여 프로그램이 계속 개발되고 있다.

(1) 건강보건안전활동

청소년의 건강관리를 궁극적인 목적으로 하며, 공중보건 및 안전에 관한 지식을 이해하고 탐구하며 이를 실생활 속에서 실천하는 데 목적이 있다. 2013년 해병대 캠프 사고, 2014년 세월호 참사 등의 안전사고들로 인해 최근에는 청소년정책 및 사업에 있어 청소년의 안전에 관한 프로그램 개발 및 활동이 강조되고 있다. 예를 들면, 약물예방활동, 신체단련활동, 흡연, 음주, 약물, 비만 예방활동, 안전 · 응급처치 활동 등이 있다.

(2) 문화예술활동

청소년들에게 올바른 문화적 정체성을 형성하고 문화의 유지, 계승, 발전, 재창조의 과정을 익히며, 예술활동에 대한 기본적인 소양과 안목을 갖추고 정서발달과 창의력 증진에 도움을 주는 데 목적이 있다. 예를 들면, 문화권탐방활동, 예술감상활동, 명절쇠기활동, 국토탐사활동, 민속놀이활동, 노래광장활동, 놀이한마당활동, 전통문화사랑방활동(우리 노래, 춤, 악기, 극, 풍속활동), 신토불이상차림활동, 역사연극활동, 역사인물기행활동, 역사읽기활동, 박물관기행활동, 선현답사활동, 전통예술창조활동, 취미생활활동, 문예사랑활동, 영상매체이해활동, 만화이해활동, 어울마당활동, 가족과 함께하는 놀이 24가지 활동, 전설의 고향활동, 하나 되는 몸짓 활동, 전통축제한마당, 영상음악, 어울춤, 철학기행 등이 있다.

(3) 과학정보활동

청소년들에게 직접적인 관찰과 실험활동을 통하여 기초적인 과학적 지식과 원리를 습득하고 여러 가지 과학적 현상에 대한 탐구 능력을 키우는 것을 주된 목적으로 한다. 독서교실활동, 환경캠프활동, 장영실의 하루 활동, 자기 표현활동, 컴퓨터와의 만남 활동, 지구촌시대를 여는 정보통신활동, 정보캠프활동, 창작마당활동, 과학놀이활동 등이 있다.

(4) 예체능활동

청소년들이 체육 및 예술활동에 대한 기본적인 소양과 안목을 갖추도록 할 뿐만 아니라 정서발달과 창조능력을 증진하고 신체적·정서적 건강을 증진하는 데 목적이 있다. 각종 수영, 축구, 태권도, 농구, 등산 등 각종 스포츠 활동, 체육대회, 전국해양제전, 즉석 가요제, 음악감상회, 영상음악과의 만남, 미완성문장 완성하기, 창작발표, 저자와의 만남, 춤 강연, 영화감상 등이 있다.

(5) 사회봉사활동

청소년들이 이웃, 지역사회와의 만남을 통하여 향토애와 시민정신을 함양할 뿐 아니라 일상생활에서 공동체 의미를 깨닫고 몸소 실천하도록 하는 데 목적이 있다. 도시농촌 교환봉사활동, 모의지방의회활동, 지역사회 명사만남활동, 지역사회 봉사활동, 장애청소년 스포츠활동, 화목한 가정 꾸미기 활동, 이웃돕기한마당활동, 지역사회 공개토론활동, 환경 살리기 운동, 우리는 환경을 지키는 녹색파수꾼 활동, 함께하는 지역공동체 활동, 가족유대강화활동, 한마음가족 등이 있다.

(6) 모험개척활동

청소년에게 레포츠와 탐험활동을 통하여 건전한 성장 발달과 여가활동을 장려하고 미래의 삶에 대한 도전, 용기, 성취의식을 함양시키는 데 목적이 있다. 예를 들면, 바들산체험활동, 안전사고대비훈련활동, 호연훈련활동, 자연농장활동, 수상훈련활동, 신바람풍물체조활동, 대한군인활동, 백두에서 한라까지 활동, 비만예방활동, 한국의 강 탐사활동, 국토사랑배낭여행활동, 모험체험활동, 산들탐사활동, 미지의 세계 활동 등이 있다.

(7) 자기계발활동

청소년기의 발달과업인 자아정체감 형성을 돕고 자아에 대한 이해와 수용을 바탕으로 타인과의 관계형성을 도우며 건강한 성격개발과 사회적응을 돕는 데 목적이 있다. 자기 성장 프로그램(친밀감 형성, 자기이해, 자기수용, 자기개방 등), 심성계발 프로그램(나의 소개, 효과적인 사고훈련, 위기훈련 등), 인간관계 개선 프로그램(자기주장 훈련, 경청하기, 장님탐험, 어깨동무 학습, 거울이 되어 움직이기 등), 가치관 명료화 프로그램(가치관 투표, 가치관 경매활동, 두 개의 나, 청소년 법정 등), 진로탐색 프로그램(우리의 진로, 전문직업인 초청 간담회, 직업의 세계, 진로개발, 면접훈련 등) 등이 있다.

(8) 국제교류활동

청소년의 국제 문화, 체육, 예술 교류를 통하여 우리나라 전통문화를 해외에 널리 소개할 뿐만 아니라 청소년들이 다민족, 다문화 사회에서 함께 사는 것을 배우고 세계 속의 한국인으로 성장하기 위해 다양한 문화체험과 문화교류의 기회를 제공하는 데 목적이 있다. 국산품애용활동, 청소년국제교류활동, 국제교류 준비활동, 세계문화비교체험활동, 나라사랑체험활동, 외국문화이해활동, 통일 광장활동, 온누리로 향한 배달의 얼 활동 등이 있다.

(9) 직업체험활동

청소년들이 자신의 관심 분야와 궁금한 직업 현장을 체험해 봄으로써 적극적으로 진로를 탐색하고 직업에 대한 생각을 제고해 볼 기회를 얻게 되며, 다양한 직업 세계에 대한 시야를 넓히고 21세기 지식기반 사회를 이끌고 갈 전문적인 직업인으로서의 능력 및 사회적 적응 능력을 배양시키는 데 목적이 있다. 청소년모의창업활동, 경제캠프활동, 진로탐색활동, 직업현장체험 등이 있다.

(10) 환경보존활동

범지구적 과제인 환경보존과 관련하여 청소년이 주체가 되어 환경 보호의식을 함양하며, 실천활동을 통해 깨끗하고 살기 좋은 지역사회로 개선하고자 하는 데 목적이 있다. 생태활동, 환경탐사활동, 자연지도 만들기, 숲 체험, 환경음식 만들기, 환경 살리기 활동, 환경 · 시설 보존활동 등이 있다.

3. 청소년활동지도 프로그램 개발

1) 프로그램 개발의 의미

청소년활동지도 프로그램 개발이란 청소년의 건전한 육성에 공헌할 청소년활동지도 프로그램을 계획하고 설계하여 활용하려는 시도를 말한다. 프로그램 개발의 의미를 더욱 구체적으로 이해하기 위해 구조적, 절차적, 행위적, 현상적 측면에서 살펴보면 다음과 같다(신성철 외, 2023).

첫째, 구조적 측면에서 프로그램 개발이란 프로그램 기획, 프로그램 설계, 프로그램 마케팅, 프로그램 실행, 프로그램 평가를 포함하는 개념이다.

둘째, 절차적 측면에서 프로그램 개발이란 프로그램을 체계적이고 과학적으로 개발하기 위한 프로그램 개발 전문가가 행하는 모든 활동의 절차 및 단계로 규정되는 일련의 과정을 뜻한다. 이러한 측면은 전통적으로 강조되어 온 견해라 할 수 있다.

셋째, 행위적 측면에서 프로그램 개발이란 프로그래머가 담당해야 할 역할과 그들이 실질적으로 직면하는 문제를 해결해 나가는 일련의 과정을 말한다. 최근 이러한 관점은 상당한 설득력을 얻고 있다.

넷째, 현상적 측면에서 프로그램 개발이란 학습자의 성장과 발달에 유용한 지식, 정보, 기술을 합리적으로 설정하고 조직하여 유형화시키는 일련의 과정을 프로그램 개발이라 한다.

이러한 청소년활동지도 프로그램을 개발하는 절차에는 어떤 공통적인 고정

불변의 형태가 있는 것은 아니다. 청소년활동지도 프로그램은 그 형태가 다양하고 범위가 넓을 뿐만 아니라, 프로그램 개발 자체가 창의적인 활동이기 때문에 청소년활동지도 프로그램 개발의 절차는 프로그램의 목적, 성격, 유형 등 여러 가지 조건에 따라 개발자에 의해 다르게 선택될 수 있다. 그러므로 청소년활동지도 프로그램 개발의 획일적인 절차나 단계를 제시하기가 힘들다.

프로그램 개발의 과정은 학자마다 다양하게 구분되고 있으나, 일반적으로 고려해야 할 개발 절차는 계획, 설계, 실행, 평가의 네 단계로 설정할 수 있다.

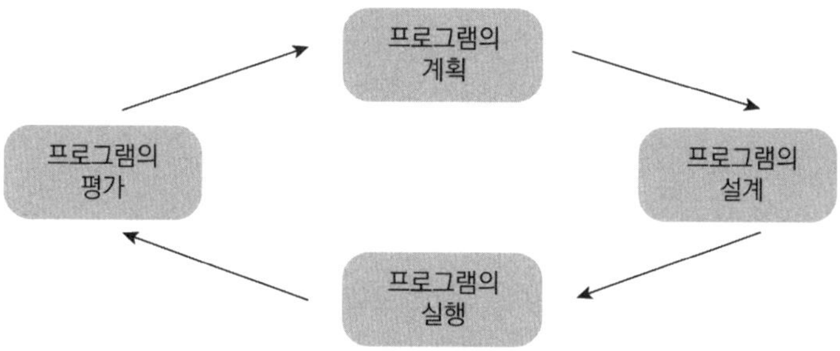

| 그림 7-1 | **프로그램 개발과정**

2) 프로그램 개발과정

(1) 프로그램 계획단계

계획단계는 청소년들의 건전한 성장 발달을 위해 가치 있고 바람직하다고 인정되는 청소년활동을 선택하여 그 프로그램의 개발 여부를 결정하는 의사결정의 과정이다. 즉, 어떠한 프로그램을 개발할 것인가를 사전에 결정하는 과정이다. 개발하고자 하는 청소년활동의 목적과 그 목적을 달성하기 위해 수행관리되어야 할 활동들을 예상하여 장래에 취할 행동을 위한 체계적 결정들을 미리 준비하게 된다.

수행관리란 정기적으로 직원의 의견을 듣고, 목표로 설정한 측정 영역에 따라 실제 수행을 추적하며, 하위체제에 관련된 수행정보들을 획득하는 것 외에도 목표를 벗어날 경우 적절한 조치를 하고, 목표를 다시 설정하여 조직이 내적·외적 환경에 지속해서 적응할 수 있도록 하는 과정이다(Rummler et al., 1995).

그러므로 이 단계는 더 나은 프로그램을 개발하기 위한 수단으로써 프로그램 개발의 선행요건이 되며, 장래에 전개될 프로그램 개발 노선을 좌우하게 되는 중요한 과정이 된다. 프로그램 개발은 창조성, 현실성, 논리성이라는 요소에 충실할 때 더 좋은 프로그램을 기대할 수 있다(김진화, 2002).

첫째, 창조성은 프로그램 내용과 방법의 혁신성 및 독특성과 관계된다. 프로그램의 내용과 방법의 혁신성이란 볼 때마다 새롭고 참신해야 함을 의미하며, 독특성이란 프로그램의 내용과 방법이 다른 기관의 프로그램과 비교하여 독특한 차별성이 있어야 함을 의미한다.

둘째, 현실성은 계획된 결과물(내용)의 실현 가능성 차원을 말한다. 무슨 계획이든지 그 결과가 주어진 자원과 여건을 고려할 때 실현 가능한 것이어야 할 것이다. 아무리 좋은 내용이라 할지라도 실현할 수 없는 계획내용은 가치가 없다.

셋째, 논리성은 계획행위의 체계성과 합리성 차원을 말한다. 프로그램 계획이 주먹구구식으로 이루어지는 것은 좋은 결과를 기대할 수 없을 뿐만 아니라 더 이상 전문적인 활동으로 인정받을 수 없으며, 논리성이 없는 프로그램의 결과는 프로그램에 대한 불신을 초래하게 된다.

청소년지도자들이 청소년들에게 필요하고 적합한 교육과정을 설정하고, 이것을 토대로 청소년지도 현장에서 효과적으로 실천해 나갈 수 있는 프로그램이 개발될 때 비로소 청소년지도의 효과성과 유효성이 인정받을 수 있을 것이다(김진화, 2002).

(2) 프로그램 설계단계

프로그램 설계단계는 기획단계에서 확인된 교육적 요구와 필요를 기초로 프로그램 내용과 방법을 선정하고, 조직하는 과정을 말한다. 프로그램 설계의 과정으로는 해당 기관이나 단체가 추구하는 이념에 맞추어 구체적인 프로그램의 목표를 설정하고, 그것을 실행하기 위한 프로그램 내용을 선정, 이를 효과적으로 전달할 방법을 선택, 구체적인 프로그램 지도안을 구성한다. 프로그램 설계 시 거쳐야 할 질문들을 정리하면 다음과 같다. 첫째, 해당 청소년기관이나 단체가 추구하는 프로그램 목표는 무엇인가? 둘째, 프로그램 목표를 추구하기 위하여 제공될 수 있는 교육적 경험은 무엇인가? 셋째, 이들 교육적 경험들은 어떻게 효과적으로 조직될 수 있나? 넷째, 프로그램 목표의 달성 여부는 어떻게 평가될 수 있나? 등의 질문을 통해서 프로그램 설계를 살펴볼 수 있다.

프로그램 설계 시 유의점으로는 참가대상이 같은 청소년이라고 하더라도 성별, 연령, 지역, 사회계층, 교육적 배경 등 가지고 있는 속성이 다르므로 프로그램 대상 집단 내의 청소년의 속성과 특성을 구체적으로 파악해야 한다. 참가자 분석 시 고려해야 할 사항들로는 첫째, 참가자의 생물학적 특성분석(연령, 성별 등), 둘째, 참가자의 교육적 배경분석(참가자의 교육 수준, 선행지식, 선행경험 등), 셋째, 참가자의 정의적 특성(태도, 가치, 신념, 흥미, 선호도 등으로 학습에 대한 동기, 불안감 학습유형 등과 관련됨), 넷째, 참가자의 지각 및 운동적 특성분석 등이 고려되어야 한다(권일남 외, 2010).

(3) 프로그램 실행단계

실행단계는 사전에 계획되고 설계된 프로그램을 실제로 실현해서 목표를 달성해 가는 구체적인 활동 과정이다. 즉, 프로그램 활동을 지원 · 촉진 · 안내하고 그와 관련된 환경을 조성해 주는 전략으로 개념화한다는 것을 의미한다. 구체적으로 프로그램 실행의 본질적 의미를 살펴보면 다음과 같다(권일남 외, 2010).

첫째, 프로그램 실행에 있어서 지도자는 프로그램의 장을 하나의 '공동체'로 형성할 수 있도록 하고, 그를 통해 프로그램의 참여를 촉진할 수 있을 때 효과가 극대화될 수 있다.

둘째, 프로그램 실행은 참여자들의 참여활동을 지도하고, 도와주고, 촉진하고, 활동동기를 유발함으로써 궁극적으로 참여자들의 성장과 발달을 촉진한다.

셋째, 프로그램의 실행은 특정 지식의 습득만이 아니라 그 활동이 어떠한 것이든 생활 기능상의 제영역과 관련된 행동양식 습득에 적극적으로 기여해야 한다.

넷째, 프로그램 활동은 그 참여 동기의 다양성, 대상의 광범위성, 참여자의 능력 및 경험수준의 이질성 등이 있으므로, 다양한 방법들이 함께 어우러질 때 큰 효과를 얻을 수 있다.

다섯째, 삶의 본질적 의미를 발견하는 기제로써 참여자들의 프로그램 활동은 지도하는 일과 배우는 일이 하나의 공존인 것이며, 하나의 과정으로 이해되어야 한다.

여섯째, 지도하고 가르친다는 것은 하나의 과학이며, 기예(art)이다.

(4) 프로그램 평가단계

프로그램 개발의 마지막 단계로 계획된 프로그램을 실행한 이후 계획과 실행결과를 비교하여 프로그램 개발의 결과를 알고 그 의미를 부여하는 과정이다. 평가단계에서는 프로그램 개발의 전 과정을 체계적으로 분석하여 종합하여 프로그램 개발의 타당성과 효율성을 평가하여 차후 프로그램의 개발 방향을 진단하는 사후 총괄 평가과정에 해당한다(배호순, 2003).

청소년지도 활동은 지도목적이나 내용도 중요하지만, 청소년들에게 만족스럽고 의미 있는 지도활동이 보장되도록 하는 것이 무엇보다 중요하다. 청소년지도의 과정을 투입-과정-산출 패러다임으로 생각할 때, 투입에서 청소년들의 욕구를 분석하고 지도 장면과 상황을 파악하는 등의 평가활동과 산출에서 목표달성도를 확인하는 평가활동도 이루어져야 하겠지만, 이와 더불어 청소년들이 지도 프로그램을 수행하는 과정에서 그들의 태도, 즉 주의집중 여부와 실생활에 대한 적용성, 자신감, 만족도를 계속해서 점검해 나가는 평가활동은 다음 프로그램의 질적 개선은 물론이고 현행 프로그램의 진행을 보다 의미 있게 개선해 나갈 것이다.

08
Chapter

청소년수련활동 지도방법

1. 청소년수련활동의 개념과 중요성

1) 청소년수련활동의 개념

청소년 수련활동이란 청소년기에 성인이 되기 위한 적응요령과 방법을 깨우치는 준비단계이면서 총체적인 체험학습이다. 더불어 산다는 인간관계의 소중함과 의미를 깨닫게 하며, 동시에 사회성을 배운다. 학교교육 외에 다양한 청소년활동에 참여함으로써 심신을 단련하고 대인관계를 형성하고 공동체 의식과 정서를 함양하며 가치관을 형성하는 중요한 시기이다. 또한 청소년의 긍정적인 발달을 위해서는 이타적 행동과 공동의 목표를 추구하고자 하는 사회적 책임감과 조화를 이루는 것이 요구된다(김효선, 2013). 다양한 청소년활동 중 청소년 수련활동은 청소년 스스로가 자신이 원하는 체험기회에 참여함으로써 경험의 내적 강화를 이루게 되고 자신이 집단 속에서 해야 할 역할과 참여의 위치 등을 스스로 정함으로써 내적 동기화를 유발하는 데 매우 효과적이다(권일남 외, 2010). 따라서 청소년수련활동은 신체강건, 의식강화, 정서적 안녕감, 창의성 계발이라는 네 가지 요소가 상호 균형적인 상태로 개인에게 작용하면서 의미 있는 상태로 개인의 역량을 키워나가는 중요한 역할을 한다. 성장 급등기에 있는 청소년의 건강한 신체적 성장은 물론 청소년들이 가정이나 학교에서 체험하기 어려운 다양한 성장경험을 보충하여 그들의 감성 및 사회성 개발을 위한 여건을 제공해 준다. 즉 청소년들이 또래집단의 자유로운 분위기 속에서 타인의 감정에 대한 인식과 대응, 자신의 감정 조절과 통제 등을 위한 감성적 능력을 발달시켜 나갈 수 있도록 돕는다.

청소년수련활동의 개념은 우리나라 「청소년기본법」과 「청소년활동진흥법」에 의해 규정되어 있다. 「청소년기본법」은 청소년활동이 청소년의 균형 있는 성장을 위하여 필요한 활동과 이러한 활동을 소재로 하는 수련활동, 교류활동, 문화

활동 등 다양한 형태의 활동으로 명시되어 있다. 「청소년활동진흥법」에서는 청소년 수련활동을 "청소년이 청소년활동에 자발적으로 참여하여 청소년 시기에 필요한 기량과 품성을 함양하는 교육적 활동으로서 「청소년기본법」에 따른 청소년지도자와 함께 청소년 수련거리에 참여하여 배움을 실천하는 체험활동"으로 정의하고 있다. 「청소년활동진흥법」은 청소년활동을 정책적으로 지원하고 보장하기 위한 법률적 조항을 강화하여 "청소년활동"은 수련활동의 영역을 우선으로 하여 다른 활동 영역까지를 포괄하는 확장된 개념을 가지게 되었다. 이러한 청소년 수련활동의 개념은 구체적인 청소년의 현장에서 발생된 개념이 아닌 정책적인 개념으로부터 시작되어 현장으로 파급된 형태로 추상성을 강하게 띠고 있으며, 학자마다 개념을 정립하는 데 다른 견해를 보인다(김호순 외, 2006).

권일남과 김성수는 "청소년들이 학교교육이라는 한정된 영역을 벗어나 더욱 자연과 가까운 곳에서 집단활동을 통해 자아의식 개발과 집단의식의 함양에 도움을 줄 수 있는 자아개발, 야외수련, 문화권 활동, 전통놀이 수련 등의 활동을 기획에서부터 실천, 평가에 이르기까지 청소년 스스로 적용하여 자신의 건전한 시민성 함양을 꾀할 수 있는 제반활동의 종합"이라고 하였고 조영승은 "청소년들이 조화로운 인격체를 형성하기 위하여 자발적으로 공동체를 구성하고, 생활권이나 자연권 속에 마련된 수련터전의 수련거리에 참여하여 청소년지도사의 도움을 받아 심신단련 · 자질배양 · 취미개발 · 정서함양 · 봉사활동 등 배움을 실천하는 전문적 · 의도적 · 집단적 · 체계적 체험활동"이라고 하였다(조영승, 2002; 권일남 외, 1994).

김상미와 남진열은 "청소년들이 균형적 사고를 갖도록 체험과 경험을 확대해 주는 것이자 청소년육성법과 「청소년기본법」을 모태로 제도권 내의 학습과정에 도입해 청소년들이 학교와 일상생활에서 경험하지 못한 다양한 경험적 가치를 안착시켜 개인 스스로 역량을 갖춰주고자 하는 노력"이라고 하였고, 김창현은 "정의적 영역의 바람직한 인격형성을 위한 가치관 교육이자 인성교육으로 학교교육의 약점을 보완하며, 청소년들에게 도전정신, 극기심, 자신감 배양, 남을 위하고 배려하는 인간다운 인간을 길러주는 교육적인 활동"으로 정의하였다(김창현 외, 2016; 김상미 외, 2013).

또한 청소년 수련활동에 대한 개념 정의를 크게 교육학적 접근, 심리학적 접근, 사회학적 접근의 학문적 접근방법과 정책적 접근방법으로 분류하기도 한다(문성호 외, 2016; 김호순, 2004).

| 표 8-1 | 학문적 접근방법과 정책적 접근에 따른 청소년수련활동의 개념 정의

접근방법		개념
학문적 접근	교육학적 접근	기본적인 생활습관을 몸에 익히도록 하여 공동생활의 태도를 배우고 교우관계를 확대하며 청소년의 자주성을 향상시키는 목적을 갖는 행동
	심리학적 접근	행동학습의 측면에서 기본적으로 바람직한 행동 특성을 육성하는 동시에 바람직하지 않은 행동을 감소시키는 행동
	사회학적 접근	청소년의 성장이나 발달이 중요한 사회화 과정을 제공하며 자아정체성의 확보에 기여하는 활동
정책적 접근		「청소년기본법」 제3조 제3항 및 동법 시행령 제3조 ① 문화적 감성을 함양하기 위한 수련활동 ② 과학 및 정보화 능력을 함양하기 위한 수련활동 ③ 봉사와 협력 정신을 위한 수련활동 ④ 모험심과 개척 정신을 키울 수 있는 수련활동 ⑤ 전문적 직업능력을 준비할 수 있는 수련활동 ⑥ 국제적 감각을 준비할 수 있는 수련활동 ⑦ 환경의식을 함양하기 위한 수련활동 ⑧ 기타 청소년의 건전한 육성에 필요한 수련활동

결론적으로 청소년수련활동이란 청소년이 자발적으로 청소년활동에 참여하여 청소년기에 필요한 기량과 품성을 함양하는 교육적 활동으로서 청소년지도자와 함께 청소년 수련거리에 참여하여 배움을 실천하는 체험활동이라 할 수 있다(청소년활동진흥법 제2조).

2) 청소년수련활동의 중요성

청소년수련활동은 청소년들에게 자연을 직접 보고 느끼며 경험하게 함으로써 자연 탐사 및 탐색의 기회를 제공해 준다. 그리고 청소년들이 일상의 긴장과 스트레스에서 탈피하여 건강한 자아의식을 함양하도록 하며, 집단활동을 통한 연대와 단결을 강화하여 인간관계를 개선한다. 또한 어려움과 힘든 체험을 이겨냄으로써 자신감과 극기의 능력을 제고하는 데 큰 긍정적인 영향을 미친다. 이처럼 청소년수련활동은 청소년 스스로가 자신이 원하는 체험기회에 참여함으로써 경험의 내적 강화를 이루게 되고 자신이 집단 속에서 해야 할 역할과 참여의 위치 등을 스스로 정함으로써 내적 동기화를 유발하는 데 매우 효과적이라 할 수 있으며(권일남 외, 2010), 이러한 이유로 청소년수련활동에 대한 필요성을 다음과 같이 제시하였다(오윤선 외, 2024).

첫째, 다양한 청소년들의 욕구 충족이다. 청소년수련활동은 청소년기의 급격한 신체적 변화와 발달로 인한 심리적 혼란과 정신적 불안정감을 극복하고 자아정체감을 발견하는 계기가 될 수 있는 활동이다. 따라서 새로운 가치관을 정립하고 심리적 안정감을 발현할 수 있도록 다양한 청소년들의 요구를 충족시켜 줄 필요가 있다.

둘째, 건전한 인간 특성의 육성이다. 청소년들은 새로운 것을 직접 보고 느끼는 과정을 통해 새로운 자아를 탐색하고, 자신들의 내면에 존재하는 능력을 개발한다. 그들만의 건전한 인간 특성에 대한 의미를 더욱 확연히 드러내고, 어려움을 극복하면서 건전한 인간 특성을 기를 수 있게 된다.

셋째, 대안적 교육활동이다. 수련활동과 같은 체험교육이 중요한 이유는 지식 위주의 획일적 교육에서 벗어나 자신들이 처해 있는 여러 사회적 상황에서 문제해결을 위한 대안적 교육활동으로서 의미가 있다.

넷째, 바람직한 사회구성원으로서의 성장이다. 청소년들이 보다 나은 인격을 연마하고 그들이 바람직한 사회구성원으로 성장할 수 있도록 청소년들의 자발적 참여를 통해 심신을 단련하고 자질을 개발하여 배움을 실천하는 수련활동의 기회가 필요하다.

퍼킨스 등(Perkins & Miller)은 청소년수련활동의 가치를 열네 가지 장점 요소로 제시하였는데, 다음과 같다(Perkins et al., 1994).

| 표 8-2 | 청소년 수련활동의 가치

장점	장점요소	장점의 정의
교육적 몰입	1. 성취동기	학교에서 본래 학생에 부여된 역할수행 능력의 제고
	2. 교육적 열정	학업수행 이후의 상급학교 진학에 대한 열정과 역량의 제고
	3. 학습수행 능력	평균 이상의 학업능력 향상에 대한 역량 강화
	4. 과제수행 능력	주당 6시간 이상의 과제수행 능력 제고
적극적 가치	5. 인간관계 개선	타인을 돕는 개인적 가치능력 함양
	6. 타인에 대한 도움	세계의 기아에 허덕이는 타인을 돕는 능력 제고
	7. 사람과의 친화력	타인과의 조력을 강화하는 능력
	8. 성적 제어력	성적 활동을 스스로 제어하는 능력
사회적 능력	9. 주창능력	자신이 믿는 사항에 대한 표현능력
	10. 의사결정 능력	자신 스스로 좋은 의사결정을 할 수 있는 능력
	11. 교우관계 능력	좋은 친구를 만들 수 있는 능력
	12. 기획능력	좋은 계획을 만들 수 있는 능력
	13. 자아존중감	상위의 자아존중감을 갖는 능력
	14. 자신의 미래에 대한 적극적 사고	자신의 미래에 긍정적 가치를 갖는 능력

출처: Perkins, et al. (1994). Presenting Key Concepts on Youth Development.

청소년수련활동은 건전한 여가 활용의 기회 제공과 공동체 놀이를 통한 청소년문화 형성, 삶의 재충전, 자연 속에서 행하는 야외교육과 전인교육을 통한 인간성 회복, 열린 사회교육의 추구 등의 측면에서 청소년들에게 필요하며, 폭넓은 체험을 통해 잠재된 자기 능력을 발견·계발하고 창조하는 능력을 함양하게 하는 수단이라고도 볼 수 있다(권일남 외, 1998). 또한 청소년의 가치를 확립할 수 있는 길을 만들어 주며, 자신이 누구인가에 대하여 능동적으로 자아를 찾아낼 수 있는 수련을 도와주고, 특히 의지력, 협동심, 인내심, 집중력, 예절 등을 교육하고 수련하기 위해 청소년수련활동은 중요한 역할로 필요성이 확대되고 있다(조영범, 2018).

청소년수련활동은 가족, 학교, 사회적응에 있어서 중대한 변화가 일어나는 정서적 격동기로 미래를 준비하는 청소년이 다양한 집단활동을 통해서 사회화 과정을 습득해 나가면서 새로운 인간관계를 맺는 등 건강한 인성 계발과 정신건강을 도모함으로 위기나 문제에 빠질 가능성을 줄어들게 한다(김소희, 2007). 그러므로 청소년수련활동은 청소년들의 자아인지를 확대하는 수단으로 자연이라는 야외 환경에서 경험을 통해 개인과 집단의 욕구를 충족해 주며, 청소년의 전인적인 발달과 성장을 위해 매우 중요하다(김정국, 2002).

2. 청소년수련활동의 특성

청소년수련활동은 사회적응력 강화, 학교교육 보완, 청소년기의 문제행동 해결, 건전한 사회인으로 성장시킬 수 있는 창의적인 교육방법이다. 이러한 청소년수련활동은 다음과 같은 특성을 제시하였다(노혁, 2007).

첫째, 청소년수련활동은 집단 경험적 활동으로 두 사람 이상의 상호작용을 통하여 정서적 유대, 지위와 역할, 가치와 규범 등의 인간관계의 다양한 형태가 나타나는 집단활동이다.

둘째, 청소년수련활동은 교육적 활동으로 단순히 여가선용을 위한 놀이활동이 아니라 청소년기의 역량과 품성을 함양하는 교육적 목적과 이념을 구현하는 활동이다.

셋째, 청소년수련활동은 자발적 활동으로 청소년 참가자 스스로가 자신의 활동 여부를 선택할 수 있다.

넷째, 청소년수련활동은 체험적 수련활동으로 청소년이 실제로 보고, 듣고, 느끼고, 만지고, 활동함으로써 지금까지 경험해 보지 않은 일을 새롭게 실행해 보고 자연체험의 기회가 적은 도시 청소년들에게는 의도적으로 자연환경과의 만남의 장을 제공한다.

다섯째, 청소년수련활동은 창의적인 활동으로 수련활동의 창의성은 체험적 수련활동 자체가 지닌 가변성과 긍정적인 우발적 행동을 드러내고 청소년 각자의 반성적 사고를 통해 활동 프로그램을 해석함으로써 새로운 활동 형태와 경험을 창출한다.

이와 같은 특성을 가진 청소년수련활동을 통해 청소년은 자연과 사회의 현상을 이해하고 인간 상호 간의 이해와 관계의 개선을 도모할 수 있으며 더욱 폭넓은 체험을 통해 잠재된 자기 능력을 발견하고 계발하고 창조하는 능력을 함양할 수 있다.

3. 청소년수련시설과 활동인증제

1) 청소년수련시설의 개념

청소년수련시설은 대표적인 수련활동 장소로서 청소년수련활동을 위해 필요한 시설, 설비, 프로그램 등을 갖추고 청소년지도자의 지도 아래 체계적이고 조직적인 수련활동을 하도록 설치된 시설로써 청소년들이 대자연 속에서 심신을 단련하고 호연지기와 진취적 기상을 기르거나 일상생활 속에서 자질배양, 정서함양, 취미 계발 등 잠재력 계발을 통하여 민주적이고 진취적인 사고를 지닌 바람직한 인간상으로 성장시키는 데 목적이 있다. 청소년수련시설은 단순히 외형적인 공간이나 건물을 지칭하는 것이 아니라 그 안에 운영되는 체험활동(혹은 수련거리)과 지도자를 포괄하는 개념이라 할 수 있다.

청소년기본법에서는 청소년수련시설을 생활권수련시설(청소년수련관과 청소년문화의집), 자연권수련시설(청소년수련원, 청소년야영장) 그리고 유스호스텔로 구분하였으나 2005년 새로 제정된 「청소년활동진흥법」에 따라 현재는 청소년수련시설과 청소년이용시설로 구분한다. 청소년수련시설은 청소년들이 여가, 놀이 및 문화예술 활동에 필요한 여러 시설, 설비, 프로그램 등을 갖추고 청소년지도자의 지도 아래 체계적이고 조직적인 체험적 수련활동을 하는 시설을 의미한다.

청소년수련시설은 수련활동의 종류와 기능, 수련시설이 소재하고 있는 입지적 여건 등에 따라 여섯 가지로 구분된다(오윤선 외, 2024; 신성철 외, 2023).

첫째, 청소년수련관은 다양한 청소년수련거리를 실시할 수 있는 각종 시설 및 설비를 갖춘 종합수련시설이다. 이 시설은 일상 생활권 안에서 행하는 활동을 목적으로 도보나 대중교통으로 쉽게 접근할 수 있도록 주택가 도심지 또는 도심지 근교에 설치되며, 각종 취미활동, 문화활동, 체육활동 등 청소년의 다양한 활동에 제공되는 시설을 말한다. 청소년수련관을 이용하는 청소년들은 인근 지역의 청소년이며, 개인이 시설을 이용하거나 시설에서 실시하는 프로그램이나 행사에 참여하고 있으며, 지역사회 청소년들의 모임이나 동아리 활동, 클럽 활동 장소로 활용하고 있다.

둘째, 청소년수련원은 숙박기능을 갖춘 생활관과 다양한 청소년수련거리를 실시할 수 있는 각종 시설과 설비를 갖춘 종합수련시설이다. 주로 자연과 더불어 행하는 체험활동이 목적으로 청소년들의 협동심을 배양하고 공동체의식을 개발하며, 학교교육과 연계하여 야외에서 실시되는 인성계발의 장이라고 할 수 있다. 1박 2일 이상의 기간 동안 학교단위의 단체적인 대단위 수련활동이 이뤄

지고 있으나, 학급단위의 소규모 활동 또는 선택형 프로그램이 실시되는 시설로 체류할 수 있는 생활공간 또는 야영지가 필요하며, 일상생활과는 격리된 지역에서 주로 숙박형 프로그램을 실시한다.

셋째, 청소년문화의집은 간단한 청소년수련활동을 실시할 수 있는 시설 및 설비를 갖춘 정보, 문화, 예술 중심의 수련시설이다. 이 시설은 읍·면·동 단위 이상의 생활권 중심에 위치하고 있는 소규모의 활동공간에서 시간 단위의 프로그램 또는 여가활동을 한다.

넷째, 청소년특화시설은 청소년의 직업체험, 문화예술, 과학정보, 환경 등 특정 목적의 청소년활동을 전문적으로 실시할 수 있는 시설과 설비를 갖춘 수련시설이다. 도시권에 위치하고 있으며 전문 분야의 단위 프로그램이 실시되는 곳이다.

다섯째, 청소년야영장은 야영에 적합한 시설 및 설비를 갖추고 청소년수련거리 또는 야영 편의를 제공하는 수련시설이다. 이 시설은 야영 및 집회에 필요한 기본시설을 갖추고 있으며 공원 인근이나 산악지대에 설치되어 있다.

여섯째, 유스호스텔은 청소년의 숙박 및 체류에 적합한 시설·설비와 부대·편익시설을 갖추고, 숙식 편의 제공, 여행 청소년의 활동지원을 기능으로 하는 시설이다. 세계적으로 유스호스텔 연맹에 가입된 청소년 및 일반인의 사용이 가능하며, 독일에서 시작된 유스호스텔 운동이 한국에서는 1967년에 시작되어 오늘에 이르고 있으나, 외국의 시설과는 다르게 개인적인 여행 청소년의 이용보다는 학교에서 단체로 이용되고 있는 실정이다. 일종의 청소년 전용 숙박시설로 도시권에 근접해 있거나 공원 지역에 설치되어 있다.

청소년이용시설은 청소년들이 학교나 가정을 벗어나 여가시간을 활용하여 정서함양을 할 수 있는 공간으로 그 설치목적의 범위에서 청소년활동의 실시와 청소년의 건전한 활동을 위한 프로그램을 제공할 수 있는 곳이다. 청소년이용시설은 문화예술시설, 공공 체육시설, 기타 청소년이용시설로 구분할 수 있으며, 자세한 내용은 다음과 같다(신성철 외, 2023).

첫째, 문화예술시설은 청소년들이 학교나 근로현장을 벗어나 여가시간을 활용하여 이용할 수 있는 문화공간으로 공연시설, 전시시설, 지역문화 복지시설, 문화보급 전수시설, 도서관 등으로 분류하고 있다.

둘째, 공공체육시설은 국민의 건전한 여가선용과 생활체육활동을 증진하기 위하여 집 주변에서 쉽게 접근할 수 있는 생활체육시설과 전문선수의 육성을 위한 전문체육시설 등으로 구분하고 있다.

셋째, 기타 청소년이용시설로는 국립중앙과학관, 국립서울과학관, 관광지, 독립기념관, 자연공원 등으로 분류하고 있다.

| 표 8-3 | 청소년수련시설 및 이용시설

구분		내용
청소년수련시설	청소년 수련관	다양한 청소년 수련거리를 실시할 수 있는 각종 시설 및 설비를 갖춘 종합수련시설
	청소년 수련원	숙박기능을 갖춘 생활관과 다양한 청소년 수련거리를 실시할 수 있는 각종 시설과 설비를 갖춘 종합수련시설
	청소년 문화의집	간단한 청소년 수련활동을 실시할 수 있는 시설 및 설비를 갖춘 정보·문화·예술 중심의 수련시설
	청소년 특화시설	청소년의 직업체험, 문화예술, 과학정보, 환경 등 특정 목적의 청소년활동을 전문적으로 실시할 수 있는 시설과 설비를 갖춘 수련시설
	청소년 야영장	야영에 적합한 시설 및 설비를 갖추고, 청소년 수련거리 또는 야영편의를 제공하는 수련시설
	유스 호스텔	청소년의 숙박 및 체류에 적합한 시설·설비와 부대·편익시설을 갖추고, 숙식편의 제공, 여행청소년의 활동지원(청소년 수련활동지원은 제11조에 따라 허가된 시설·설비의 범위에 한정)을 기능으로 하는 시설
청소년이용시설		수련시설이 아닌 시설로서 그 설치 목적의 범위에서 청소년활동의 실시와 청소년의 건전한 이용 등에 제공할 수 있는 시설

한편, 「청소년활동진흥법」 제18조에서 수련시설의 운영대표자는 시설에 대하여 정기 안전점검 및 수시 안전점검을 실시하여야 함을 의무화하고 있고, 또한 수련시설의 운영대표자는 정기 안전점검 및 수시 안전점검을 실시한 후 그

결과를 특별자치시장 · 특별자치도지사 · 시장 · 군수 · 구청장에게 제출하여야 한다고 규정하고 있다.

동법 시행령에서, 여성가족부장관 또는 시장 · 군수 · 구청장이 법 제18조의3 제1항에 따른 수련시설에 대한 종합 안전 · 위생 점검을 2년마다 1회 이상 실시하여야 함을 규정하고 있고, 이때 여성가족부장관은 수련시설의 종합 안전 · 위생 점검을 위하여 필요한 경우 시장 · 군수 · 구청장과 합동으로 이에 따른 종합 안전 · 위생 점검을 실시할 수 있다는 것으로 규정하고 있어 수련시설의 안전 위생 점검을 중요시하고 있음을 알 수 있다. 또한 시설의 운영대표자는 그 종사자에 대하여 연 1회 이상 수련시설의 운영 안전 위생 등에 관한 교육을 실시하여야 함을 의무화하고 있다(신성철 외, 2023).

2) 청소년수련활동 인증제

(1) 청소년수련활동 인증제도의 개념 및 목적

청소년수련활동 인증제도는 다양한 청소년활동에 수련활동이 갖는 일정 기준 이상의 형식적 요건과 질적 특성을 갖춘 청소년 활동이 정당한 절차로 성립되었음을 공적기관에 의해 증명하는 제도이다(청소년활동진흥법 제35조). 즉, 청소년이 안전하고 유익한 청소년활동에 참여할 수 있도록 일정기준에 따라 심사하여 프로그램을 인증하는 국가인증제도이다.

청소년수련활동이 청소년의 균형 있는 성장에 기여할 수 있도록 수련활동의 내용과 수준을 향상시키기 위하여 2006년 3월부터 도입하였으며 사회적 · 정책적 요구를 수용하여 청소년수련활동이 국민으로부터 안전하고, 신뢰받을 수 있는 환경에서 운영될 수 있도록 청소년수련활동인증제도를 시행하고 있다.

| 그림 8-1 | 청소년수련활동인증제의 운영체계

출처: 한국청소년활동진흥원. (2024). youth.go.kr

안전을 확보해야 하는 활동이나 일정 규모 이상의 활동은 인증기준에 맞추어 인증을 신청하고 모든 활동은 전문인력을 배치함으로써 위험요소를 최소화하고 안전한 활동환경을 마련하고자 함에 그 취지가 있다. 한국청소년활동진흥원은 청소년수련활동인증제 운영목적을 다음과 같이 제시하고 있다(오윤선 외, 2024).

첫째, 국가가 청소년 수련활동의 공공성과 신뢰성을 인증함으로써 청소년활동정책의 실효성을 제고함으로 건전한 청소년 활동 선택의 장을 조성하고 청소년 활동 전반에 대한 국민적 신뢰를 확보한다.

둘째, 청소년의 교육·사회적 환경 변화에 따른 양질의 청소년활동정책과 참여 기회를 제공함으로 청소년이 안전하고 유익한 활동을 선택하여 참여할 수 있도록 양질의 프로그램을 제공한다.

셋째, 다양한 청소년활동 정보 제공 및 청소년활동 참여를 활성화한다. 즉, 청소년에게 안전하고 질적 수준이 담보된 다양한 청소년 활동 정보를 제공한다.

넷째, 참여한 활동내용을 국가가 기록, 유지, 관리하여 자기 계발과 진로 모색에 활용하도록 제공한다.

(2) 청소년수련활동 인증제도의 특징

청소년수련활동 인증제도의 주요 특징으로는 사전인증, 서면인증, 프로그램 인증이 있다.

첫째, 사전인증이란 프로그램을 시행하고자 하는 기관이나 단체는 참가자를 모집하기 전에 프로그램 인증을 받는 것이다. 의무적으로 인증을 신청해야 하는 대상으로는 청소년 참가 인원이 150명 이상인 수련활동과 다음 **표 8-4**와 같이 위험도가 높은 청소년수련활동일 경우이다. 단순 체험(견학) 활동, 단순 기능 습득을 위한 훈련 내지 강좌, 운영시간 최소기준 미충족 활동(최소 2시간), 그리고 불특정 다수를 대상으로 하는 행사나 축제는 인증신청에서 제외된다.

| 표 8-4 | 위험도가 높은 수련활동

구분	프로그램명
수상활동	래프팅, 모터보트, 동력요트, 수상오토바이, 고무보트, 수중스쿠터, 호버크래프트, 수상스키, 조정, 카약, 카누, 수상자전거, 서프보트, 스킨스쿠버
항공활동	패러글라이딩, 행글라이딩
산악활동	크라이밍(자연암벽, 빙벽), 산악스키, 야간등산(4시간 이상의 경우만 해당한다)
장거리 걷기 활동	10km 이상 도보 이동
그 밖의 활동	유해성 물질(발화성, 부식성, 독성 또는 활경유해성 등), 집라인(zip-line), ATV, 탑승 등 사고위험이 높은 물질, 기구, 장비 등을 활용하여 이루어지는 청소년수련활동

출처: 「청소년활동진흥법」 시행규칙. (2024). www.law.go.kr

둘째, 서면인증이란 인증을 신청하려는 자가 관련 자료를 서면으로 작성하여 제출하는 것을 의미한다. 인증신청 시기는 활동 개시 45일 이전으로 기준별 증빙서류를 구비하여 접수해야 한다. 각 영역별 인증기준은 공통기준과 개별기준으로 나누고 공통기준은 활동 프로그램, 지도력, 활동환경 등 세 가지 영역, 개별기준은 숙박형과 이동형으로 구성되어 있으며 특별기준은 위험도가 높은 활동, 학교단체숙박형, 비대면 방식 실시간 쌍방향, 비대면 방식 콘텐츠 활용중심, 비대면 방식 과제수행중심으로 구성되어 있다. 공통기준 중 활동 프로그램에서는 청소년의 발달 특성과 욕구를 반영한 프로그램 개발 및 평가체제 마련, 자원의 효율적인 운영계획 수립 등을 확인한다. 지도력에서는 프로그램 운영 및 관리에 적합한 지도자 선정, 지도자의 역할과 청소년 참여 인원수 대비 지도자 배치, 안전고려활동에 있어 유자격자 배치 등을 확인한다. 활동환경에서는 청소년들에게 안전하고 적합한 활동환경의 제공을 위한 공간과 설비, 사용 여건, 보험가입 등의 계획 수립을 확인한다.

셋째, 프로그램 인증은 각 기관이 기관에서 운영하는 프로그램을 개별적으로 인증받아야 한다는 의미이다. 프로그램을 인증받았다는 것은 개별 프로그램에 대한 인정일 뿐 기관 전체에 대한 인증을 의미하는 것은 아니다. 인증기준별 구성항목은 아래와 같다.

| 표 8-5 | 인증 기준별 구성항목

구분			인증기준	
공통기준	활동 프로그램		1. 프로그램 구성 2. 프로그램 자원 운영	
	지도력		3. 지도자 전문성 확보 계획 4. 지도자 역할 및 배치	
	활동환경		5. 공간과 설비의 확보 및 관리 6. 안전관리 계획	
개별기준	활동 유형	숙박형	1. 숙박관리 3. 영양관리자 자격	2. 안전관리인력확보
		이동형	1. 숙박관리 3. 영양관리자 자격 5. 휴식관리	2. 안전관리인력확보 4. 이동관리
특별기준	위험도가 높은 활동		1. 전문지도자의 배치 2. 공간과 설비의 법령 준수	

	학교단체 숙박형	1. 학교단체 숙박형 활동 관리
	비대면식 실시간 쌍방향	1. 실시간 쌍방향 활동 운영 및 관리
	비대면식 콘텐츠 활용중심	1. 콘텐츠 활용중심 활동 운영 및 관리
	비대면식 과제수행중심	1. 과제수행중심 활동 운영 및 관리

출처: 한국청소년활동진흥원. (2024). youth.go.kr

4. 청소년수련활동 지도내용

학교와 수련기관은 수련활동의 내용이 효과적으로 운영되도록 적정한 수련 프로그램을 작성하고, 수련활동 기간 중의 활동과 사전 교육 및 사후 지도에서도 교육 목표의 달성을 위한 교육활동이 진행되어야 한다. 특히 수련활동은 수요자 중심의 방법을 중시하고 민주적이고 자율적인 협동체제 안에서의 학생활동을 원칙으로 하며, 일제식 또는 지시 일변도의 지도방법은 지양되어야 한다. 이처럼 흥미로운 프로그램으로 즐거운 수련활동이 되도록 계획하고 진행하여야 하며, 이상의 수련활동 지도내용을 요약·정리하면 다음과 같다(오기선, 2018).

① 청소년수련활동은 이론(理論)의 영역이 아니라 실천(實踐)의 영역이다.

② 청소년수련활동의 목적은 진(眞: Truth)이 아니라 선(善: Good)의 추구이다.

③ 청소년수련활동은 자연과학의 영역이 아니라 사회과학(역사) 영역이다.

④ 청소년수련활동은 'What'이라는 의문문이 아니라 'How to'라는 의문문을 사용한다.

⑤ 청소년수련활동은 반복성이 요구되는 것이 아니라 일회성(一回性)에 관한 해석이다.

⑥ 청소년수련활동은 필연성(必然性: Necessity)보다는 개연성(蓋然性: Probability)을

추구한다.

⑦ 청소년수련활동은 객관적 사실의 추구보다는 주관적 신념을 중시하는 체계이다.

⑧ 청소년수련활동은 존재(存在: Sein)보다는 당위(當爲: Sollen)의 영역이다.

⑨ 청소년수련활동은 이성(理性: IQ)의 세계가 아니라 감성(感性: EQ)의 세계이다.

또한 청소년수련활동은 다양한 체험활동으로 발달기의 청소년들에게 미치는 효과는 교육적 가치로서 중요성을 인식해야 한다(권일남 외, 2003).

첫째, 자아실현, 인간으로서의 가치관을 정립하는 일, 그리고 전인교육 등은 교육에서 가장 우선적으로 인정받아야 할 가치이다.

둘째, 자연과 사회의 현상을 이해하고 해석하며 새로운 경험을 가질 수 있다는 점이다.

셋째, 인간 상호 간의 이해를 통하여 자신을 재발견할 수 있다는 계기가 되며, 인간성 회복을 꾀할 수 있다는 관계 개선을 도모할 수 있다.

넷째, 수련활동을 통해 폭넓은 체험을 하게 되며, 잠재된 자기능력을 발견하고 개발하여, 창조하는 능력을 함양할 수 있다.

다섯째, 수련활동이 청소년들에게 미치는 교육적인 성과는 ① 긍정적 자아상 확립, ② 대인관계 기술의 향상, ③ 민주시민 의식 함양, ④ 건전한 여가활용, ⑤ 청소년 문제 및 비행의 예방, ⑥ 인내와 극기심, 판단능력 및 자신감 배양 등으로 요약할 수 있다.

한편, 청소년수련활동 지도방법은 다음과 같이 내용을 생각하고 진행한다(오윤선 외, 2024).

첫째, 청소년지도자는 수련활동 계획을 수립할 때 청소년들의 요구, 수련활동의 목표, 프로그램 내용, 지도 방향, 환경 등을 파악하고 지역적 특성과 실정에 맞게 수련활동의 내용을 합리적인 수련활동지도계획을 수립할 수 있어야 한다.

둘째, 수련활동은 일상생활과 관련된 실생활 중심의 교육으로 실습, 관찰, 체험, 실기 등 활동중심의 교육을 구성하도록 해야 한다. 또한 청소년이 자발적인 태도로 임하며 자신의 적성과 흥미를 발견할 수 있도록 지도해야 한다.

셋째, 수련활동은 신체적인 운동을 수반하는 교육과정이기 때문에 항상 안전교육에 주의를 기울여야 한다. 그리고 수련활동은 단지 육체적인 활동만이 아닌 수련활동에 임하는 마음가짐을 배양하는 것임을 기억해야 한다. 또한 시설 및 기구의 사용과 취급에서 시설의 효율적 활용과 사용 중의 안전관리에 힘써야 한다.

09
Chapter

청소년교류활동 지도방법

1. 청소년교류활동에 대한 이해

1) 청소년교류활동의 개념

「청소년기본법」 제3조에 따르면, 청소년활동이란 "청소년의 균형 있는 성장을 위하여 필요한 활동과 이러한 활동을 소재로 하는 수련 활동, 교류활동, 문화 활동 등 다양한 형태의 활동"을 말하며, 여기에는 청소년 봉사활동, 수련활동, 자치활동, 교류활동, 청소년 단체활동, 문화활동, 동아리활동, 보호활동 등 청소년의 건강한 성장을 목적으로 수행하는 청소년 활동 모두를 아우르는 활동을 의미한다.

청소년교류활동의 개념을 살펴보면, 이민희(2004)는 "청소년의 지역 간, 남북 간, 국가 간 문화적 이해 증진, 심신과 기능의 발전적 변화, 민족의 화합과 정체성 확립, 평화적 공동체 삶의 창조를 목적으로 청소년들이 외국이나 국내의 지역 간 상호 직접 방문이나 기타 수단을 통해 일정 시간 동안 다양한 내용으로 구성된 계획된 만남에서 이루어지는 모든 활동과 관계들"로 정의하였다. 또 「청소년활동진흥법」 제2조에 청소년교류활동이란 "청소년이 지역 간, 남북 간, 국가 간의 다양한 교류를 통하여 공동체 의식 등을 함양하는 체험활동"을 의미한다고 하였다. 청소년교류활동의 목적은 체험활동을 통해 '우리는 하나'라는 공동체 의식을 함양하는 데 있다.

청소년교류는 청소년에게 긍정적인 영향을 미치는 사람, 물건, 사상, 문화 등을 교환하거나 나누는 것으로, 현대사회처럼 인터넷이 발달한 사회에서는 청소년들이 고대에서 현재에 이르기까지, 그리고 그들이 속한 가정과 지역사회를 포함한 자국에서 저 멀리 해외에 이르기까지 교류할 수 있는 시간과 장소의 벽이 없어질 수도 있다. 청소년교류활동의 역사 또한 한국은 화랑도 시절까지도 거슬러 올라갈 수 있는데, 화랑도는 수련의 한 방법으로 호연지기를 함양하기 위하여 상열가악(相悅歌樂, 서로 노래와 음악을 즐긴다), 유오산수(遊娛山水, 산수 좋은 곳을 찾아 노닌다)라 칭하며 전국의 빼어난 산수를 찾아 돌아다녔기 때문이다(조영승, 2002). 그러므로 청소년 교류는 청소년의 건강한 성장을 지원하는 다양한 만남을 지원하는 것이다(박선영 외, 2013).

현대사회는 디지털미디어의 급속한 발전과 소셜네트워크 서비스로 인해 글로벌화(Globalization)되고 있다. 즉, 정치, 경제, 문화 등 사회의 모든 영역에서 전 세계적인 상호연결성이 강화되면서 세계는 하나의 공간이 되고 있다. 이러한 사회의 개방화, 경제와 정보의 세계화 그리고 국민들의 삶의 질이 향상되면서 이제 더 이상 단일 민족의 존재는 불가능하며 한 사회 속에서 다문화 사회가 형성되는 것은 필연적 현상이라 할 수 있다.

한편 청소년들은 영화, 음악, 광고 등 대중문화의 영역에서부터 게임 및 상품 생산의 영역에 이르기까지 거대한 문화 권력을 행사하고 추동하는 집단이 되었다. 그리고 이들의 빠른 이동성은 자본과 상품의 회전력을 강화하고 있다. 특히 영화, 음악, 패션, 게임 등의 영역에서 글로벌 문화를 형성하는 데 있어 청소년층이 선도 역할을 수행하고 있다. 우리 청소년들이 열광하는 대중음악이 세계적 음악문화로 확장되고 있다. 이러한 과정의 중심에는 디지털 세계에 완벽하게 적응한 N세대 청소년들이 존재한다. 역동적이며 끊임없이 변화하며 상호작용적인 N세대들은 온라인과 오프라인을 넘나들며 글로벌한 세계 문화와 접촉한다. 이러한 세계화·국제화 시대에 발맞추어 우리나라는 청소년들이 국제적으로 시야를 넓히며 세계 속의 청소년으로 뻗어갈 수 있도록 다각적인 교류정책을 시도해 왔다. 이러한 청소년교류활동은 청소년 세대가 세계화·국제화 시대로의 시대적 환경 변화에 적응하고 세계 속의 문화를 창조하는 주체적 존재이자 글로벌 리더로 성장하는 데 그 중요성이 부각되고 있는 청소년지도활동 영역이다. 따라서 청소년지도자는 청소년교류활동을 효과적으로 지도할 수 있는 전문적 기법과 기술 그리고 자질을 갖추어야 한다.

2) 청소년교류활동의 중요성

다양한 문화적 교류는 인간의 삶에 적지 않은 영향을 미친다. 이러한 교류활동의 긍정적 순기능을 청소년기에 제공하기 위해 청소년 활동의 주요 영역으로 자리 잡은 활동이 바로 청소년교류활동이다. 청소년교류활동은 청소년 세대로 하여금 세계화 · 국제화 · 지방화 시대로의 시대적 환경 변화에 적응하고, 국제 무대에서의 글로벌 리더십을 함양하기 위해 그 중요성이 부각되고 있는 청소년 지도 활동 영역이다. 따라서 청소년지도자는 청소년교류활동을 효과적으로 전개하고 지도할 수 있는 전문적 능력과 자질을 갖추어야 한다. 이때 청소년교류활동 지도방법이란 지역 간 · 남북 간 · 국가 간의 다양한 교류를 통해 청소년들이 국제적 감각과 공동체 의식을 함양하고, 글로벌 리더십을 배양하게 하는 청소년교류활동을 효과적으로 지도할 수 있는 전문적인 지도기법이나 기술을 의미한다. 청소년교류활동의 중요성을 김민(2005)은 다음과 같이 설명한다.

첫째, 청소년교류활동은 다양한 청소년 활동 중 핵심적인 활동이다. 교류활동은 수련활동, 봉사활동, 자치활동, 문화활동, 보호활동 등의 다양한 청소년 활동 중 그 특성이 분명하고 전통적으로 기획과 수행의 전 과정과 결과가 다른 활동과 차별성을 갖는다.

둘째, 청소년교류활동은 자기 주도성이 크게 요구되는 활동이다. 교류활동에는 관계 형성, 상황 파악 및 판단능력 등 다양한 자기 실행능력과 자기 주도력이 요구된다.

셋째, 청소년교류활동은 체계적 · 조직적인 청소년 활동이다. 특히 국제교류 프로그램들은 무계획적이거나 비계획적인 교류활동이 존재하지 않을 정도로 매우 체계적, 조직적, 구조적인 활동이다.

넷째, 청소년교류활동은 전문성이 요구되는 청소년 활동이다. 교류활동의 경우 외국어 구사능력, 문화적 다양성 및 다문화 이해능력, 지역 전문성 및 프로그램 기획과 실행능력, 인적 자원 개발 및 조직능력, 의사소통 능력, 리더십 능력 등 전문적인 능력이 요구된다. 이러한 전문성은 청소년지도자로 하여금 전문 인력으로서 자신을 열심히 개발할 것을 끊임없이 요구한다. 또한 이러한 지도인력의 전문성 개발을 위해 기관이나 단체의 지원이 필요하다. 많은 청소년 단체 및 시설에서 국제 교류활동 추진을 희망하지만 쉽지 않은 이유가 여기에 있다.

다섯째, 청소년교류활동은 그 자체로 훌륭한 체험활동이며 체험학습의 기회가 된다. 교류활동은 학교교과 교육 장면과 비교과 교육 장면 간 체험학습으로 상호 전환이 가능하다. 예를 들자면, 역사기행, 국토순례, 환경보호 등의 교류 프로그램이 있다. 따라서 청소년단체와 시설이 학교와 연계하여 진행할 수 있는 청소년교류활동의 잠재력이 무궁무진하다고 할 수 있다.

여섯째, 교류활동은 다문화 이해 및 문화적 관용, 글로벌 리더십을 신장하는 데 이를 직·간접적으로 경험할 기회로 활용될 수 있다.

일곱째, 청소년교류활동은 청소년의 균형 있는 성장과 발달에 긍정적인 영향을 미치며 적극적인 사회적 참여의 기회와 소통의 기회가 된다.

이와 같이 청소년교류활동이 지닌 의의로 인해 우리나라는 첫째, 자비에 의한 해외유학 및 연수, 국제조직에 가맹된 청소년 단체와의 소극적 교류에서 탈피하여 외국 청소년들을 적극적으로 초청하고 있다. 둘째, 우리 청소년들을 세계 각국에 파견, 유학, 연수를 실시함으로 청소년들이 국제적 시야를 넓히고 국제협력 정신을 함양할 수 있도록 한다. 또한 자유 우방국 청소년들과 농·어촌 청소년의 상호교류를 통해 과학농업 기술을 습득하고 농촌 생활을 이해하며 국제간의 친선과 우의를 증진하는 계기를 마련하고 있다. 셋째, 스포츠, 기업 측은 상호 협력하여 많은 선수단을 해외에 파견하고 각종 국제경기에 참여하게 함으로써 경기 경험을 얻어 경기력을 향상하고 외국 청소년들과 우의를 도모하게 한다. 또한 각종 국제경기를 우리나라에 유치하여 스포츠 교류를 통한 국위 선양과 발전하는 우리나라의 모습을 해외에 널리 소개하고 있다. 넷째, 문화예술 국제교류는 미술 전람회, 국제 학생음악대회, 아동극단초대, 아동합창단 초대 등을 통해 초청 및 방문교류를 활발하게 하고 있다(오윤선 외, 2020).

3) 청소년교류활동의 유형

(1) 지역 간 청소년교류활동

청소년들이 국내 지역 간 교류를 수행하는 활동으로 세 가지 하위 유형이 존재한다.

첫째, 두 지역 이상의 청소년들이 각각의 지역이 아닌 다른 지역에서 만나 상호교류하는 방식이다. 대표적으로 캠핑 프로그램을 통한 청소년 교류, 해외동포 청소년교류활동이 있다.

둘째, 두 지역 이상의 청소년들이 상대방 지역을 상호 방문하여 함께 교류하는 방식이며 대표적으로 도농청소년교류활동 등이 이에 속한다.

셋째, 어느 한 지역의 청소년들이 주제에 따라 일정 지역을 방문 및 여행하는 방식이다. 교류활동의 대표적인 예로는 국토순례대행진, 휴전선 동서 프로젝트, 백두대간 생태여행 프로그램 등이 있다.

(2) 남북 간 청소년교류활동

남한과 북한은 단일 민족임에도 불구하고 분단이라는 특수한 상황 속에서 서로 이질감을 체감하며 살아가고 있다. 그러나 통일이라는 민족적 과제를 앞두고 서로 교류와 협력을 통하여 동질성을 회복하기 위한 노력으로 나타난 교류활동 유형이다. 남한의 청소년이 북한을 방문하거나 북한의 청소년이 남한을 방문하거나 또는 제3국에서 교류하는 유형이 있다. 남북 간 청소년교류활동은 통일을 위한 수단적 개념보다 통일과정 또는 이후에 이루어져야 할 내적 통합을 위한 과정으로 활발하지는 않지만 실시되고 있다. 통일을 지향하는 미래의 관점에서 그리고 성장 세대의 문화적 교류 경험이 진정한 통일을 앞당길 수 있다는 차원에서 필요하다.

(3) 국가 간 청소년교류활동

청소년 국제교류는 국제화, 개방화 시대에 청소년의 국제적 능력배양을 통한 글로벌 리더십 함양, 국가 간의 우의와 협력 증진 등을 목적으로 하는 국제적 활동으로써, 정부 차원에서는 여성가족부가 "국가 간 청소년 교류", "청소년 해외체험 프로그램", "국제행사 개최 및 지원" 등의 사업을 시행하고 있으며, 지방자치단체에서는 외국 자매도시 등과의 지방자치단체 간 국제교류, 민간부문에서는 청소년단체 간 국제교류 사업을 시행하고 있다(여성가족부, 2024).

국가 간 청소년교류활동의 의미는 광의적인 의미와 협의적인 의미로 나눌 수 있다. 광의적인 의미는 "청소년들의 지적 · 신체적 · 정신적 면에 있어서 바람직한 변화를 목적으로 일정 기간 청소년 개인, 청소년 대표 또는 청소년 서클(Circle), 청소년단체나 사회단체 중 청소년집단에 의해 이루어지는 외국과의 인적, 물적, 문화적, 사상적인 교류활동"을 말한다. 반면 협의적으로는 "청소년집단이 외국과의 직접적 접촉을 통해 조직적으로 이루어지는 활동"을 말한다. 흔히 우리나라에서는 전자와 후자의 의미 모두를 포괄하여 사용하고 있으나 청소년 활동현장에서는 특별히 후자의 경우를 국제 청소년교류활동으로 생각하는 경우가 많다.

국제청소년교류는 '프로그램을 개최하는 지역'과 '교류방식', '주최기관의 성격'에 따라 다양한 유형으로 나뉜다. 먼저, 개최 지역에 따라 국내에서 열리는 국제 청소년교류활동과 해외에서 개최하는 국제 청소년교류활동으로 나눌 수 있다.

교류방식에 따른 유형 분류는 앞서 지역 간 교류에서 논의한 것과 같다. 즉, 제3국에서 만나는 방식, 국가 간 상호 교류방식, 일정 지역을 탐사 · 여행 · 순례하는 방식 등으로 구분할 수 있다.

주최기관의 성격에 따라서는, 교류활동을 정부 혹은 공공기관에서 진행하는

지, 아니면 민간부문에서 진행하는지에 따라 다르다. 현재 우리나라 정부에서 진행하는 국제청소년교류는 다시 해외 파견과 국내 개최로 나뉘는데, 먼저 해외 파견에는 국가 간 청소년 교류, 한·중 청소년 교류, 한·중·일 청소년 우호의 만남, 청소년 해외봉사단, 국제회의 행사참가단 등이 진행되고 있다. 국내 개최는 국제행사 개최 지원이 있다. 청소년 활동현장에서 국제교류는 청소년집단이 외국과의 직접적 접촉을 통해 조직적으로 이루어지는 활동을 의미하는 경우가 많다. 교류방식은 제3국에서 만나는 방식, 국가 간 상호 교류방식, 일정 지역을 탐사, 여행, 순례하는 방식 등으로 구분할 수 있다. 또한 국제교류활동은 주최기관의 성격에 따라 정부(여성가족부)에서 진행하는 해외 파견과 국내 개최로 구분한다.

뮐러(Müller, 1987)는 청소년 국제교류를 '청소년 국제사업의 중요한 부분으로서, 청소년들이 외국을 방문하여 경험하게 되는 교육적 목적의 계획된 행사 혹은 청소년들의 계획된 만남을 통해 이루어지는 모든 활동과의 관계'로 정의하였다(오윤선 외, 2024). 오늘날 청소년 국제교류는 '글로벌 시민의식 함양'을 목적으로 국제사회에서의 경쟁과 생존이라는 관념에서 벗어나 글로벌 시민의식(global citizenship) 및 다양한 문화에 대한 존중과 연대, 국제사회에 대한 기여와 공헌의 중요성을 강조하고 있다(윤철경, 2011).

2. 청소년교류활동의 현황

1) 국가 간 청소년 교류

세계화 시대를 맞이하여 청소년의 세계적 리더십과 세계 시민의식 등을 형성하기 위해서 국가 및 지방자치단체는 정부·지방자치단체·국제기구 또는 민간 등이 주관하는 국제청소년교류활동을 지원하기 위한 시행계획을 수립하고 이를 추진하여야 한다. 또 국가는 다른 국가와 청소년 교류협정을 체결하여 국제청소년교류활동이 지속해서 발전할 수 있는 기반을 조성하여야 한다. 국가청소년위원회는 청소년교류활동을 활성화하기 위해서 청소년정책단에 국제교류팀을 두고 국제교류 네트워크를 운영하고 있다.

국가 간 청소년 교류는 상대국 청소년 담당 부처와의 약정 등에 의해 매년 정기적으로 시행되는 사업으로, 청소년기관 및 시설 방문, 양국 청소년 간의 토론, 가정방문, 역사·문화 유적지 답사, 산업시설 견학 등을 통해 청소년 관련 정보와 경험 등을 교환하고 각국의 문화를 체험할 기회를 제공한다. 2020년에는 코로나19 확산에 따라 해외 파견 및 초청이 불가능하여 일본, 브루나이 현지 청소년과 비대면 교류를 시행하여 온라인을 통한 각국 문화 소개 및 공동 과제 수행, 토론회 등 프로그램을 진행하였다. 2021년에는 온라인 교류 규모를 확대하여 9개국과 온라인 교류를 진행하였다. 코로나19 상황 속에서도 청소년 분야 협력 기반을 마련하고자 캄보디아, 싱가포르(재체결), 오스트리아, 아르메니아와 청소년 교류 약정을 체결하였다. 국내외 청소년에게 교류 기회를 지속 제공하기 위해 2022년에도 9개국과 온라인 교류를 시행하였다. 2023년에는 전면 오프라인(대면) 교류로 전환하고 교류국도 확대하여 13개국과 파견·초청 사업을 진행 중이다.

| 표 9-1 | **청소년 교류 약정 체결국 현황(39개국)**

구분	체결 국가
동북아시아 (3개국)	중국, 일본, 몽골
남아시아 · 태평양 (9개국)	말레이시아, 베트남, 필리핀, 인도, 파키스탄, 인도네시아, 싱가포르, 브루나이, 캄보디아
유럽 (14개국)	러시아, 프랑스, 체코, 폴란드, 핀란드, 헝가리, 그리스, 튀르키예, 스페인, 불가리아, 아제르바이잔, 슬로바키아, 오스트리아, 아르메니아
중남미 (4개국)	칠레, 멕시코, 콜롬비아, 아르헨티나
중동 · 아프리카 (9개국)	사우디아라비아, 이스라엘, 이집트, 수단, 모로코, 튀니지, 카메룬, 아랍에미리트, 카타르

출처: 여성가족부. (2024). 2023 청소년백서. 서울: 여성가족부.

(1) 한 · 중 청소년 교류

2003년 7월 한 · 중 양국 정상 간의 청소년 교류 합의에 따라 2004년부터 우리 정부의 공식 초청으로 한 · 중 청소년 교류가 시작되었다. 2012년부터 수교 20주년을 맞이하여 한 · 중 양국 청소년 500명씩 교류하였다. 2016년 하반기 중국 측 사정으로 한 · 중 청소년 교류는 중단되었으나, 2018년 8월 한 · 중 청소년 교류 재개를 위한 협력 약정이 체결되었으며 2018년 하반기부터 초청 · 파견 사업을 재개하였다. 2020년부터는 코로나19 확산에 따라 출입국 제한 등으로 추진되지 못했다.

(2) 국제청소년리더 교류

2017년에는 한 · 중 청소년 교류의 실질적이고 파급적인 효과를 고려한 새로운 형태의 발전 모델 개발 및 교류 기반 구축을 위하여 국내 체류 중국 유학생과 한국청소년 간 교류 시범사업을 신규 추진하였다. 대학과 민관협력을 통하여 국내 총 10개 대학 내 1,000여 명의 한 · 중 청소년 상호 교류활동을 지원하였다. 각 대학에서는 특성화된 주제를 선택하여 오리엔테이션, 특강, 멘토링,

교류활동, 지역, 문화, 역사, 스포츠, 생태 등 탐방, 팀별 결과 발표 등 다양한 청소년교류활동을 시행하고, 여성가족부에서는 대학별로 전문가 컨설팅, 현장 방문, 사업 성과 정리, 결과 보고 등의 체계적인 프로그램 운영을 지원하였다. 2018년에는 지원 대상을 다국가 유학생으로 확대하여 34개국 유학생, 2019년에는 41개국 유학생이 한국 청소년과 교류하였다. 2020년부터는 코로나19로 인해 소규모 팀별 활동으로 사업을 추진하였으며, 2022년도까지 사업이 추진되었다.

(3) 글로벌 청소년 서밋

'2019 한·아세안 특별정상회의' 후속 조치로써 2020년부터 '한·아세안 청소년 서밋'을 개최했으며, 2022년에는 한·아세안 청소년 총 100여 명(11개국 각 10여 명)이 온라인 회의에 참석하였다. 2023년에는 참여 대상을 전 세계로 확대하여 전면 오프라인으로 진행하는 '2023 글로벌 청소년 서밋'을 개최하였다. 세계 47개국 청소년 127명이 7박 8일간 국내에서 합숙하며 전 지구적 의제에 대해 토론하고 권고문을 도출하며 한국 문화탐방 등에 참여하였다.

2) 청소년 해외체험 프로그램

2005년부터 시행되고 있는 청소년 해외체험 프로그램은 청소년들이 국제무대에서 활동할 수 있도록 지원하는 국제회의 및 행사 파견과 해외 자원봉사 프로그램으로 구성 및 시행되며, 이를 통해 청소년들의 글로벌 역량을 강화하여 세계 시민의식을 함양하는 것을 목표로 한다. '청소년을 세계의 주역으로, 국제회의 참가단'과 '꿈과 사람 속으로, 대한민국 청소년 해외 자원봉사단' 등 2개의 세부 프로그램으로 이루어져 있다.

(1) '청소년을 세계의 주역으로', 국제회의 참가단

청소년들이 국제회의 및 행사 등 다양한 해외 활동에 직접 참여하도록 지원함으로써 청소년의 국제적인 능력을 배양하고 국가 경쟁력을 제고하기 위해 2008년부터 추진해 온 사업으로 서류심사와 면접을 통해 파견 대상자를 선발한다. 2021년에는 UN ECOSOC 청소년 포럼과 UN 총회 제3위원회 관련 비공식 온라인 토의에 청소년 대표 6명이 참가하였다. 코로나19의 지속적인 확산으로 그 외 대부분의 국제회의는 취소되었다. 2022년에는 UN ECOSOC 청소년 포럼과 제1회 아세안 청소년 대화에 청소년 대표 9명이 참가하였다. 특히 우리 청소년은 아세안 청소년 대화 온라인 사전 프로그램에 참여 후 아세안 10개국 청소년과 캄보디아 시엠립(Siem Reap)에 모여 포스트 코로나 시대의 기회와 과제에 대해 함께 논의하였다. 2023년에는 제8회 아세안+3 청소년 장관회의 및 고위급 회의(온라인)에 공동의장국으로 참석하여 아세안과 한·중·일 간 청소년 분야 협력 및 국가 간 우호 증진을 위해 논의하였으며, 대만에서 개최된 2023 글로벌 청소년 트렌드 포럼에 청소년 대표 6명이 참가하였다.

(2) '꿈과 사람 속으로', 대한민국 청소년 해외 자원봉사단

청소년들의 자아실현과 글로벌 역량 강화 및 세계 시민의식 함양을 목적으로 개발도상국 및 저개발국의 아동, 청소년, 지역주민 등을 위하여 방학 기간을 활용해 대한민국 청소년 해외 자원봉사단을 파견하고 있다. 2021년에는 코로나19의 전 세계적인 유행이 지속되어 국내에서 해외 청소년을 위한 봉사활동을 전개하였다. 아시아 5개국(라오스, 말레이시아, 베트남, 캄보디아, 필리핀) 청소년을 위해 교육봉사활동 콘텐츠를 제작·배포하였으며, 국내 청소년 122명이 현지 청소년과 비대면으로 교류하는 시간을 가졌다. 2022년에도 8개국(말레이시아, 베트남, 캄보디아, 몽골, 라오스, 필리핀, 네팔, 스리랑카) 청소년을 위해 온라인 봉사활동을 이어나갔다. 2023년에는 대면 봉사활동으로 전환하여 4개국(베트남, 캄보디아, 라오스, 몽골)에 137명으로 이루어진 9개 팀의 해외 자원봉사단을 파견하였다.

| 표 9-2 | **청소년 해외체험 프로그램**

사업	국제회의 참가단	청소년 해외 자원봉사단
주제	청소년을 세계의 주역으로	꿈과 사람 속으로
주요활동	국제회의에서 발언 · 발제 초청, 인사 특강, 주제별 토론, 각국 청소년 대표들과 교류 등	자원봉사 및 문화체험 등
참가연령	만 16~24세	만 15~20세
파견국	국제회의 개최지	아시아지역 국가
파견시기	연중	7~9월
파견기간	8일 내외(파견 회의 · 행사별로 상이)	10일 내외
참가비용	• 통상 왕복 항공료의 30% • 현지 체재비 · 활동비	자부담 70만 원 이하
자원비용	• 왕복 항공료의 70% • 현지 활동비 일부 지원	• 편도 항공료 • 현지 봉사활동비 일부
	취약계층 참가자의 경우 전액 지원	

3) 민간단체 주관 청소년 국제행사

민간에서 개최하는 청소년 국제행사를 지원하는 프로그램으로 2023년에는 걸스카우트 국제야영대회, 국제청소년캠페스트, 동북아청소년포럼 사업을 지원하였다. 2022년까지 코로나19로 인해 온라인으로 진행해왔던 사업을 2023년부터는 전면 대면 사업으로 시행하여 청소년들의 국제적 역량 및 리더십을 함양하였다.

| 표 9-3 | 2023년 청소년 국제행사 개최 지원

행사명	일시	행사취지	참석인원	주관기관
걸스카우트 국제야영대회 (1970~)	10.2.~ 10.9. (온 · 오프라인)	걸스카우트 및 청소년들의 자연친화적인 캠핑 및 온라인 교류를 통해 건강한 청소년으로서의 성장 도모	국내외 참가자 약 4,200명	한국 걸스카우트 연맹
국제청소년 캠페스트 (1983~	7.25.~ 7.27.	청소년의 행복 및 균형 성장을 위해 국내외 청소년이 함께하는 대한민국 청소년 축제 개최	국내외 참가자 약 2,000명	한국 청소년 연맹
동북아 청소년포럼 (2004~)	8.21.~ 8.26.	한 · 중 · 일 청소년들의 동북아 현안에 대한 논의와 토론의 장을 마련하여 동북아 공동비전 도출	한·중·일 청소년 70명	세계도덕 재무장 한국본부

출처: 여성가족부. (2024). 2023 청소년백서. 서울: 여성가족부.

4) 세계스카우트잼버리 개최 지원

세계스카우트잼버리는 전 세계 만 14~17세 스카우트 청소년들이 참여하여 다양한 문화에 대한 이해와 우애를 다지는 세계 청소년 야영 행사다. 1920년 영국 런던 올림피아 스타디움에서 34개국 8천 명의 스카우트들이 참가한 제1회 세계스카우트잼버리가 시초가 되어 이후 4년마다 개최하는 정규 행사로 이어오고 있다. 잼버리(Jamboree)는 북미 인디언의 '즐거운 놀이', '유쾌한 잔치'라는 의미를 가지며, 스카우트의 창시자인 베이든 포우엘 경이 제1회 세계스카우트잼버리를 'Jamboree'라고 명명한 것이 유래가 되었다. 세계스카우트잼버리는 올림픽과 같이 4년마다 개최국을 결정하며, 대회를 유치한 국가는 3년마다 개최되는 세계스카우트 총회에서 스카우트 회원국(1개국당 6표 투표)의 투표로 선정된다. 2019년까지 24회의 세계스카우트잼버리가 개최되었으며, 2023년에 제25회 세계스카우트잼버리가 대한민국 전라북도 새만금에서 개최되었다.

2023 새만금 '제25회 세계스카우트잼버리'는 'Draw your Dream!(너의 꿈을 펼쳐라)'을 주제로 청소년들이 자신이 원하는 대로 마음껏 잼버리를 만들어가고, 잼

버리를 통해 자신의 꿈을 크게 그려가기를 바라는 마음을 표현하였다. 엠블럼은 스카우트 대원들이 대한민국이라는 하나의 지붕 아래 함께 모여 즐겁게 축제의 캠프를 벌이는 모습을 한국의 기와와 텐트의 모양으로 형상화하였고, 그 안에서 벌어지는 즐거운 축제의 모습을 경쾌하게 표현하였다.

| 그림 9-1 | 2023년 새만금 '제25회 세계스카우트잼버리' 엠블럼

2023 새만금 세계스카우트잼버리조직위원회는 제25회 세계스카우트잼버리 공식 캐릭터, 기념화폐, 공식 주제가 등 잼버리 상징물을 마련하였다. 백두산에 사는 영험한 동물이자 스카우트에서 강조하는 '용감함(bravery)'을 상징하는 호랑이를 의인화한 공식 캐릭터 '새버미'를 제작하고, 한국은행과 함께 기념주화(은화) 2종(화종별 7천 장씩 총 1만 4천 장)을 발행하였다. 공식 주제가는 참가자인 청소년들의 취향을 고려하여 K-pop 형식에 외국인들에게 친숙한 삼바 형식을 접목하여 제작되었고, 개·폐영식 및 잼버리 활동 등의 공식행사에 사용되었다.

| 그림 9-2 | 2023년 새만금 '제25회 세계스카우트잼버리' 공식 캐릭터

1종 앞면 1종 뒷면 2종 앞면 2종 뒷면

| 그림 9-3 | 2023년 새만금 '제25회 세계스카우트잼버리' 기념주화 도안

2023 새만금 '제25회 세계스카우트잼버리'는 코로나 팬데믹으로 인해 참가자 모집이 어려운 상황 속에서도 적극적인 홍보와 각국 대표단과의 소통으로 156개국 4만 3천여 명이 참가하여, 국가 · 인종 · 언어 · 종교의 벽을 넘어 잼버리를 통해 젊음을 발산하고 세계가 하나 되는 교류와 화합의 장을 마련했다. 전 세계 청소년들이 음악으로 하나 되는 'K-POP 슈퍼 라이브', 우리 음식을 알리는 'K-FOOD 떡볶이데이', 전통 불꽃놀이인 '무주낙화놀이', 한류스타와 함께하는 '착한여행' 등을 개최했으며, 전라북도 내 14개 시 · 군과 연계한 체험 · 참여 프로그램 운영으로 세계 각국 청소년들에게 우리 전통문화, 역사, 자연을 소개하고 이해할 기회를 제공했다. 또한 다양한 국가가 참여하는 푸드하우스 및 전시관 운영 등으로 참가자들에게 다채로운 세계문화 체험 기회를 부여했다.

| 표 9-4 | 2023년 새만금 '제25회 세계스카우트잼버리' 개요

- 기간: 2023년 8월 1일~12일
- 장소: 전라북도 새만금 잼버리 부지(약 267만 평, 전북 부안군 하서면 잼버리로)
- 규모: 156개국 4만 2,646명 참가
- 주제: Draw your Dream!(너의 꿈을 펼쳐라)
- 비전: 2023년 더 큰 세상이 열린다
- 행사내용: 개 · 폐영식, 영내외 과정활동, 문화교류 · 체험, 전시 · 공연, 일일 방문객(일반인) 프로그램 등
- 참가대상: 만 14~17세 스카우트 청소년
- 주최: 세계스카우트연맹(WOSM), 한국스카우트연맹(KSA)
- 주관: 2023 새만금 세계스카우트잼버리조직위원회

출처: 여성가족부. (2024). 2023 청소년백서. 서울: 여성가족부.

3. 청소년교류활동의 과제와 지도방법

1) 청소년교류활동의 과제

향후 청소년교류활동 활성화를 도모하기 위한 과제들과 대응전략을 살펴보면 다음과 같다(오윤선 외, 2024; 김영인 외, 2017).

첫째, 청소년교류활동 전문가의 절대 부족 현상을 극복할 필요가 있다. 국제교류, 남북 청소년 교류 등 다양한 교류활동 장면이 사회적으로 요청되고 그 요구가 앞으로 더욱 커질 것을 예상한다면, 이제 청소년교류활동 전문가의 양성을 제도적으로 구안할 필요가 있다.

둘째, 교류 전문가를 위한 지속적인 교육과 연수기회가 늘어날 필요가 있다. 여러 기관에서 국제 교류 전문가 연수과정 및 교육 기회가 개설되고는 있으나, 청소년 단체 및 시설 등 청소년 관련 기관의 현재 수요와 비교하면 아직은 미흡한 실정이다. 지도자 연수과정을 개설하는 국립 중앙 청소년 수련원과 국립 평창 청소년수련원, 그리고 한국 청소년 단체 협의회와 한국 청소년 수련 시설 협회 등의 협의기구 등에서 일차적으로 교류 전문가를 위한 다양한 교육 및 연수과정을 개발하여 수행할 필요가 있다.

셋째, 다양한 교류 프로그램 진행을 위한 매뉴얼 및 교재를 개발할 필요가 있다. 청소년 프로그램 경진대회, 프로그램 매뉴얼 등 다양한 청소년 프로그램 개발 진작을 위한 노력이 수행되고 있지만 교류영역은 미비한 실정이다. 따라서 다양한 교류활동 프로그램 매뉴얼 및 교재를 개발하여 실질적으로 단체와 시설 차원에서 진행하기 위한 기반을 확보할 필요가 있다.

넷째, 청소년의 국제이해와 국제교류에 대한 구체적인 교육목표가 선정·수록되어 학교와 청소년 단체 및 시설에서 교육·사용되어야 한다. 특별히 청소년수련시설 및 단체의 국제교류 프로그램은 유창한 영어 실력보다는 청소년들의 다양한 활동을 장려하는 데 그 목적이 있으므로 지역사회의 청소년들에게 항상 열려 있고 누구나 부담 없이 지원할 수 있는 장점이 있다. 따라서 청소년 시설 및 단체가 국제교류 프로그램 시행의 허브가 될 수 있도록 해야 한다.

다섯째, 시범적인 청소년교류활동 프로그램의 개발 및 적극적인 전파 활동이 필요하다. 모범적인 청소년교류활동이 기관별로 진행되고는 있으나, 어떤 프로그램이 어떤 단체에서 실시되고 있는지에 대해서는 최근까지 종합적인 정보망 구축이 이루어지지 않아 쉬이 알 수가 없었다. 다행히 청소년 국제교류 네트워크(IYEN: International Youth Exchange Network, iye.youth.go.kr)가 구축되면서 다양한 국제 청소년교류활동 프로그램을 안내하는 정보망은 축조된 상황이다. 이를 통해 향후 시범적인 새로운 교류 프로그램의 개발과 발굴, 홍보와 전파 활동 등이 이루어질 필요가 있다.

여섯째, 청소년 국제교육과 국제교류를 위한 정부의 특별 정책적·재정적 지원 및 국가 간 협력 시스템이 필요하다. 특히 청소년국제교류활동 참여 효과 인식 유형에 따른 특성별 요구 수준에 따라 프로그램 다양화와 국제교류활동 참여 효과를 심층적이고 지속적으로 이어갈 수 있는 정책적 지원과 노력이 필요하다.

일곱째, 공적 개발 지원(ODA: Official Development Assistance) 사업을 비롯해 최근 그 비중과 영향이 커지는 국제 개발 협력 사업에 적극적으로 대응하고 준비할 필요가 있다. 공적 개발 지원 사업의 일환으로 청소년 센터 설립 및 프로그램 개발 지원 등의 후속 사업들이 이루어지면서(김민, 2011) 청소년 부문이 자리를 잡아가고 있다. 청소년 정책을 총괄하는 주무 부처는 이런 움직임에 적극 대응하여 필요한 인적 자원의 역량 개발 및 전문성 증진·강화 방안과 이외의 필요한 지점들을 면밀히 검토하고 준비해야 한다. 민간부문도 마찬가지다. 국제개발협력에 대한 기본 이해와 인식을 넓히고 그에 따른 전문성을 확보할 필요가 있다.

여덟째, 청소년 국제이해교육 및 국제교류를 위한 독립된 건물을 확보하고 전담기구가 이 사업만을 담당하도록 해야 한다. 그리고 청소년국제교류활동의 실제적인 효과성을 위해서는 청소년 시설 및 단체와 국제개발 및 해외원조 NGO, 지자체 및 기관과의 긴밀한 협력이 필요하다. 따라서 지역사회 청소년의 특성에 대해 잘 이해할 뿐 아니라 국제교류활동에 대한 전문성과 해외 현지 연계기관에 대한 네트워크 그리고 충분한 정보를 확보할 수 있는 전담기구와 전담 청소년지도자를 확보해야 한다.

아홉째, 청소년의 국제교류활동 참여 효과를 제고하기 위해 참여 기회 확대 및 제도적 장치, 운영 측면의 인력과 예산 확보가 필요하다. 아직 우리나라의 청소년 국제교류 프로그램은 경제적으로 여유가 있거나 학부모의 적극적인 관심이 있고, 영어를 잘하는 청소년들에게 참가 기회가 주어졌다. 반면 국제교류 프로그램이 있는지조차 모르거나 참가하는 방법을 모르는 청소년들이 많다. 또한 국가기관에서 운영하는 국제교류 프로그램이라고 하더라도 참여조건이 까다로워 시도조차 할 수 없는 청소년들이 많다.

열째, 중장기적인 청소년교류활동에 대한 마스터플랜을 수립할 필요가 있다. 향후 국가 간 외교는 정부 차원의 외교도 중요하지만 민간 차원의 외교 활동 역시 중요하다. 특히 청소년교류활동은 남북 교류, 국제교류의 측면에서 보자면 장기적인 민간부문의 안정적인 외교 활동이라 할 수 있다. 청소년기부터 국제적 감각을 익히게 하는 개인 차원의 프로그램 효과만 생각할 것이 아니라 청소년 간 교류활동을 통해 얻는 사회적 효과와 결과에 대해서도 장기적인 안목을 갖고 치밀하고 꼼꼼한 마스터플랜을 기획·수행할 필요가 있다. 이를 기반으로 청소년 국제 교류활동 주무 및 조정 기관을 설치하고 여기에 따르는 정부 차원의 지원이 무엇인지를 넓은 시각에서 살펴볼 필요가 있다.

이외에도 기존의 각국 국제이해 및 국제교류기관을 활성화하고, 각국 간 학교 및 청소년단체·시설과의 자매결연을 맺는 것이 적극 권장되어야 하며, 통일을 대비하여 남북 청소년 교류사업을 쉬운 분야부터 실시해야 한다.

2) 청소년교류활동 지도자의 자질과 역할

우영숙(2005)은 청소년교류활동 지도자가 갖추어야 할 자질을 다음과 같이 다섯 가지로 정리하였다.

첫째, 청소년교류활동 지도자는 타문화에 대한 수용적 태도와 함께 다양성을 인정할 수 있는 포용력이 있어야 한다. 타문화를 이해하기 위해서는 다른 문화, 곧 삶의 양식을 이해하기 위한 다양한 정보와 지식을 갖추어야 한다. 타문화를 옳고 그름, 또는 우열의 방식이 아닌 다름으로 인정하여야 한다.

둘째, 타인과의 의사소통 능력이 요구된다. 이를 위해서는 언어능력과 함께 원활한 의사소통 능력 전반이 요구된다. 이를 위해 어학적 능력, 인간관계에 대한 이해, 자기주장 표현방식, 타인에 대한 배려 등의 사회기술 능력 등이 요구된다.

셋째, 긍정적 사고방식이 필요하다. 우선 지도자 자신에 대한 신뢰가 있어야 하며 상황을 읽어내는 통찰력과 위기 상황에 당황하지 말고 좌절하기보다는 이를 희망적 상황으로 만들 수 있는 여유로움과 긍정적 사고가 요구된다.

넷째, 문제를 발견하고 문제를 해결할 수 있는 능력이 있어야 한다. 문제를 발견하였다면 문제로부터 연유되는 각종 갈등을 해결하는 등 문제를 해결하는 능력이 있어야 한다. 교류활동은 이질적인 문화간 충돌과 갈등이 일어날 소지가 크다. 따라서 소통과 이해, 존중과 나눔의 장면으로 상황을 전환할 수 있는 문제 해결 능력이 있어야 한다.

다섯째, 타인과 사물에 대한 호기심과 일에 대한 열정이 필요하며 모험을 두려워하지 않는 용기 또한 필요하다.

청소년교류활동 지도자의 역할은 간단히 정의하기는 어려우나 활동 단계별로 살펴보면, 교류활동 프로그램 개발자이면서 동시에 조정자(coordinator)의 역할을 수행한다. 실행 단계에서는 리더이자 프로그램 지휘자(program director)의 역할을 수행하여야 하며 프로그램의 목적이 제대로 달성되었는지를 살펴보는 평가자의 역할도 같이 갖추어야 한다. 지도자의 성격에 기초한 역할은 일반적인 청소년지도자와 마찬가지로 청소년들의 안내자이자 촉진자이며 전문가이자, 격려자, 전달자의 역할을 수행한다(강대근, 1983). 특히 교류활동이 다양한 요소들을 고려하고 검토해야 하는 차원에서 교류활동 지도자는 꼼꼼한 세심함과 배려깊은 지도자의 역할이 요청된다. 따라서 오윤선 등(2024)은 청소년교류활동 지도자의 역할을 다음과 같이 구체적으로 제시하였다.

첫째, 청소년교류활동 지도자는 지도자 자신의 다문화 수용 및 통합에 대한 관점과 태도를 살펴야 한다. 이들은 국제적 감각을 지닌 자로 인종과 타문화에 대해 긍정적인 정서를 가지고 있으며 수용적이고 통합적 태도를 가진 자이어야 한다. 이런 지도자의 태도와 가치가 청소년들의 태도와 가치에 고스란히 전달되기 때문이다. 청소년기는 신체적 특성이나 외모에 민감하고 동조성이 강한 시기이므로 자신과 외모가 다른 친구에 대한 고정관념을 가지기 쉽다. 따라서 청소년교류활동 지도자는 청소년들에게 국가, 외모, 인종, 문화, 사회적 계층과 관계없이 동등하게 존중하고 하나의 공동체가 형성될 수 있다는 것을 지도할 수 있어야 한다.

둘째, 청소년교류활동에 대한 목적과 방향성을 명확히 하여 청소년 참가자를 동기화시킬 수 있어야 한다. 청소년들이 교류활동을 단순한 여행이 아니라 목적과 이유에 대해 스스로 인식할 수 있도록 사전교육을 해야 한다. 비록 타인에 의해 참가한 청소년일지라도 사전교육을 통해 충분한 동기화가 이루어질 수 있으며, 또 함께 참여하는 또래들과 자연스럽게 교류하면서 가치관과 태도의 변화를 이끌어낼 수 있다.

셋째, 계획한 청소년교류활동의 실행에 있어 프로그램 지휘자이자 리더로서 문제해결 능력이 있어야 한다. 교류활동은 이질적인 문화 간 충돌과 갈등이 일어날 가능성이 크다. 따라서 상황을 읽어내는 통찰력, 위기상황에서 당황하지 않고 소통과 이해, 존중과 나눔을 바탕으로 상황을 전환할 수 있는 문제해결 능력이 있어야 한다.

넷째, 교류활동 후 반성적 사고를 통해 청소년들이 경험한 교류활동을 통해서 참가 소감과 느낌, 변화된 가치관과 태도를 나누는 평가과정을 갖도록 해야 한다. 나아가 변화된 가치관과 태도를 일상생활에서 실천하고 지속적으로 활동할 수 있도록 지도해야 한다.

10

Chapter

청소년봉사활동 지도방법

1. 봉사활동의 이해

1) 봉사활동의 개념

인간은 관계 안에서 교류하고, 무언가 성취하기 위해 노력하고, 타인에게 인정 받기를 원하고, 스스로 사회적 책임을 지고, 자아실현을 위해 실천하는 사회적 속성을 지니고 있다. 이런 사회적 속성으로부터 자원봉사는 인간에 대한 관계 속의 작은 관심에서 출발했다. 자원봉사활동은 인간의 관계 속에 공동의 행복을 지향하는 데 필수불가결한 요건으로 민주주의 철학을 기본으로 하여 개인, 집단, 지역사회의 문제를 해결하고 예방하기 위한 노력이며 그에 상응하는 대가(보수, 지위, 명예)를 바라지 않고 자발적으로 협력 또는 직접 참여하는 복지활동이다(윤혜승, 2000).

'자원봉사'라는 용어는 1930년 세계사회사업가대회에서 처음으로 사용되었으며, 그 대상과 영역 및 목적 등에 따라 약간의 차이를 가지고 있으나, 현재는 자원봉사자(volunteer), 자원봉사활동(volunteerism)의 의미로 사용되고 있다. 자원봉사의 어원은 자발적 의지(will)와 욕망(desire)을 나타내는 라틴어의 자유의지(voluntas)에서 기원한 것으로 프랑스어로는 '기쁨의 정신', 영어의 명사로는 '지원자'란 의미를 가지고 있으며, 일본에서는 '자발적 의지에 바탕을 두고 타인이나 사회를 위해 공헌하는 행위'를 가리키고 있다(이병순 외, 2014). 즉, 자원봉사자란 자유의지를 바탕으로 사회봉사를 하는 사람을 뜻한다. 한자어로는 '스스로 자(自), 원할 원(願), 받들 봉(奉), 섬길 사(仕)'라고 하여 "스스로 원하여 받들고 섬긴다"라는 뜻으로 역시 자발적인 의지로 남을 돕는 것을 말한다(구승신 외, 2016).

사회복지의 관점에서 자원봉사란 지역사회의 복지증진을 위해 일하는 집단이나 기관의 책임 일부를 감당하는 자로서 노력의 대가를 받지 않고 자발적으로 봉사하는 사람이라고 한다. 다시 말하면, 대가 없이 자신의 의지로 타인을 존중하며 이웃과 더불어 사는 가치관에 바탕을 두고 자유의지로 자신이 선택한 기관 또는 지역사회에서 지속적으로 개인이나 집단, 사회 공동의 문제를 예방하는 활동을 의미한다. 이러한 봉사활동은 단순히 여가를 즐기는 활동과는 달리 생산적인 성격을 지니고 있다(Morrissey et al., 2005).

또한 자원봉사란 과거에 어려운 이웃을 섬기고 돕는 행위에서 오늘날 돌봄과 연대의 정신을 통해 공동체의 사회 문제 예방과 해결 또는 국가의 공익사업을 수행하는 공사의 공식조직에 참여하려는 사회참여 활동을 모두 포함하는 개념이라 할 수 있다. 봉사활동의 목적은 지역사회의 구성원으로서 다양한 봉사활동을 통해 나눔과 배려를 배우고 이웃과 서로 사랑하는 마음을 가지며, 공동체 의식과 호혜정신 그리고 지역사회 발전에 이바지하는 태도를 기르는 것이다. 봉사활동은 개인적, 사회적, 국가적, 인류적 차원으로 그 필요성을 살펴볼 수 있다. 봉사활동은 개인적 차원에서 자기 계발의 계기가 되며, 세상과 소통하는 방법을 터득하게 해준다. 또한 도덕적 존재로서 삶의 가치를 발견하고 자아실현을 향해 나아가도록 한다. 사회적 차원에서 봉사활동은 공동체 정신을 바탕으로 사회적인 유대와 결속력을 강화시키고 사회적 통합성을 제고한다. 그리고 상호 이해와 결속, 신뢰와 정직성 그리고 유대감 등과 같은 사회 자본 형성에 기여함으로 사회 변화와 발전에 기여한다. 국가적 차원에서 봉사활동은 국민이 국가가 미처 처리하지 못하는 영역의 문제를 자발적인 역량을 토대로 처리함으로써 행정 및 재정 자원의 부족을 보충하며 참여 민주주의의 문화를 형성하는 데 기여한다.

2) 봉사활동의 필요성

자원봉사의 필요성을 다룬 자료는 다양하게 있다. 또한 학자들마다 여러 가지 측면에서 자원봉사의 필요성에 대하여 주장하고 있다. 영국의 베버리지(Beveridge)는 자원봉사활동에 대하여 정부활동과 민간활동으로 나눌 수 있고,

이들의 상호 보완으로 사회가 진보한다고 주장하였다(고승희, 2007).

김영호는 자원봉사활동의 필요성을 일반적 필요성과 특수 분야별 필요성으로 구분하고 있다(김영호, 1997). 일반적 필요성으로는 첫째, 인간의 기본 욕구충족과 사회문제의 치료와 예방을 위하여, 둘째, 인간관계적 서비스 요구의 증대, 셋째, 공적 서비스의 한계성 보완, 넷째, 복지교육훈련과 자원개발, 다섯째, 새로운 복지관의 보편화, 여섯째, 인간성 회복과 민주 복지공동체 문화창조를 위함으로 제시하고 있다. 또한 특수 분야별 필요성은 사회복지기관·시설, 대학교육, 기업, 교회, 어린이집 등에서 제시하고 있다.

(1) 개인적 측면

권순종은 자원봉사의 필요성을 개인적 측면에서 다음과 같이 설명하고 있다(권순종, 2009).

첫째, 개인적 측면은 개인이 가지고 있는 기술이나 지식을 나누고 베풀면서 보람과 가치를 느낀다. 개개인이 가지고 있는 지식과 기술을 필요로 하는 사람들에게 제공함으로써 받는 사람에게는 더욱 발전적인 기회를 제공하여 더 나은 생활을 영위하도록 하고, 자원봉사자에게는 자원봉사활동을 통하여 새로운 기술과 지식의 필요를 창출하게 되고, 이들 영역에 대한 학습욕구를 가지게 됨으로써 이미 가진 기술을 더욱 발전시킬 뿐 아니라, 새로운 사물과 일에 대한 흥미가 유발되고 지적 활동과 교육적 자극을 받아 지식과 기술의 확장을 가져다 줄 수 있다.

둘째, 자원봉사자 스스로에게 자존감과 정신건강에 도움을 준다. 인간의 특성 중 하나는 사회성을 가지고 있다는 것이다. 사회성이란 각기 다른 사람들 간의 상호의존적 관계를 맺고 사랑을 베푸는 호혜적 관계를 유지하면서 살아가는 삶을 뜻한다.

(2) 사회적 측면

임은희는 자원봉사의 필요성을 사회적 측면에서 다음과 같이 설명하고 있다 (임은희, 2010).

첫째, 지역공동체를 강화하여 상부상조의 분위기가 조성된다. 현대사회는 도시화, 산업화가 진행되고 개인의 자원화와 인간관계가 익명화되면서 사회의 정상적인 유지를 저해하는 여러 가지 사회문제가 점점 증가하고 있으며, 공동체의식이 매우 약화되었다. 지역주민이 자원봉사활동을 통해 인간 대 인간으로서 이익을 떠나 서로 만나고 돕는다면 지역주민은 공동체의식을 갖게 되고 서로에 대한 연대의식이 강화될 것이다.

둘째, 가정의 기능을 회복하거나 보완하는 역할을 한다. 산업화가 가속화되면서 기존의 대가족제도가 무너지고 핵가족화 및 소가족화가 급속도로 진행되었고, 기존의 대가족중심에서는 별문제가 되지 않았던 노인, 아동, 장애인의 보호와 양육이 점점 어려워 문제가 되었다. 이에 자원봉사자가 각 가정에 방문하여 이들에게 도움을 주거나 복지시설에 수용하는 방법으로 가정을 지원하는 일이 가능해졌다.

셋째, 사회적 갈등을 줄일 수 있는 계기가 된다. 양극화 현상의 심화로 보이지 않는 계급화가 이루어져 갈등의 심화를 초래하고 그것이 누적되어 폭동이나 테러를 유발할 수도 있다. 자원봉사는 이러한 갈등을 풀 수 있는 기회를 제공한다. 부유한 사람들이 돈과 시간을 내어 가난한 사람들을 위한 자원봉사를 한다면, 빈곤계층에게서는 부유층에 대한 상대적 증오심을 감소시킬 수 있는 계기가 되고, 부유층에게는 빈곤층의 입장을 이해할 수 있는 기회가 되어 사회제도의 변화를 위한 인식 전환이 될 수 있다.

넷째, 부족한 사회복지 예산과 인력에 큰 보탬이 된다. 국가의 예산은 유한하며 동원할 수 있는 인력도 유한하다. 또한 사회복지 예산의 투여도 한계가 있다. 자원봉사는 예산과 인력을 안정적으로 보충할 수 있는 수단이 된다.

(3) 국가적 차원

권순종은 자원봉사의 필요성을 국가적 측면에서 다음과 같이 설명하고 있다(권순종, 2009).

첫째, 현대사회에 와서 물질적 풍요 속에서도 각종 비복지 요소들의 증가로 인해 사회문제가 급증하자 그 문제 해결 및 예방의 기능을 담당하고 있는 공적 또는 사적 조직에서의 사회복지활동에 대한 활성화 요구가 증가되고 있다. 특히 국가책임의 사회복지에 대한 국민의 기대감이 상승되고 있다. 또한 사회복지욕구 대상자가 확대됨에 따라 수요자가 기대하는 요구를 모두 충족시켜 줄 수 없는 실정이므로, 자원봉사활동은 이러한 복지제도의 불완전성을 보완·강화해 주는 역할을 한다.

둘째, 1960년대 이후 급격한 경제 발달에 따라 지역 간, 산업 간의 인구이동은 지역주민의 생활양식과 생활의식에 변화를 가져와 사회환경을 악화시키고 있다. 특히 핵가족화의 경향은 인간의 건전 육성과 복지적 관점에서 볼 때 가정의 생활보장 기능을 축소시키고 있다. 따라서 핵가족의 악영향을 극복하기 위한 하나의 대안으로 지역사회 공동체의 필요성이 강조되고 있다. 공동체의식, 연대감이 상실된 사회는 인간을 고립시키고 인간성의 상실과 이에 따르는 많은 사회문제를 가져온다. 그러므로 국민의 자발적 참여에 의한 자원봉사는 공동체 의식의 유지를 위하여 꼭 필요하다.

셋째, 산업기술의 발달로 인해 노동력이 기계로 대치되자 시민들은 많은 여가시간을 갖게 되었다. 현재 여가의 건전한 활용방안은 매우 강조되고 있는 사회문제의 한 분야이다. 자원봉사활동은 모든 계층에서 적용될 수 있는 보람 있는 여가활동이 될 수 있다. 보람 있는 여가활동이 될 수 있다 함은 자원봉사활동을 통하여 개인의 발전뿐만 아니라 민주사회의 기반을 형성할 수 있기 때문이다.

넷째, 사회복지 전문화의 측면에서도 그 필요성을 볼 수 있다. 전문가와 자원봉사자의 관계는 지도상의 책임과 역할을 달리하고 있으나 상호 의존성과 보완성을 갖는 것이므로 보다 복잡한 사회복지의 문제를 해결하는 데 필요한 전문 사회복지사가 부족한 현재의 실정에서 자원봉사활동은 일반적인 사회복지과정을 처리하는 데 크게 이바지할 수 있다.

다섯째, 자원봉사는 점차 거대화, 관료화되어 가는 정부 혹은 거대한 민간기업 세력의 위험을 보완, 견제할 수 있는 제3의 세력으로 간주할 수 있다. 자칫하면 무시되고 파괴될 위험이 큰 개인의 개성을 보호하기 위해서뿐만 아니라, 도움이 필요한 지역사회의 문제를 효과적으로 해결하기 위해서도, 그리고 무언가 일이 필요한 유휴자원에게 보람 있는 일을 주기 위해서도 자원봉사는 필요하다. 이런 개인적 요구와 지역사회적 요구가 조화를 이룰 때, 그 지역사회는 하나의 자원봉사 지역사회로서 기능적이며, 또한 인간적으로 질 높은 지역사회를 이룩하게 되는 것이다.

(4) 인류적 차원

봉사활동은 전 지구적 차원에서도 활발하게 행해지면서 지구인들 간의 인류애 형성과 소통을 돕는다. 세계화 이전에도 국제사회에서 봉사 활동은 있었지만, 최근에 세계화 영향으로 국제사회의 봉사 활동은 더욱 활발하게 이루어지고 있다. '국경 없는 의사회', '유니세프', '해비타트', '지구촌나눔운동(GCS)' 등과 같은 국제사회의 NGO, 자발적인 개인과 집단들을 중심으로 한 지구촌 봉사활동을 그 예로 들 수 있다. 국제사회는 그동안 인종 간, 민족 간, 종교 간 분쟁과 갈등이 끊이지 않았다. 이런 분쟁과 갈등은 증오심을 증폭시키고, 증오심은 또 다른 분쟁과 갈등을 낳는 현상을 반복해 왔다. 분쟁과 갈등은 크게는 전쟁으로, 작게는 테러로 끊임없이 자신을 표출해 왔다. 봉사활동은 이런 분쟁과 갈등을 화해와 평화로, 증오심을 상호 이해와 사랑으로 바꾸는 계기가 된다. 봉사활동은 지배와 패권을 넘어선 섬김의 정신을 바탕으로 하기 때문이다. 지구촌 사회의 사람들은 봉사활동을 통해서 서로의 문화와 생각을 이해하게 되고, 겸손과 섬김의 정신을 매개로 하여 서로 소통하는 방법을 배우게 된다. 봉사활동은 인류애와 평등으로 전 인류를 묶어 세우는 접착제의 역할을 하며, 증오와 분노로 날카로워진 사람들의 마음을 치유하여 부드럽게 만드는 윤활유의 역할을 한다(김영인 외, 2017).

3) 봉사활동의 특징

청소년봉사활동과 성인봉사활동은 차이가 있다. 청소년봉사활동은 모든 재난의 원인이 되는 요소를 제거하거나 불행을 미연에 방지할 수 있는 대책, 나아가서 모든 사람이 평화롭고 행복한 생활을 할 수 있게 하는 요소인 선행을 증진하는 데 노력을 집중한다는 점에서 성인봉사활동과 다르다(조휘일 외, 2009). 청소년봉사활동은 자신들이 봉사활동을 통해서 실제적 도움을 얼마나 제공하고, 사회를 위해 어떻게 공헌했는가의 직접적 결과를 평가하기보다는 자신이 봉사활동을 통해서 얼마나 즐겁고 보람 있게 경험을 했으며 얼마나 봉사정신을 이해하고 올바른 인생관과 사명감을 갖게 되었는가 또는 얼마나 민주적이고 협동적인 인간성을 함양하였느냐가 중요시되어야 한다(조휘일, 1994). 그러므로 활동의 결과보다는 동기와 방법을 더 중요시하며 참여하는 자세와 경험 및 집단활동을 통하여 얻어지는 리더십과 인간관계능력 향상이 더 중요하다(구승신 외, 2016).

봉사활동의 특성은 자발성, 이타성, 무급성, 지속성, 자아실현성, 학습성, 헌신성, 공공성, 협동성, 전문성 등 다양하게 제시되고 있다. 청소년봉사활동의 특징을 살펴보면 다음과 같다.

첫째, 자발성(free will)이란 법이나 제도로 강제되거나 남에게 억지로 강요를 받아 하는 것이 아닌, 자신의 판단 아래 스스로 보고 듣고 생각하고 판단해서 실천에 옮기는 활동을 말한다. 자유의지를 강조하는 것으로서 타인의 강요나 억압에 의해서 이루어지는 것이 아니라 타인을 스스로 돕고자 하는 이타성을 포함한다. 봉사활동의 특성 중 가장 중요한 특성이라고 할 수 있다. 이 때문에 봉사활동을 흔히 '자원봉사'라고 일컫는다.

둘째, 공익성으로 어느 특정한 개인이나 단체의 이익 또는 종교적 입장을 위한 것이 아니라 사회 전체의 보편적 이익을 위해 이루어진다. 공익성이란 사람이 사람으로서 더욱 행복해 질 수 있도록 각자가 갖고 있는 가능성을 이끌어내며 다른 사람과 공존하면서 행복을 창조하는 활동으로서의 성격을 의미한다(안은영, 2002). 자원봉사활동은 특정 개인, 단체의 이익이나 정당, 종교 등을 초월하여 모든 사람을 위해서 행해지는 공공성에 바탕을 둔다. 또한 자신의 이익이나 일시적 감정으로서가 아니라 이웃과 더불어 행복한 삶을 살기 위하여 책임감을 갖고 공동체의 구성원이나 어려움에 처한 사람들의 복지 향상을 목표로 활동하는 것을 의미한다(류기형 외, 2013).

셋째, 무보수성으로 순수한 자원봉사활동은 어떤 형태의 대가를 기대하지 않고 섬김과 헌신의 정신에서 비롯된다. 자원봉사활동을 행함에 있어 인간의 자발성이 경제적 보상 등과 같은 요인들에 의해 구속되어 본래 정신에 위배되는 일이 없어야 한다. 그러나 자원봉사에는 시간과 노력은 물론 자원봉사자 자신의 경비도 들어가고 불가피하게 자원봉사자에게 대가를 주어야 하는 경우가 생기기도 한다. 그래서 최근에는 자원봉사활동의 지속성을 위하여 식사비나 교통비에 해당하는 최소한의 활동비를 지급받으며 활동하는 실비자원봉사제도도 도입되고 있다. 즉, 무급을 원칙으로 하되 다양한 계층의 사람들이 참여할 수 있도록 여러 가지 지원방법이 모색되고 있다. 그러므로 실비자원봉사는 실비를 지급한다 해도 봉사의 대가로 지불하는 것이 아니라 자원봉사활동에 소요되는 비용을 기관 측에서 제공한 다는 의미로 보아 무급성의 원칙을 훼손하지 않는 것으로 해석되는 경향이다(이병순 외, 2014).

넷째, 인간에게는 누구나 타인을 돕고 싶어 하는 정신이 있다. 이것을 이타성 혹은 이타주의(altruism)라고 한다. 그래서 자원봉사활동은 자신의 이익이나 목적을 위한 것이라기보다는 타인을 존중하고 이웃과 더불어 살아간다는 이타주의적 정신에서 비롯되며 이러한 이타성은 자원봉사활동의 가장 중요한 특성 중의 하나로 여겨져 왔다. 그러나 비록 이타주의적 동기가 가장 중요하다고 하지만 자원봉사자에게 절대적 이타성을 바라는 것은 무리가 있다. 따라서 자원봉사활동을 시작한 초기에는 이타성이 없이 시작했다 해도 활동을 지속적으로 해나가면서 자연스럽게 이웃을 사랑하고 도움을 주고자 하는 마음이 생길 수 있도록 유도하는 노력이 필요하겠다.

다섯째, 지속성으로 자원봉사활동은 일시적인 선행이 아닌 일정기간 지속적으로 이루어지는 행위이다. 자원봉사는 단순히 도움을 주는 활동이 아니라 도움을 통하여 변화를 기대하는 활동이다. 그리고 혼자서 할 수 있는 개인활동이 아니라 대상자, 자원봉사자, 조정자, 관리자 등 여러 사람이 함께 수행해야 하는 체계적 활동이다. 자원봉사활동이 자발적 동기로 시작된다고 하더라도 일단 활동이 시작되면 일방적으로 끝나서는 곤란하며 일정 기간 동안 계속되어야 한다. 기드론(Gidron)의 경우, 자원봉사를 '특정한 기관내지 시설에 소속된 비교적 정규적인 활동으로서 자신의 의지에 따라 그의 일에 대한 직접적 보상을 받지 않으면서 일하는 사람'이라고 정의하여 '정규적 활동'이란 말로 지속성을 강조하였다(임은희, 2010). 자원봉사의 지속성은 체계적인 자원봉사활동인지를 구분할 수 있는 중요한 잣대가 될수 있는 특성이 있다(이병순 외, 2014).

여섯째, 자원봉사활동은 참가를 통하여 다양한 체험학습의 효과를 얻을 수 있는 학습적 효과를 지닌다. 즉, 학습성은 봉사자가 봉사활동을 통해서 자신의 내면적인 정신세계와 외면적인 행동을 변화시키는 학습경험을 하게 된다. 자원봉사활동을 통해 자신이 몰랐던 사람들의 생활이나 지역사회의 문제들에 대한 새로운 사실을 알게 되며 대인관계기술, 새로운 정보, 기술 등을 습득할 수 있다. 그래서 사회봉사는 사회복지에 관한 관심과 이해를 돕는 복지교육이며, 지역사회 민주시민으로서의 바람직한 역할과 자세를 배우는 시민교육의 기능도 수행한다. 자원봉사활동 전에 일정 기간 공식적 교육을 받음으로써 봉사의 대상과 특성, 자원봉사활동의 지침과 윤리, 자원봉사자의 태도를 학습해야 자원봉사활동 과정에서의 시행착오를 최소화하고 편견 없이 수용하는 자세로 도움이 필요한 대상에게 적절한 도움을 줄 수 있기 때문이다. 이러한 사전교육은 자원봉사활동 체험과정을 통해서 재인식되어 자원봉사활동의 책임 완수를 높일 수 있게 한다. 학습성은 청소년들에게 봉사활동을 장려하는 이유에 해당한다.

2. 청소년봉사활동

1) 봉사학습

청소년봉사활동은 봉사와 학습이 결합된 형태의 청소년 활동이라 할 수 있다. 청소년봉사활동의 가장 큰 특징은 시민성을 함양하는 학습 효과가 있다는 점이다. 청소년봉사활동은 완전한 의미의 봉사활동이라기보다 자원봉사활동을 통한 학습, 곧 봉사학습(Service Learning)의 개념에 더 가깝다. 봉사학습으로서 자원봉사활동은 일반적인 자원봉사활동과 구별된다. 청소년들의 봉사활동은 지역사회의 다양한 일을 봉사를 통해 직접 체험함으로써 사회활동을 미리 경험하는 '경험교육'을 하기 위함이다. 봉사학습이 '행함으로써 배움(learning by doing)'을 가장 잘 드러내는 사회체험 활동이기 때문이다.

봉사학습은 실천적 교육으로서 학생들의 발전을 향상시키기 위해 의도적으로 구조화하고 인간과 지역사회의 욕구를 함께 해결하고자 하는 활동에 학생들을 참여시키는 교육을 의미한다(Jacoby, 1996). 봉사학습은 수혜자뿐 아니라 봉사에 참여하는 학생의 삶까지 개선하는 상호호혜성의 성격을 지닌다. 즉, 봉사학습은 청소년들이 타인에게 도움을 주는 일을 행함으로써 동정, 이타심, 헌신 등의 만족감을 느끼는 협소한 봉사로 끝나는 것이 아니라 인간의 존엄성을 깨닫게 하며 지역사회에 대한 이해를 넓혀준다. 또한 복지제도 및 대상에 대한 비판적 인식을 길러주며 사회적 책임감과 애국심을 길러주고, 민주시민의식을 함양하는 데까지 나아가도록 한다.

| 표 10-1 | **자원봉사와 봉사학습 비교**

구분	자원봉사	봉사학습
수업형태	• 강의실 밖에서 활동	• 지역사회와 연계된 수업 • 시간의 융통적 활용 • 활동중심
지도자 역할	• 프로그램 개발자 • 의사결정자	• 리더 • 지역사회와 동반자 • 학습자와 공동 활동자
학습자 역할	• 지시에 따름 • 현재의 지역사회 요구 습득	• 리더 • 자기주도적 활동가 • 행동에 대한 반성 • 지역사회 요구습득
지역사회 역할	• 요구제시 • 자원봉사들 이끎	• 지도자와 학습자가 함께 충족되지 못한 사회적 요구들을 발견하고 제시
활동주체자	• 없음	• 학습자, 지도자, 지역사회

2) 청소년봉사활동의 효과

콘래드와 헤딘(Conrad & Hedin)은 봉사활동이 청소년들에게 개인적, 지적, 사회적 성장에 긍정적인 영향을 미친다고 보았다(Conrad et al., 1989). 봉사학습이 효과를 거두기 위해서는 봉사활동은 실제적이어야 하고, 청소년의 발달 단계와 흥미에 적합하여야 하며, 충분한 기간 동안 지속되어서 대인관계가 발달되고 사람들 간에 신뢰와 이해가 쌓일 수 있어야 한다. 또한 사려 깊고 역량 있는 성인 지도자의 안내와 더불어 세밀하게 계획되고 지속적으로 성찰되어야 한다(Claus & Ogden, 1999).

웨이드와 삭스(Wade & Saxe)에 따르면, 봉사 학습은 봉사활동 경험의 성찰, 봉사활동 시간, 봉사자의 속성, 봉사활동 영역의 네 요소에 의해 효과가 결정된다(Wade et al., 1996). 한편 페리와 카투라(Perry & Katula)에 따르면, 봉사 학습의 구조는 선행요인(antecedents), 봉사활동의 특성(attributes of service), 봉사자의 속성(attributes of the server), 개인의 변화(individual changes), 제도(institutions)의 다섯 가지 요소로 구성되어 있다(Perry et al., 2001). 따라서 봉사학습 효과를 결정하는 봉사학습 구조의 요소를 종합하면, 선행 요인, 봉사활동의 특성, 봉사자의 속성, 성찰과 반성, 개인의 변화, 제도의 여섯 가지를 들 수 있다.

첫째, 선행요인은 봉사학습의 출발점이자 봉사활동이 이루어지는 맥락으로서, 주로 가정 또는 가족적 요인과 관련된다. 구체적으로 부모의 교육 수준, 사회경제적 지위, 지역사회의 문화, 종교 유무와 헌신성 등을 들 수 있다. 이런 선행요인에 의해 봉사학습은 촉진되기도 하고 제약되기도 한다.

둘째, 봉사활동의 특성은 봉사활동 프로그램의 질, 효과적인 실행, 봉사활동 경험의 적절성과 관련된다. 프로그램의 질은 봉사와 학습이 동시에 이루어질 수 있도록 봉사자의 발달과 사회적 조건을 고려하여 체계적으로 구조화되어 있는 정도에 의해서 판단될 수 있다. 프로그램의 효과적인 실행은 목표에 맞는 양질의 프로그램이 설계되어 프로그램의 논리에 맞게 봉사자들에게 제공되는 것을 의미한다. 이렇게 실행되면 봉사자들은 봉사활동 프로그램을 통해서 구체적인 경험을 하게 된다. 이런 봉사활동의 경험을 통해서 봉사자의 역량을 유효하게 계발하려면 봉사활동에 충분한 활동시간이 주어져야 한다.

셋째, 봉사자의 속성은 봉사자 각 개인이 지닌 특징으로서 개인마다 다르다. 구체적으로 연령, 인성, 인지 구조 등을 들 수 있다. 이는 봉사학습 효과를 결정하는 데 있어서 중요한 요소이다. 봉사자의 속성과 봉사활동의 특성이 상호 작용을 하여 개인의 변화를 가져오게 된다.

넷째, 성찰과 반성은 봉사활동 과정과 후에 이루어지는 사고작용으로써 봉사학습의 핵심적인 요소이다. 단순한 봉사활동 체험만으로는 충분한 봉사학습 효과를 거두기 어렵다. 많은 학자와 교육자는 봉사학습 효과를 위해서는 지속적인 성찰이 필수적임을 강조하고 있다. 봉사활동의 교육적 힘은 이타적이고 인간적인 봉사경험 과정에서 봉사자 스스로 탐색하고, 분석하고, 비판하고, 계획하고, 결정해보도록 하는 성찰적 경험에서 나온다(Claus & Ogden, 1999). 성찰과 반성의 중요성은 듀이의 경험학습을 기반으로 한다. 듀이의 경험 개념에는 이미 성찰과 반성이 내포되어 있으며, 경험학습의 핵심적 요소로서 경험의 질이 변화된다. 경험이 교육적으로 의미 있는 것이 되려면, 성찰 자체가 경험의 요소로서 위치를 가져야 함을 의미한다. 행위가 경험의 외부적 요소라면, 성찰은 경험의 내부적 요소가 되어야 한다.

다섯째, 개인의 변화는 봉사활동의 특성, 봉사자의 속성, 성찰과 반성이라는 일련의 종합적인 상호작용 과정을 거친 후 나타난다. 여기에서 개인의 변화는 봉사활동에 의한 심리적·행동적 특성의 변화로 나타난다. 개인의 변화는 봉사활동 과정에서 경험하게 되는 지적 자극, 사회화, 실천(practice) 등에 의해서 나타나게 된다. 봉사활동 과정에서 직면하는 다양한 인지 과정의 자극에 의해서도 개인의 변화는 촉진된다. 봉사자는 이런 인지 과정의 자극을 받는 과정에서 피아제(Piaget)가 말하는 인지적 불균형을 경험하게 되고, 인지 구조의 동화와 조절의 순환적인 과정을 되풀이하게 된다. 이 과정을 통해서 봉사자의 지적 능력이 향상된다. 또한 봉사활동 과정에서 성인이나 동료 청소년들로부터 칭찬·보상 등의 강화를 받음으로써 바람직한 행동을 반복하여 내면화하기도 한다.

여섯째, 제도는 봉사 학습 효과를 거르는 여과 장치로서 기능한다. 제도는 봉사자가 봉사 학습을 통해서 함양한 지식이나 가치·태도 등의 사회적 수용 여부를 결정한다. 제도는 사회적으로 인정될 수 있는 행동과 지식, 가치와 태도에 대한 합의제도의 틀을 벗어나는 지식이나 가치·태도 등은 일반적으로 용인되기 어렵다. 청소년이 봉사학습을 통해서 얻게 되는 지식이나 가치·태도 등도 이 제도의 틀 내에서 합당성이 인정될 때에 최종적으로 사회적으로 수용된다. 물론 이런 제도가 불변의 것은 아니다. 제도는 안정적이긴 하지만 시민들의 사회참여활동에 의해서 변화되기도 한다. 따라서 제도의 여과 기능은 계속되지만, 그 여과의 준거는 시대와 사회의 맥락, 시민들의 노력에 의해 변화된다.

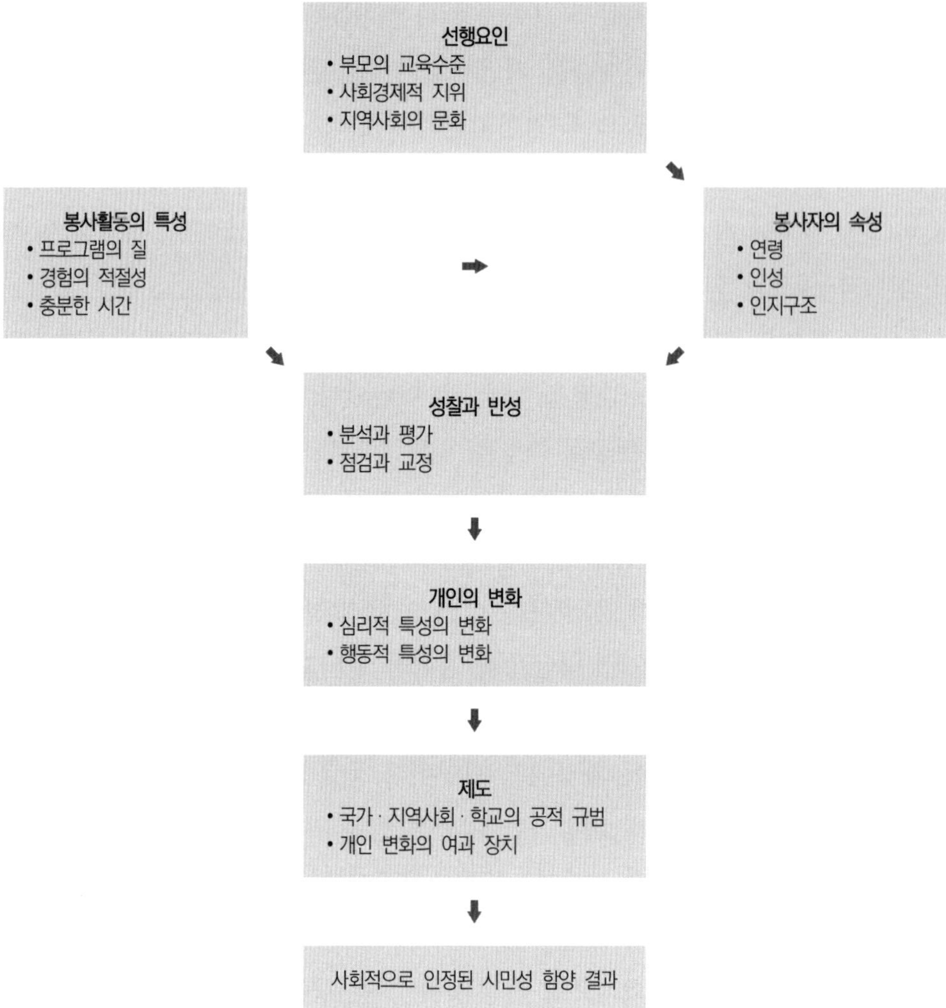

| 그림 10-1 | **봉사학습 구조**

출처: 김영인 외. (2017). 청소년 지도방법론. 서울: 창지사. 재구성.

3) 청소년봉사활동의 유형

(1) 활동 분야별 봉사활동

청소년봉사활동 유형은 일손돕기활동, 위문활동, 지도활동, 캠페인활동, 자선구호활동, 환경시설 보존활동, 지역사회 개발활동, 기타 봉사활동으로 분류된다. 일손돕기는 일손이 모자라는 공공기관, 복지시설, 보건소, 학교, 농·어촌 등을 찾아 도움을 주는 봉사활동이다. 위문활동은 우리 사회에서 소외되어 외롭고 힘들게 살아가는 사람들을 방문하여 위로하는 봉사활동이다. 지도활동은 아동이나 어르신들에게 학업, 운동, 문화, 레크리에이션 등을 지도하는 봉사활동이다. 캠페인활동은 특정 사안이나 사회적 이슈에 대해 사람들에게 정보를 주고 계몽하기 위한 활동이다. 자선구호활동은 재난, 재해, 질병, 빈곤 등으로 어려움에 처한 난민, 병자, 노약자, 빈민, 고아 등을 돕고 구제하기 위한 활동이다. 환경시설 보존활동은 환경오염과 파괴로부터 자연환경과 동식물을 보호하고, 주변 환경이나 시설들을 깨끗하게 유지 및 보호하기 위한 활동이다. 지역사회 개발활동은 지역사회 주민의 요구를 파악하고 반영하여 지역사회의 환경을 개선하고 발전시키기 위한 활동이다. 이상의 일곱 가지 활동에 포함되지 않은 활동을 기타 봉사활동이라고 한다. 유형별 구체적인 활동은 다음과 같다.

| 표 10-2 | **활동 분야별 봉사활동 영역**

영역	활동내용	활동 프로그램
일손돕기 활동	복지시설 일손 돕기	어린이 돌보기, 시설물 관리, 학습교재 제작, 배식, 설거지, 세탁, 청소, 잡초 제거, 시각장애인에게 책 읽어 주기, 편지 대필하기 등
	공공기관 일손 돕기	안내하기, 주소 대필하기, 문서 신청 대신하기, 우표 붙이기, 우편물 분류 돕기, 청소, 간단한 업무 돕기, 도서정리, 자료 정리, 심부름하기 등
	보건소 일손 돕기	안내하기, 청소, 잡초 제거, 간단한 업무 돕기, 심부름하기 등
	농어촌 일손 돕기	모내기나 추수 돕기, 어린이 돌보기, 주변 청소하기, 심부름하기, 어장이나 과수원 일손 돕기 등

	학교 내 일손 돕기	운동장 정리, 학교 행사 안내, 환경미화, 나무 심기, 졸업생이 출신 학교를 방문하여 청소 도와주기 등
위문활동	육아시설방문	육아시설 아동과 친선게임, 자매결연, 위문품 전달 등
	양로원 위문	노래, 춤, 연주, 연극 등을 통해 위로하고 위문품 전달 등
	장애인시설방문	함께 놀기, 장애인 돕기, 위문품 전달 등
	자매부대 위문	일일 병영생활, 위문편지, 위문품 전달 등
지도활동	동급생 지도	교과별 학습부진학생지도, 운동지도, 게임지도 등
	하급생 지도	유아원생 돌보기, 유치원생 · 초등학생 · 중학생 지도 등
	사회 교육지도	어린이 축구 · 농구교실, 어린이 컴퓨터교실, 에어로빅 교실, 각종 문화 및 레크리에이션 지도 등
	교통 안전지도	교통신호 지키기, 건널목 교통안전지도, 등 · 하굣길 안전지도 등
캠페인 활동	공공질서 확립	차례 지키기 캠페인, 부정부패 추방 캠페인 등
	교통안전캠페인	교통안전 캠페인, 안전사고 예방 캠페인 등
	학교 주변 확립 캠페인	유해업소 방문 계도, 전단 나누어 주기 등
	환경보전 캠페인	자연보호 캠페인, 동물보호 캠페인 등
자선구호 활동	재해구호활동	재해구호를 위한 노동봉사, 재해구호를 모금활동, 독거노인 돕기
	불우이웃돕기	장애인 돕기, 의료비 모금활동, 노약자 위로금 모금, 바자회 개최, 말벗 되어 드리기, 신문 읽어 드리기 등
	헌혈 및 일손 돕기	안내하기, 심부름하기, 간단한 업무 돕기 등
	국제협력 및 난민구호	헌혈, 골수기증, 장기자랑 등
환경시설 보존활동	자연보호	하천, 바다, 산 등의 오염방지 활동 등
	문화재보호	문화유적지 주변 청소하기 등
지역사회 개발활동	지역실태조사	지역사회 현황파악 활동, 지역사회복지 지도 만들기 등
	지역사회 가꾸기	마을 꽃길 만들기, 놀이터 만들기, 도로 정비 등
	지역홍보	지역신문 만들기, 지역 안내지 만들기 등
	지역행사지원	지역 내 체육대회 및 지역행사 일손 돕기, 지역문화 행사장 청소 등

출처: 오윤선 외. 2024. 청소년지도방법론(2판). 파주: 양서원.

(2) 활동 장소별 봉사활동

활동 장소에 따른 봉사활동 유형은 공공기관 및 시설 봉사활동, 사회복지시설 봉사활동, 행사장 봉사활동, 농·어촌 봉사활동, 하천, 산, 바다 봉사활동 등으로 구분될 수 있다. 유형별 구체적인 활동은 다음과 같다.

| 표 10-3 | 활동 장소별 봉사활동 영역

구분	세부 대상 기관
공공기관 및 시설	구청, 경찰서, 동사무소, 등기소, 소방서, 우체국, 파출소, 보건소, 적십자사, 도서관, 지하철, 공설운동장 등
문화재	고궁, 왕릉, 박물관, 일반 문화재 등
묘지, 묘원	국립묘지, 묘원 등
위락, 휴식시설	국립공원, 근린공원, 놀이터, 유원지, 시민공원 등
사회복지시설 및 단체	노인정, 노인대학, 양로원, 보육원, 부녀회, 사회복지관, 사회봉사단체, 재활원, 장애인시설 등
기타 장소	농어촌, 아파트, 자원재활용 처리소, 종교단체 등

출처: 구승신 외. (2016). 자원봉사론(2판). 파주: 정민사.

(3) 참여 경로별 봉사활동

참여 경로에 따른 봉사활동 유형은 학교를 통한 봉사활동, 청소년 단체 및 시민 단체 등을 통한 봉사활동, 종교기관을 통한 봉사활동, 개인적 경로를 통한 봉사활동으로 구분할 수 있다. 대다수 청소년의 경우 학교를 통한 봉사활동이 이루어지고 있으며, 개인적으로는 인터넷(1365자원봉사센터) 등을 통해 이루어지고 있다.

(4) 참여 방식별 봉사활동

참여방식에 따라 직접 봉사활동, 간접 봉사활동, 지지활동으로 구분할 수 있다. 직접 봉사활동은 환자의 보조, 자연보호활동(청소) 등 봉사자의 직접적인 활동이 매개가 되는 반면 간접 봉사활동은 음식이나 의료, 기금 등의 모집 및 전달활동으로 이루어진다. 지지활동은 캠페인 조직 및 활동, 사회의식 개선 등의 활동이 이루어진다.

3. 청소년봉사활동 지도방법

1) 지도목표

청소년기부터 봉사활동의 가치와 중요성을 인식하여 자발적으로 봉사활동을 하는 습관을 형성하게 할 필요가 있다. 이를 위해서 청소년에 대한 체계적인 봉사활동 지도가 필요하며, 봉사활동 지도의 목표는 인성 측면, 공동체 측면, 민주주의 측면의 크게 세 가지 측면에서 주요 내용을 제시하고자 한다(김창현, 2023).

| 표 10-4 | 청소년 자원봉사 활동 지도의 목표

단계	핵심 내용
인성 측면	• 봉사활동 지도는 이타성, 약자에 대한 배려, 나눔 등과 같은 따뜻한 인간성을 기르는 것을 목표로 함 • 봉사활동은 나의 능력과 재산, 시간을 희생하는 이타적인 활동으로 청소년에게 인간에 대한 사랑과 신뢰를 체험하는 소중한 기회가 됨 • 봉사활동을 통해서 청소년은 인간에 대한 사랑과 신뢰의 회복, 따뜻한 인간성 함양을 경험하면서 체득
공동체 측면	• 봉사활동 지도는 청소년의 공동체 의식 함양과 사회통합성 제고를 목표로 함 • 봉사활동은 이웃, 지역사회, 국가, 인류의 문제를 타인과 함께 해결하려는 활동이기 때문에 나만을 생각하는 이기성을 벗어나 공동체 의식을 함양하는 데 유용
민주주의 측면	• 봉사활동 지도는 청소년에게 참여적 시민성을 함양시키고, 청소년을 참여적이고 능동적인 시민으로 성장시키는 것을 목표로 함 • 봉사활동은 지역사회, 국가, 지구촌의 문제에 직접 참여하여 이를 해결하려는 활동이기 때문에 오늘날 민주주의가 요구하는 참여적 시민성을 함양시키는 데 유용

출처: 김창현 외. (2016). 청소년활동론. 서울: 동문사.

2) 지도단계

청소년봉사활동의 학습효과를 최대화할 지도방법이 뒷받침되어야 하며, 이를 위해 봉사활동의 특성, 봉사자의 속성, 성찰과 반성이 유기적으로 연결되도록 지도되어야 한다. 봉사학습 효과가 최대화되는 봉사활동 지도는 일반적으로 준비단계(Preparation) – 활동단계(Action) – 반성단계(Reflection) – 발표와 격려단계(Demonstration and celebration)를 거친다(Kaye, 2004).

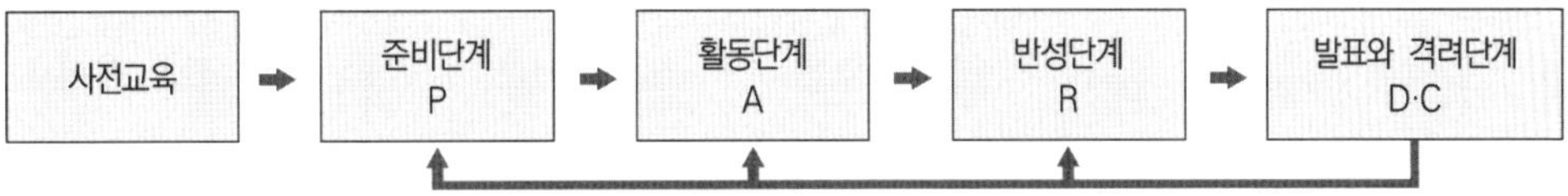

| 그림 10-2 | **봉사활동 지도단계**

출처: 김영인 외. (2017). 청소년 지도방법론. 서울: 창지사.

네 단계에 들어가기에 앞서 본격적으로 사전교육이 필요하다. 봉사자의 사전교육은 봉사활동의 성공적인 운영에 매우 중요하다. 청소년지도자는 사전교육을 통해 봉사활동의 취지와 가치, 중요성을 인식시키고 내재적인 동기를 유발하도록 해야 한다. 봉사활동의 지도단계를 살펴보면 다음과 같다(김창현, 2023).

| 표 10-5 | **봉사활동 지도단계**

단계	중점	지도내용
사전 교육	강의와 토론	• 봉사활동의 의미, 특성 이념 소개 • 청소년 봉사활동의 필요성 설득 • 청소년 봉사활동에 대한 자기 생각 발표, 토론
	동기부여(유발)	• 감동적인 청소년 봉사활동 비디오 시청을 통해서 동기유발 • 예) '아름다운 세상을 꿈꾸며'(중앙일보사), '봉사하며 배운다'(한국자원봉사연합회), '그늘진 곳에서도 우리 아이들'(MBC), '청소년자원봉사대'(EBS) 등
	안내	• 대상기관 소개 • 대상기관 일손돕기 봉사활동 진행단계

<table>
<tr><td rowspan="3">준비
단계
(P)</td><td>대상기관 각
프로그램별 봉사
활동자 수요 조사</td><td>• 대상기관의 각 프로그램별 활동내용, 1일 필요 봉사활동인원, 봉사활동시간, 봉사자 자격, 기타 유의사항 조사
• 조사된 자료를 토대로 '프로그램별 자원봉사 수요현황표' 작성</td></tr>
<tr><td>각 프로그램별
봉사활동팀 구성</td><td>• '프로그램별 자원봉사 수요 현황표'의 프로그램별로 봉사자 파악
• 각 프로그램별로 봉사활동팀을 구성하여 같은 자리에 배치</td></tr>
<tr><td>봉사활동팀별로
활동계획 수립</td><td>• 프로그램의 특성을 파악
• 봉사활동 계획 수립
• 대상기관 프로그램 담당자의 조언과 안내
• 청소년지도자의 세심한 관찰과 배려가 있어야 함</td></tr>
<tr><td rowspan="2">활동
단계
(A)</td><td>자신의 선택한
프로그램
영역에서
봉사활동 전개</td><td>• 활동과정에서 청소년은 다양한 인간관계를 형성하고 경험을 함
• 예) 장애인 복지관 프로그램 봉사팀: 장애인돌보기, 간식지도, 청소, 담당사회복사 업무보조, 장애인과 친구되기 등 활동 전개</td></tr>
<tr><td>활동일지 기록</td><td>• 매일 봉사활동 내용과 소감 기록</td></tr>
<tr><td rowspan="3">반성
단계
(R)</td><td>개인별 반성</td><td>• 먼저 개인별로 자신의 봉사활동 과정을 뒤돌아보게 한 후 인지적 · 정서적 · 사회적 · 도덕적 측면에서 배운 것, 좋은 것, 고쳐야 할 것 파악</td></tr>
<tr><td>팀별 반성</td><td>• 개인별 반성을 토대로 팀별로 자유롭게 의견발표와 토론을 봉사활동 평가</td></tr>
<tr><td>발표준비</td><td>• 봉사활동성과를 중심으로 발표준비
• 팀의 모든 구성원이 발표에서 역할을 하도록 분담</td></tr>
<tr><td rowspan="2">발표
및
격려
단계
(D·C)</td><td>각 팀별로
봉사활동 성과
발표</td><td>• 다양한 방법(역할극, 비디오, 사진 등)으로 발표
• 발표시 팀 구성원이 전원 참여할 수 있는 역할분담</td></tr>
<tr><td>상호 격려와
인정</td><td>• 각 팀별로 잘된 점 하나씩을 찾아 칭찬하고 격려하기
• 청소년지도자는 청소년 각자의 봉사활동 성과를 부각시켜 많은 사람으로부터 격려와 인정을 받을 수 있도록 해야 함</td></tr>
</table>

출처: 김창현. (2023). 청소년지도방법론(2판). 파주: 정민사.

3) 봉사활동의 기록 및 평가

최근 우리나라에서 학생 봉사활동의 기록 및 평가과정은 학생들이 봉사활동을 실시한 기관에서 봉사활동 확인서나 카드를 담임교사에게 제출하면 교사가 학교생활기록부에 그 상황을 전산 입력하고 학년별로 봉사활동 실적을 누가 기록하여 평가자료로 활용하도록 하고 있다. 그동안 다양하게 전개되었던 학생 봉사활동은 학생들이 봉사활동의 의미를 이해하고 참여하며 시민의식 향상과 인성교육 효과를 증진시킬 수 있을 뿐 아니라, 사회 전반에 봉사의식과 의욕을 확산시킴으로써 지역사회 발전에도 기여하게 된다. 따라서 봉사활동의 평가결과는 학생에 대한 이해를 돕고, 새로운 봉사활동의 계획을 수립하는 데 기초자료로 활용할 수 있고, 봉사활동의 추수지도의 지침으로 활용할 수 있으며, 나아가서 상급학교 진학 및 취업 시의 참고자료로 쓰일 수 있기 때문에 반드시 봉사활동 결과평가를 위한 후속 조치를 잘 하여야 한다(김창현, 2023).

봉사활동 평가절차와 방식의 문제점을 보면 봉사활동의 횟수, 시간 등 단순히 양적 경험에만 치우쳐 기록됨으로써 형식적 활동기록에 그칠 우려가 있으며, 활동결과의 지속적 연계활용과 발전과정이 부족한 점이 지적되고 있으며, 또한 이와 함께 봉사활동 대상기관 및 프로그램의 부족, 활동시간의 부족, 안전사고의 우려 등의 문제들이 복합적으로 제기된다(김창현, 2023).

대안으로는 봉사활동의 횟수뿐 아니라 구체적 활동내용의 기록, 담당지도자의 평가조언 등의 기록을 통해서 질적 평가가 가능하도록 해야 하며, 상급학교 진학 시뿐만 아니라 취업 등 봉사활동의 후속 연계 발전이 가능할 수 있도록 봉사활동인증제 등을 도입하자는 의견들이 개진되어야 되며, 최근 창의적 체험활동제도의 도입과 함께 더욱 체계적인 학생 봉사활동의 운영과 관리 시스템의 정비가 절실히 요구된다(김창현, 2023).

11

Chapter

청소년 진로지도방법

1. 진로지도의 이해

1) 진로의 개념

청소년의 진로결정은 개인이 자신의 장래를 위하여 직업적 삶과 관련이 있는 것을 계획하는 과정으로 일회적인 선택이나 결정이 아니라 인생 전반부에 걸쳐 영향을 주는 장기적인 삶의 설계라는 점에서 그 중요성이 있다. 또한 인공지능(AI) 로봇, 챗GPT(ChatGPT) 등 급속한 과학기술의 발전은 사회·경제·문화에 엄청난 변화를 불러왔다. 무엇보다 많은 직업이 위협받거나 사라질 것이라 예고하여, 예측하기 어려운 미래에 대한 불안을 높이고 있다. 따라서 오늘날처럼 직업이 다양화되고 그 생성과 소멸이 빠르게 진행되는 정보화 사회에서는 다양한 직업 요구조건의 변화에 신속하고 현명하게 대처할 수 있는 능력이 요구된다. 이러한 시대의 흐름에 따라 우리나라는 2015년 「진로교육법」 시행과 함께 진로지도(교육) 및 상담을 적극적으로 펼치고 있다.

진로의 개념은 폭넓고 모호하다. 진로(進路)의 어원은 '수레가 다니는 길을 따라간다(to roll along on wheels)'는 뜻의 'Carro'에서 유래되었다. 사전적 의미로는 '앞으로 나아가는 길', '앞으로의 삶의 방향'을 의미한다. 진로(Career)는 단순히 직업이나 경력을 일컫는 것 그 이상이다. 그 의미는 한 개인이 일과 관련하여 경험하고 거쳐 가는 모든 체험을 의미한다. 수퍼(Super)는 개인이 일생 동안 달성한 일련의 역할 및 그 역할의 조합으로 진로를 정의했는데, 여기서 역할이란 자녀와 학생, 여가인, 시민, 근로자, 배우자, 가정주부(home maker), 부모, 연금생활자 등과 같은 대부분 사람이 일생 동안 경험하게 되는 역할과 입장을 말한다(Super, 1980). 시어스(Sears, 1982)는 진로를 '개인이 일생 동안 하는 일 전체'로, 맥다니얼스(McDaniels, 1989)는 '일과 레저의 합'으로 정의하였고, 허와 크래머(Herr et al., 1996)는 사람들이 어떤 한 가지를 선택하거나 선택하지 않도록 하는 독특성을 제공해 주는 것으로 단순히 직업만을 가르치는 것이 아니라 직업생활의 준비기간이나 은퇴 이후까지 포함하여 일과 관련된 자신의 역할 및 사회와의 상호작용, 여가활동까지 포함하는 것으로 진로를 정의하였다(박윤희, 2012). 즉, 좁은 의미에서는 진로는 직업을 의미하지만 넓은 의미에서는 일생을 통해 행해지는 모든 행동을 포함한 보편적인 생활 형태로, 생애와 동일한 의미가 있다. 영어표현인 커리어(career)는 접근방법에 따라 여러 의미로 다양하게 사용되고 있다. 경영학의 관점에서 커리어는 경력이라고 번역하며, 심리학 또는 상담학에서는 주로 '진로'라 번역된다. 진로에 대한 의미를 사전적으로 살펴보면 '한 개인의 생애 전 과정'이라고 정의하고 있다(조혜영 외, 2019). 진로는 임금을 받는 직업에만 국한되지 않으며, 유년기에서 시작하여 노년기로 접어들어 직장에서 은퇴한 후에도 계속되는 모든 일의 활동을 포함하고 있다. 진로(career)라는 용어는 직업(vocation)이라는 용어보다 폭넓은 개념으로 생애 전반(life-span)을 말한다(Zunker, 1994). 진로는 사람의 일생을 거쳐 평생 동안 진행되지만, 생애 발달 단계별로 각각 독특한 내용과 방법으로 이루어지고 있으며 직업의 분야에 따라서도 크게 다른 내용과 방법으로 수행되고 있다.

이러한 진로의 개념을 정리하면, 개인과 환경의 상호작용에서 일과 관련된 모든 활동을 의미한다. 시간적 범위는 개인의 일생, 삶과 거의 동일시하는 관점이며, 현실적으로는 개인의 적성이나 가치관에 맞는 직업이나 일을 찾는 활동으로 대표한다(류명구 외, 2024).

2) 진로지도의 개념

진로지도는 파슨스(Parsons)가 미국의 보스턴시에서 시작한 직업상담(vocational counseling)을 효시로 하여 이후 직업지도(vocational guidance)라는 명칭으로 사용되었다(Parsons, 1909). 그러다 진로상담(Career Counseling)은 진로지도(Career Guidance)와 동의어로 많이 사용하고 있으나, 의미를 자세히 보면 그 방법이나 차이가 나타난다. 진로에 대한 진로상담을 미국상담협회 정의에는, 그 인생 전반에 걸친 진로선택과 연관된 모든 상담활동을 의미하며, 그 대상은 어린아이부터 은퇴한 70세 이상의 노인까지 포함한다. 개인의 진로발달을 촉진 시키거나 진로계획, 진로 및 직업의 선택, 결정, 실천, 직업적응, 진로변경 등의 과정을 돕기 위한 활동으로 산업상담을 포함하고 있다. 또한 산업상담은 직업생활을 하는 근로자를 대상으로 한다. 가장 포괄적인 진로상담은 전 생애적 과정이라고 할 수 있지만, 특성상 주로 중·고·대학의 학교현장, 사회복지시설, 사회단체 등에서 실시하고 있다. 직업상담은 주로 개인의 최종학력이 끝나는 학교의 졸업 시기부터 시작되는데 주로 학교현장, 직업훈련기관, 직업안정기관, 취업 알선기관, 사회 관련 기관 등에서 실시되고 있으며, 산업상담은 산업현장의 기업체에서 실시되고 있다(주석진, 2017).

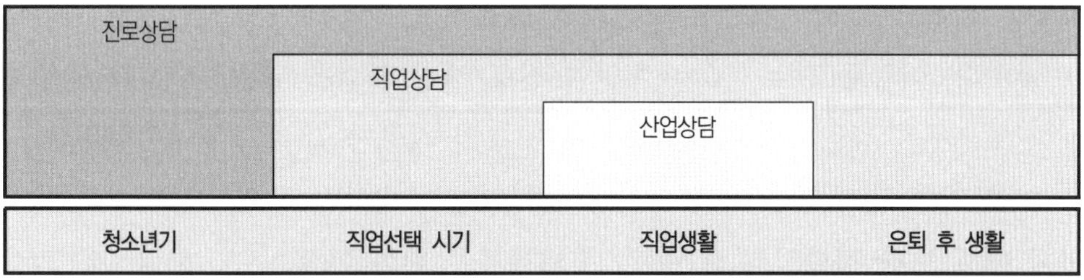

| 그림 11-1 | 인간발달과정에서 진로상담 · 직업상담 · 산업상담의 영역 비교

출처: 주석진. (2017). 직업상담사 2급 기본서 직업상담과 직업정보(2판). 고양: 공동체.

이를 위해 직업지도는 개인이 지니고 있는 잠재 가능성을 인식·탐색하고 개발시켜 자신이 원하는 진학·직업을 선택하고 이에 잘 적응하도록 함으로써, 선택한 진학·직업에 만족하고 능률을 향상시켜 행복감을 느끼며 지낼 수 있도록 하는 것이다(김충기, 2001). 또는 사람들이 활동하는 생애 동안 그들의 진로발달을 자극하고 촉진하기 위해서 전문상담자나 교사 등과 같은 전문인이 여러 장면에서 수행하는 활동들로 진로계획, 의사결정, 적응문제 등에 조력하는 것이라고 정의한다(김봉환, 2000). 즉, 진로지도는 진학지도와 직업지도를 포함한 개인의 전 생애에 걸쳐 직업적 발달을 촉진시키고 진로를 준비시켜 그에 따라 직업을 선택하고 선택된 직업에서 적응하여 계속 발전할 수 있도록 돕는 과정이다. 따라서 진로발달(Career Development)은 각 개인이 자기가 설정한 진로목표에 접근해 가고 그 목표를 달성해 가는 과정을 의미한다. 신체적·정신적 발달과 마찬가지로 직업에 대한 지식, 태도, 기능이 어려서부터 발달하기 시작하여 죽을 때까지 계속된다는 의미를 포함한다. 즉, 직업을 선택하고 직업에 대해 준비하는 과정을 말한다(정옥분, 2019).

3) 진로지도의 목표

진로지도의 궁극적인 목적은 진로상담 및 진로교육을 통하여 개인적으로는 자아를 실현하고, 국가적으로는 인력의 효율적인 활용으로 국가발전에 기여하는 것이다. 이렇듯 진로지도는 개인이 진로 개발 과업을 달성하도록 도와주거나 진로문제를 해결하도록 도와줌으로써 그의 진로가 잘 형성될 수 있도록 하는 데 목적을 두고 있다(최동선, 2005). 이를 위한 구체적인 진로지도의 목표는 자신에 대해 보다 정확한 이해 증진, 직업세계에 대한 이해 증진, 합리적인 의사결정 능력의 증진, 정보탐색 및 활용능력의 함양, 일과 직업에 대한 올바른 가치관 및 태도 형성에 있다(김봉환 외, 2006).

첫째, 진로의 선택은 먼저 자신에 대한 이해이다. 진로의 다양성을 수용하고 자신의 삶에 가치를 발견하여 자신에 대한 긍정성을 향상하며 지속가능한 사회에 기여할 방법을 탐색한다. 복잡한 직업세계에서 자신에게 가장 적합한 직업을 선택하기 위해서는 무엇보다도 자기의 가치관, 능력, 성격, 적성, 흥미, 신체적 특성 등에 대하여 올바르게 이해하는 일이 필수적이다. 특히 청소년지도자는 청소년들이 진로지도를 통하여 정확하고 객관적인 자기 이미지를 형성할 수 있도록 도와야 한다.

둘째, 진로설계를 위해서는 다양한 직업 세계를 알아야 한다. 직업 세계의 특성과 변화 가능성을 이해하고 다양한 진로 활동에 참여함으로써 주도적으로 진로를 탐색하며 진로 정보에 접근하고 활용할 수 있는 소양을 기른다. 많은 청소년이 일과 직업세계에 대해 잘 모르고 있는 경우가 많다. 설령 알고 있다고 해도 매우 피상적인 수준에서 단편적인 측면만을 숙지하고 있다. 따라서 진로지도를 통해 일의 종류, 직업세계의 구조와 특성, 직업세계의 변화, 고용기회 및 경향 등을 올바르게 이해하도록 하는 일은 진로지도의 중요한 목표가 된다.

셋째, 진로의사결정에 진로와 관련된 조언과 지원을 받을 수 있음을 인식하고 잠정적인 진로 목표와 그에 따른 진로 및 학업 계획을 수립하고 실천한다. 진로지도의 최종결과는 자신에 대한 정보, 직업세계에 대한 정보 등을 토대로, 최종적으로 진로를 선택하는 의사결정을 하는 것이다. 청소년들이 진로지도를 통해 자신의 진로를 스스로 선택하고 계획을 추진할 수 있도록 학습하고 의사결정 능력을 증진하도록 도와야 한다.

넷째, 진로지도에서 '정보제공'은 매우 큰 비중을 차지한다. 정보화 시대를 바람직하게 살아가는 모습 중 하나는 자신에게 필요한 다양한 정보를 신속하게 수집, 분석, 가공하여 적절하게 활용하는 능력을 갖추는 것이다. 이를 통해 합리적인 의사결정이 이루어질 수 있도록 도와야 한다.

다섯째, 진로지도의 중요한 목표 중 하나는 청소년으로 하여금 일과 직업에 대한 올바른 가치관 및 태도를 갖도록 하는 것이다. 일하는 것은 생계수단 이상의 의미가 있다. 일은 사회봉사와 자아실현의 수단이 된다.

2. 직업세계의 변화

혁신적 기술의 변화가 일어난 것을 산업혁명이라 한다. 과거 1, 2, 3차 산업혁명이 농업, 제조업, 통신업, 금융업, 의료 등 해당 분야의 생산력을 향상시키고 기술력을 심화시키는 데 기여했다면, 4차 산업혁명의 특징은 융합(convergence)과 연결(connectivity)이라고 할 수 있다. 4차 산업혁명은 인공지능(AI), 사물인터넷(IoT), 빅데이터, 모바일 등 첨단 정보기술이 경제 및 사회 전반에 융합되고 연결되어 혁신적인 변화가 나타나는 산업 시대로 컴퓨터, 인터넷에서 한 단계 더 진보된 혁명을 일컫는다.

최근에는 인간만이 할 수 있다고 믿었던 화가, 작곡가, 상담(챗봇) 등의 영역까지도 인공지능 로봇이 진출하고 있다. 이런 변화는 우리의 삶을 더 편리하게 만들겠지만, 그로 인한 부작용이나 위험 또한 적지 않을 것이다. 무엇보다 우리의 일상생활뿐만 아니라, 직업 세계에도 큰 변화를 일으키고 있다. 누구도 미래를 객관적으로 예측할 수는 없지만, 우리 사회에 나타나는 변화와 여러 상황을 고려하여 네 가지 영역으로 예측해 볼 수 있다(최연구, 2020).

첫째, 미래사회의 가장 큰 변화는 일자리, 산업, 경제 등의 영역에서 이루어질 것이다. 4차 산업혁명의 핵심기술로 인해 자동화, 지능화가 가속화되고, 인공지능, 빅데이터 등 4차 산업혁명과 관련된 일자리는 점점 늘어날 것이다.

둘째, 미래사회는 인공지능과 빅데이터, 정보통신기술의 발달로 초지능화가 이루어질 것이다.

셋째, 미래사회는 모든 것이 서로 연결되는 초연결사회가 되고, 최첨단 스마트 기기 덕분에 업무 및 커뮤니케이션은 더욱 편리해질 것이다. 또 가상현실(VR), 증강현실(AR) 기술의 발달로 현실보다 생생한 가상체험을 통해 인간의 감각은 새로운 차원을 경험할 수도 있다.

넷째, 미래사회는 접속과 공유를 기반으로 하는 공유경제, 공유사회가 될 것이다.

그렇다면 미래에 유망한 직업은 무엇일까. 미래사회가 필요로 하는 인재는 어떤 역량을 갖추어야 할까. 미래의 주인공인 청소년은 지금 어떤 준비를 하고 어떤 계획을 세워야 할까. 이러한 질문들에 고용노동부와 한국고용정보원은 기술발전에 따라 직업구조 변화를 다음의 네 가지 유형으로 제시하였다(김동규 외, 2019).

첫째, 4차 산업혁명의 핵심기술이 산업화(상품, 서비스)되면서 사물인터넷 전문가, 인공지능 전문가, 자율주행차 개발자 등 새로운 직업들이 등장하고 있다.

둘째, 기존 직업이 전문화 및 세분화하고 있다. 예를 들면, IT 보안 전문가는 전문 영역에 따라 사물인터넷(IoT) 보안 전문가, 핀테크 보안 전문가, 자율주행차 보안 전문가 등으로 전문화될 것이다.

셋째, 직무 또는 분야 간 융복합에 따른 직업이 등장하고 있다. 예를 들면, 금융과 정보기술(IT) 지식이 필요한 핀테크 전문가, 의료와 빅데이터, 정보기술(IT) 지식이 필요한 의료정보 분석사 등이다.

넷째, 데이터 기반의 경제·사회가 되면서 정보기술(IT)보안 전문가의 역할이 더욱 커지고 있다.

신기술에 따른 새로운 직업 등

- 사물인터넷 전문가
- 인공지능 전문가
- 가상현실/증강현실 전문가
- 드론 조종사/드론 관제사
- 자율주행차 개발자
- 3D 프린팅 전문가
- 클라우드 엔지니어
  ← 시스템 엔지니어/네트워크 엔지니어
- 빅데이터 플랫폼 운영자
  ← DB 관리자/시스템 운영자

기존 직업의 역할 강화

- IT보안 전문가
- 소프트웨어 개발자
- 로봇개발자
- 로봇운영관리자/로봇유지보수기술자
- 생명공학자
- (스마트팩토리)생산공정설계기술자/생산관리기술자/품질관리기술자
- 3D모델러

직무의 전문화/세분화

- 데이터분석가
  → 데이터엔지니어, 데이터사이언티스트, 빅데이터 시각화 전문가
- IT 보안 전문가
  → IoT 보안 전문가, 자율주행차 보안 전문가, 핀테크 보안 전문가 등
- 소프트웨어 개발자
  → 블록체인 전문가, 인공지능 전문가, 스마트팩토리 SW 전문가

기존 직업의 역할 강화

- 핀테크 전문가
  (금융 + IT)
- 의료정보 분석사
  (의료 + 빅데이터 + IT)
- 공유플랫폼 운영자
  (경영기획/마케팅 + IT)

| 그림 11-2 | **직업구조의 변화**

출처: 김동규 외. (2019). 4차 산업혁명 시대 내 직업 찾기. 서울: 한국고용정보원.

한편 4차 산업혁명 시대에 더욱 중요해지는 핵심직업능력, 즉 미래 직업인이 갖추어야 할 역량을 다음과 같이 제시하였다(김동규 외, 2019).

| 표 11-1 | 미래 직업인이 갖추어야 할 역량

역량	내용
디지털 문해력	'디지털 리터러시(digital literacy)'라고도 하는데, 첨단기술이 직업현장에 속속 도입되면서 앞으로 거의 모든 분야의 근로자들은 컴퓨터와 IT 관련 지식과 기술이 필요하게 될 것이다. 디지털 문해력은 실제 프로그래밍을 한다든지 혹은 컴퓨터 하드웨어를 개발하는 것과 같은 엔지니어링 기술을 말하는 것이 아니라, 각종 소프트웨어 또는 디지털 장비에 대한 활용 능력, 사양과 성능에 대한 지식, 기본적인 유지관리 능력 등을 말한다.
창의력과 융합 역량	4차 산업혁명 시대를 맞아 여러 기술 간, 산업 간, 학문 간 융합이 더욱 활발히 일어나고 있다.
협업 역량	요즘 생산되는 제품이나 서비스는 다양한 기술과 여러 분야의 지식이 복합적으로 사용된다. 따라서 제품 개발이나 서비스 운영에서도 다양한 분야의 전문가들이 협력하는 것이 일상적인 모습이 되었다.
공감과 소통 역량	기술진보는 직업현장에서 기계가 사람을 대체할 가능성을 높이지만 한편으로는 인간만의 특성과 장점이 더욱 중요해지게 될 것이다. 사람의 감성과 감정을 다루는 일, 즉 심리상담, 간호, 복지, 엔터테인먼트, 개인 서비스(미용 등) 등은 기계가 할 수 없는 일이다. 또 기술이 실제 인간사회에서 활용되기 위해서는 사람들의 욕구를 충족시켜야 하고, 사람의 욕구를 찾아내기 위해서는 사람과의 소통이 필요하다.
창업가 정신	컴퓨터와 인터넷, 인공지능과 빅데이터, 모바일 기기, 3D 프린터 등의 보편화로 개인이 창업하거나 노동력을 제공하기가 더욱 쉬워지면서 꼭 필요한 역량이 되었다.
문제해결 능력	하나의 상품과 서비스를 개발하거나 시스템을 구축하거나 정책을 기획하고 추진하기 위해서는 다양한 이해관계자의 협력이 필요하다. 이러한 과정에서 불확실하고 복잡한 문제를 창의적이고 능동적으로 해결할 수 있는 능력이 더욱 필요하다.
자기 주도학습 역량	4차 산업혁명으로 직업세계의 변화가 더 빨라지고 정보와 지식은 폭발적으로 늘어날 것이다. 또 수명 연장으로 더 많은 직업을 갖게 될 것이다. 따라서 스스로 학습하는 습관을 기르고 자기만의 효과적인 학습방법을 만들어가야 할 것이다.

출처: 김동규 외. (2019). 4차 산업혁명 시대 내 직업 찾기. 서울: 한국고용정보원. 재구성.

3. 청소년 진로지도이론

진로 관련 이론은 지금까지 크게 세 단계를 거쳐 변화하였는데 20세기 파슨스(Parsons, 1909)의 연구로부터 시작된 개인차의 측정을 중심으로 한 특성요인이론의 직업지도로부터 전 생애 발달을 고려한 생애주기와 생애 공간의 역할을 강조한 진로발달의 시대(Super, 1957), 그리고 포스트 모던 관점에서 내러티브와 구성주의의 접근인 라이프스타일의 시대로 변화하였다(김이준, 2020).

1) 특성요인이론

특성요인이론(trait-factor theory)은 개인차 심리학과 응용심리학에 그 배경을 두고 인간 행동의 개인차에 대한 측정과 확인에 초점을 두고 있다. 대표적인 이론가로 파슨스(Parsons, 1909), 윌리엄슨(Williamson, 1950), 홀(Hull, 1928), 키트슨(Kitson, 1925) 등이 있다. 생활지도의 아버지로 불리는 파슨스(1909)가 제안한 특성요인이론은 진로상담과 관련된 초창기의 이론으로 자신에 대한 명확한 이해와 여러 직업에 관한 지식의 합리적인 연결이 현명한 직업선택이라고 보았다. 즉, 파슨스는 개인분석, 직업분석, 과학적 조언을 통한 매칭(matching)을 주장하였다. 이는 자신의 강점과 약점을 포함한 개인적 성향을 충분히 이해하고, 주어진 직업에서의 성공조건 및 보상과 승진에 관한 정보를 알아야 하며, 입수한 정보를 바탕으로 선택 과정에서 '진실한 추론'을 해나가야 한다는 것이다. 특히 피터슨(Peterson)은 진로상담자들이 사용할 수 있는 여러 가지 심리검사 도구를 개발하여 과학적 측정을 통한 특성 확인을 가능케 하였다.

파슨스(Parsons)는 그의 저서 『Choosing a Vocation(직업의 선택)』에서 현명한 직업선택에 관련되는 세 가지 주요 요인을 다음과 같이 제시하였다. 우선, 자신에 대한 명확한 이해(적성, 능력, 흥미, 포부, 환경 등)와 둘째, 여러 직업에 따른 자격 요건, 장단점, 보수, 취업기회, 장래전망 등에 관한 지식, 셋째, 위의 두 요인 간의 합리적인 연결, 즉 내담자 자신의 개인적 요인에 관한 자료와 직업에 관한 자료를 중심으로 진로상담을 통해 내담자가 현명한 선택을 하도록 도와주는 조력 활동이다(Parsons, 1909). 이렇듯 현명한 직업선택은 자기 자신에 대한 분명한 이해, 제반 직업조건과 욕구의 인식 그리고 이 두 가지 요소의 적절한 매칭으로 이루어진다고 할 수 있다.

밀러(Miller, 1974)는 특성요인이론을 다음과 같은 다섯 가지 가정에 기초를 두고 있다(오윤선 외, 2024).

첫째, 직업발달은 개인과 직업특성 간의 관계를 합리적으로 추론하여 의사결정을 도출해 가는 인지과정이다.

둘째, 직업선택에서는 발달보다는 선택 자체를 강조한다.

셋째, 한 사람이 여러 가지 직업에 두루 적합하다고 볼 수는 없으며, 개인은 자기에게 맞는 하나의 적절한 직업이 있다.

넷째, 직업에는 그 직업에 맞는 특정한 형태의 사람이 종사하고 있다. 따라서 어떤 특정한 직업에서 유능하게 일할 수 있는 사람의 특성에는 어떤 제한이 있다고 볼 수 있다.

다섯째, 누구나 자신의 특성에 알맞은 직업을 선택할 수 있다.

이처럼 특성요인이론은 개인의 적성, 지능, 흥미, 가치관, 성격 및 여러 특성을 심리검사 등의 객관적인 방법으로 찾아내고, 각 직업이 요구하는 제반요인을 분석하여 개인의 특성에 적합한 직업을 선택하는 이론이다. 이러한 직업선택은 개인의 능력 수준과 욕구가 자기가 원하는 직업에서 요구하는 능력과 강화체계가 일치되어 직무만족도를 높이고 성공적인 직업 적응을 가능하게 한다.

2) 발달이론

발달이론(Developmental Theories)은 특성요인보다 더 포괄적인 접근을 하고, 시간에 따라 일어나는 모든 진로행동의 변화와 발달을 전제로 한 종단적 분석에 많은 관심이 있을 뿐 아니라 자아개념을 중요시한다는 점에서 특성이론과 차이가 있다(Herr et al., 1996). 즉, 특성요인이론이 직업선택을 일회적인 행위로 간주하였다면 발달이론에서는 진로발달을 생애의 전 과정에 거쳐 발생하며, 나중에 이루어지는 결정은 그 이전의 영향을 받게 되는 것으로 가정한다. 인구구조의 변화와 수명의 연장, 과학기술 발전 등 직업환경의 급변으로 전 생애적 진로발달에 관한 관심이 그 어느 때보다 높다. 특히 청소년기는 진로발달에 있어 핵심적인 시기로 지목된다(정명진 외, 2022). 청소년들이 학교 교육을 마친 후 직업 세계로 진입하게 될 때 준비가 없는 상태라면, 직업 생활에 적응하기는 힘들 것이다. 또 급변하는 진로환경에 유연하게 대응할 수 있는 직업적응 능력은 다가올 미래에 필수적으로 갖추어야 할 능력이다(류명구 외, 2024).

발달이론의 대표적인 학자로는 긴즈버그(Ginzberg, 1951), 수퍼(Super, 1957), 타이드만과 오하라(Tiedman et al., 1963) 등이 있다.

(1) 긴즈버그의 진로 발달이론

경제학자 긴즈버그(Ginzberg), 정신의학자 긴스버그(Ginsburg), 사회학자 엑셀라드(Axelrad) 그리고 심리학자 헤르마(Herma)는 직업선택 과정에 발달적 접근방법을 도입한 최초의 연구자들이다(Zunker, 1994). 긴즈버그 등(Ginzberg)은 "진로 선택 과정을 특정 시점에 일어나는 하나의 사건이 아니라, 생애 전체에 걸쳐 개인의 소망과 현실 상이의 타협으로 이루어지는 과정"이라고 했다(Ginzberg, 1951). 또 "인간의 신체와 정신이 발달하는 것과 같이 진로 및 직업 역시 일련의 단계를 거치면서 발달한다"고 하였다(장선철, 2017). 다시 말해서 직업선택이란 일회적인 행위, 즉 단일결정이 아니라 장기간에 걸쳐서 이루어지는 일련의 결정이며, 직업선택 과정은 비가역적이라는 것이다. 따라서 나중에 이루어지는 결정은 그 이전 결정의 영향을 받게 된다.

이러한 직업선택의 과정은 개인의 흥미, 능력, 가치관 등의 정서적·주관적 요소와 현실 세계와의 타협, 즉 교육기회의 성과, 성취도에 영향을 받으며 이루어진다(강영배, 2020). 긴즈버그와 동료들(1951)의 이론은 유아기부터 시작하여 성인 초기까지 직업과 관련한 자신의 바람(Wishes)과 가능성(Possibility) 간의 타협을 통해 직업을 선택해가는 과정으로 환상기, 잠정기, 현실기의 세 단계로 나누어 설명하고 있다(강영배, 2020).

1단계인 환상기(fantasy period)는 11세까지의 시기로, 개인의 욕구와 충동이 진로선택과 동일시되며, 본인이 원한다면 다 이루어진다고 생각하는 단계이다. 2단계인 잠정기(tentative period)는 12~18세에 해당하는 시기로, 진로 선택과정에 개인의 욕구, 능력, 가치관 등을 고려하지만, 현실적인 요인들은 적절하게 고려되지 않는다. 주로 고려하는 요인에 따라 흥미단계, 능력단계, 가치단계, 전환단계 등의 네 가지 하위 단계로 구분된다. 3단계인 현실기(realistic period)는 19~20세 전반기에 해당하는 시기로, 직업 자격요구, 교육기회, 취업기회 등 외부의 여러 현실적인 요인과 개인의 흥미, 능력, 가치, 성격 등 자신의 요인과 타협으로 실제적인 직업선택을 하게 되는 단계이다. 현실기에 청소년들은 이전 단계와 달리 직업의 '가능성'을 중요하게 고려하게 된다(정보현, 2021). 이 단계는 탐색 단계, 구체화 단계, 특수화 단계 등의 세 가지 하위 단계를 거치게 된다.

| 표 11-2 | 긴즈버그의 청소년 진로 발달단계

발달단계	하위단계	연령	특징
환상기	–	12세 이전	욕구와 충동이 진로선택에 반영되는 시기이며, 자신이 희망하면 어떠한 직업도 가질 수 있다고 믿음
잠정기	흥미단계	12~13세	흥미와 진로선택의 기초가 됨
	능력단계	14~15세	진로계획에 능력을 고려하나 불안전하기에 진로 및 직업선택은 잠정적인 성격이 강함
	가치단계	16~17세	가치적인 요소가 고려됨
	전환단계	18세경	현실적인 요인에 관한 고려가 충분하지 못하기 때문에 잠정적임
현실기	모색단계	19~20세 초반	진로 및 직업선택을 모색하는 시기로 직업에 관한 정보를 수집, 조사하여 진로선택을 고민함
	구체화단계		진로 및 직업선택이 구체화되어 타협도 중요한 요인으로 작용
	특정화단계		진로 및 직업선택을 위한 의사결정이 이루어지며, 직업 세계로 이행함

출처: 강영배. (2020). 진로상담 이론과 실제. 고양: 공동체.

(2) 수퍼의 진로 발달이론

수퍼(Super)는 긴즈버그의 진로발달이론을 확장한 것이다. 수퍼의 연구에 있어 가장 큰 공로는 자기개념의 발달 중요성을 강조했다는 점이다(강영배, 2020). 자기개념이란 개인이 자신에 대한 가치, 흥미, 능력을 어떻게 생각하는가를 의미한다. 자기개념은 주관적 자기와 객관적 자기로 구성되는데, 주관적 자기는 자신이 주관적으로 형성해 온 자기에 대한 개념이다. 객관적 자기는 다른 사람으로부터의 객관적인 피드백에 근거하여 자신이 형성한 자기에 대한 개념을 말한다. 수퍼는 자기개념이라는 것이 다면적인 구조이며 진로에 관한 측면을 나타내는 것이 진로자기개념(career self concept)이며, 진로발달을 통해서 형성되어 간다고 설명했다. 이때 수퍼의 진로자기개념은 자신과 타인, 자신과 환경과의 상호작용 속에서 수정, 조정된다고 할 수 있다(강영배, 2020).

수퍼는 진로선택의 단계를 다섯 단계, 즉 성장단계, 탐색단계, 확립단계, 유지단계, 은퇴단계로 나누어 제시하였으며, 단계별 특징은 다음과 같다(정명진 외, 2022).

| 표 11-3 | **수퍼의 청소년 진로 발달단계**

발달단계	연령	특징
1단계 성장단계	0~ 14세	• 이 시기에 자기개념은 학교, 가정에서 주요 인물과의 동일시를 통해 발달하고 직업에 대한 상상과 욕구가 증가 • 사회참여와 현실검증력이 증가함에 따라 점차 자신의 흥미, 관심, 능력을 탐색하는 단계
2단계 탐색단계	15~ 24세	• 학교활동, 여가활동, 일 체험 등에서 자기 탐색, 역할수행, 직무에 대한 탐색이 이루어지는 단계 • 직업이 요구하는 필요조건이 무엇인지 알게 되고, 하나의 직업으로 자신의 장래희망을 좁히기도 하는 단계
3단계 확립단계	25~ 44세	• 자신에게 적합한 분야를 발견하여 직업 생활을 시작하는 단계 • 직업적 전문성을 함양하여 승진하기도 함
4단계 유지단계	45~ 64세	• 확립된 자유를 유지하면서 새로운 지식과 기술을 익히며, 안정된 삶을 살아가는 시기 • 진로에서 성공을 이루었다면 자기실현의 단계로 이행하게 되고, 후반부에는 은퇴 이후의 진로계획을 세우기도 함
5단계 은퇴단계	65세 이후	• 직업은 은퇴하고, 지역사회 활동, 자원봉사 활동, 취미 및 여가활동 등 새로운 역할 및 활동을 찾게 됨

출처: 류명구 외, (2024). 청소년지도방법론. 고양: 공동체. 재구성.

(3) 타이드만과 오하라의 이론

타이드만 등(Tiedman & O'Hara)은 진로발달을 의사결정과정을 통해 형성되는 자기개념의 변화과정으로 보았다(Tiedman et al., 1963). 또 개인의 정체성은 진로발달 과정에서 매우 중요한 요소이며, 정체성이 발달, 형성되어 명확해짐에 따라 진로에 관한 의사결정도 가능해지게 된다(강영배, 2020).

타이드만 등(1963)에 의하면, 진로의사결정단계는 연령과 관계없이 일생 반복될 수 있다고 하였다(노성덕, 2013). 이들은 진로의사결정과정을 예측단계와 실행

단계로 나누었다. 예측단계에는 탐색기, 구체화기, 선택기, 명료화기를 거친다고 보았다. 다음으로 실행단계는 순응기, 개혁기, 통합기의 순환적인 의사결정 과정을 거친다고 설명하였다(Tiedman et al., 1963).

| 표 11-4 | 타이드만과 오하라의 진로의사결정단계

의사결정단계		특징
예측단계	탐색	여러 가지 선택지를 모색한다.
	구체화	선택지를 좁혀 목표를 구체화한다.
	선택	자신의 목표에 가장 적합한 내용을 선택한다.
	명료화	선택지를 보다 구체화, 명확화한다.
실행단계	순응	목표실현을 위해 행동을 개시한다.
	개혁	새로운 지식, 문제해결방법을 습득한다.
	통합	목표를 실현한다.

출처: 강영배. (2020). 진로상담 이론과 실제. 고양: 공동체.

3) 홀랜드의 인성이론

홀랜드(Holland)의 진로이론은 직업선호도 검사의 발달과 함께 발전했다고 할 수 있다. 개인의 성격 특성에 기초한 직업 흥미를 나타내는 육각형모형을 개발했다. 홀랜드는 개인이 어떤 것에 흥미를 느끼느냐의 여부는 지금까지 자신이 경험한 것에 의해서 결정된다고 하였다(Holland, 1985). 또 대부분 사람은 여섯 가지 성격유형, 즉 현장형, 탐구형, 예술형, 사회형, 진취형(기업형), 사무형(관습형)으로 분류할 수 있고, 사람들은 각각의 코드(R, I, A, S, E, C)를 가지고 있으며 이들 여섯 가지 코드 가운데 3개를 조합하여 개인의 성격을 설명할 수 있다고 보았다(Holland, 1992).

홀랜드는 사람의 성격을 여섯 가지의 기본적 타입으로 분류한 후 이것을 육각형 모양 위에 나타내어 각 타입 간의 관련성을 제시하면서 진로형성은 개인의 성격과 직업환경의 상호작용 결과를 통해 이루어진다고 보았다(강영배, 2020).

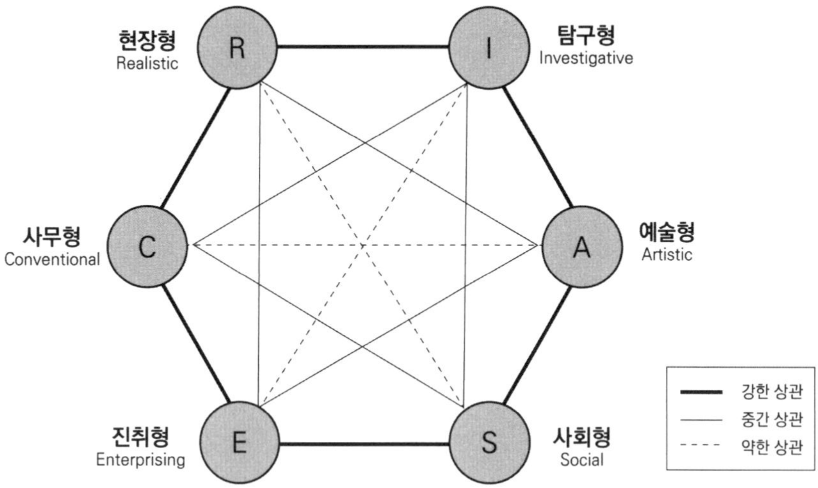

| 그림 11-3 | **홀랜드의 육각형 모형**

여섯 가지 성격유형의 특징과 대표적인 직업을 구체적으로 살펴보면 다음과 같다(김봉환, 2019).

| 표 11-5 | **홀랜드의 여섯 가지 성격유형 특징**

성격유형	특징
현장형 (Realistic)	• 솔직하고 성실하며, 검소하고, 지구력이 있고, 소박하고, 말이 적으며, 고집이 있고, 직선적임 • 대표적인 직업은 기술자, 자동차 및 항공기 조종사, 정비사, 농부, 엔지니어, 운동선수 등
탐구형 (Investigative)	• 탐구심이 많고, 논리적 · 분석적 · 합리적이며, 정확하고, 지적 호기심이 많으며, 비판적이고, 수줍음을 잘 타며, 신중함 • 대표적인 직업은 과학자, 생물학자, 화학자, 물리학자, 인류학자, 지질학자, 의료기술자, 의사 등
예술형 (Artistic)	• 상상력이 풍부하고, 감수성이 강하며, 자유분방하며 개방적임 • 감정이 풍부하고, 독창적이며 개성이 강한 편이지만, 협동적이지는 않음 • 대표적인 직업은 예술가, 작곡가, 무대감독, 작가, 배우, 소설가, 미술가, 무용가, 디자이너 등

사회형 (Social)	• 사람들과 어울리기 좋아하며 친절하고, 이해심이 많으며, 남을 잘 도와주고 봉사적이며 감정적이고 이상주의적임 • 대표적인 직업은 사회복지가, 교육자, 간호사, 유치원교사, 종교지도자, 상담가, 언어치료사 등
진취형(기업형) (Enterprising)	• 통솔력과 지도력이 있으며, 말을 잘하고, 설득력 있음 • 경쟁적이고 야심적이며 외향적이고 낙관적이고 열성적임 • 대표적 직업은 기업경영인, 정치가, 판사, 영업사원, 상품구매인, 보험직원, 판매원, 관리자, 연출가 등
사무형(관습형) (Conventional)	• 정확하고, 빈틈이 없고, 조심성이 있으며 세밀하고 계획성이 있으며, 변화를 좋아하지 않으며 완고하고, 책임감이 강함 • 대표적 직업은 공인회계사, 경제분석가, 은행원, 세무사, 컴퓨터 프로그래머, 감사원, 안전관리사, 사서, 법무사 등

출처: 김봉환. (2019). 진로상담의 이해와 실제. 서울: 학지사. 재구성.

4. 청소년 진로지도방법

1) 청소년 진로지도자의 역할

(1) 상담자로서 진로지도자

진로지도에 있어 지도자는 상담자의 역할을 수행한다. 구체적으로 살펴보면 첫째, 지도자는 청소년에게 관심과 애정을 가지고 학생 개인의 요구와 수준을 파악하여 청소년과 원만한 관계를 유지해야 한다. 둘째, 학생들이 직면하고 있는 학업문제, 진로 및 취업문제, 생활문제 등 다양한 어려움을 공감하고 이해하는 등 지속적인 관심을 유지해야 한다. 셋째, 진로 및 직업에 관한 정보를 수집하고 제공해야 한다. 넷째, 청소년의 진로 특성과 직업 요구를 파악하여 합리적인 의사결정을 할 수 있도록 도와야 한다.

(2) 촉진자로서 진로지도자

지도자는 청소년의 진로개발 촉진자의 역할을 한다. 구체적으로 살펴보면 첫째, 청소년이 진로와 직업에 대한 흥미와 관심을 지속적으로 유지할 수 있도록 지원해야 한다. 둘째, 청소년이 진로분야에 애착을 가지고 진로준비를 꾸준히 실천할 수 있도록 지원해야 한다. 그리고 기관 및 시설 차원에서 진로발달을 위한 프로그램을 기획하고 운영해야 한다.

(3) 코디네이터로서 진로지도자

우리나라 중학교의 경우 2016년부터 자유학기제가 전면 실시되면서 중간·기말고사를 안 보는 대신 토론, 프로젝트, 실습수업이나 직장 체험활동과 같은 진로교육을 받는 제도가 도입되었다. 이에 따라 학생들은 중학교 한 학기 동안만이라도 시험 부담 없이 자신의 꿈과 끼를 찾는 진로탐색 기회를 가지게 되었고, 자유학기제 동안 학생들은 기존의 교육과정, 수업방법, 평가방식과는 다른 수업문화를 경험하게 되었다. 또한 한 학기에 두 차례 이상 종일체험 활동을 실시하고 학생이 스스로 진로체험 계획을 세우면 학교가 출석으로 인정하는 자기주도 진로체험도 실행하였다. 우리나라의 수업 장면에서 문제가 되는 것은 학교가 지나치게 지식 위주의 획일적인 주입식 교육활동을 한다는 것이었다. 하지만 자유학기제로 인해 학생의 흥미와 적성의 다양성이 인정되고, 교사와 학생이 상호 소통하고 존중하면서 토론식 수업문화로의 변화가 이루어진다면 향후 재미있는 수업문화의 정착을 기대할 수 있을 것이다.

또한 청소년 활동 전문가로 대표되는 청소년지도사는 아직 학교 내에서 활동이 많지는 않지만 학교와 청소년체험기관을 연계하는 코디네이터로서 역할, 교사와 학부모에게 청소년 진로지도에 대한 전문적이고 다양한 교육을 제공하는 교육지도자로서 역할, 자유학기제에 필요한 프로그램을 개발하고 운영하는 프로그램 개발자로서 역할이 과제로 남아 있다고 할 수 있다.

2) 활동중심의 진로지도 내용

진로지도는 파슨스(Parsons)가 지적하고 있듯이, 개인에 대한 충분한 이해, 직업에 대한 이해, 양자의 합리적인 연관성을 찾는 일로 이루어진다. 그러나 직업적 적응이 개인의 직업적인 적합성과 그 적합성에 합치되는 직업과의 단순한 결합에 의해서 이루어지는 것은 아니므로 진로지도의 실제에는 여러 가지 난점이 따른다. 진로지도의 과정은 자기이해, 일과 직업세계의 이해, 진로의 학습, 의사결정, 직업준비, 진로결정, 역할수행의 일곱 가지로 정리하고자 한다.

| 표 11-6 | **진로지도 내용**

과정	내용
자기이해	학생 자신이 그의 신체적 · 정신적 특성과 가정적 환경에 입각하여 자기를 종합적으로 이해하고 각종 표준화 검사, 관찰, 실습 등을 통해 자기 이해를 먼저 하도록 한다.
일과 직업 세계의 이해	각종 진로정보를 통하여 직업의 성질, 작업조건, 요구되는 훈련 및 교육 정도(학력), 보수, 승진 및 직업적 전망, 기타 해당 직업에 관련된 직무를 이해한다. 아울러 직업은 인간이 일생을 살아가는 생활의 수단이면서 동시에 자기실현의 과제로써 필요한 요소임을 인식하도록 지도한다.
진로의 학습	자기 자신을 정확히 이해하고 일과 직업세계에 대한 정보를 터득한 후 교육과 훈련과의 관계를 자각하도록 한다.
의사결정	나에게 알맞은 직업은 무엇인가라는 문제에 도달하여 스스로 계획하고 검토 · 수정하는 과정을 거쳐 앞으로의 진로방향에 결정을 내릴 수 있게 한다.
직업준비	실제로 직업현장에서 기술습득을 위해 체험을 갖도록 여건을 마련해 주어야 한다.
진로결정	위와 같은 단계를 통하여 훈련과 체험이 동시에 이루어져 만족한 느낌이 들게 되면 이제 이 학생은 진로, 즉 직업이 확정되어 고용조건을 갖추고 직업인으로서의 역할수행이 가능하게 된다.
역할수행	이 과정은 생산적 직업인으로서 자신이 좋아하는 직업을 선택하여 훈련을 받고 또한 그 분야에 종사하게 됨으로써 만족한 삶을 누릴 수 있게 된다면 나름대로 성공한 것이다. 사회 속의 나는 직업인으로서 가정, 사회, 국가를 위해 무엇을 하며, 나아가 인류 평화에 어떻게 공헌할 수 있는가를 재인식하도록 하여 자기 존재의 귀중함을 깨닫도록 한다.

출처: 김창현. (2023). 청소년지도방법론(2판). 파주: 정민사.

활동중심 진로지도 프로그램은 회기와 주제별, 그리고 목표 및 활동 영역별, 준비물 등을 다음 **표 11-7**로 제시하였다(김창현, 2023).

| **표 11-7** | **활동중심 진로지도 프로그램 예시**

회기	영역	제목	목표 및 활동	준비물
1	자기 이해	미래의 자기 소개	• 본 프로그램의 목적과 운영방법을 이해하고 미래의 자기 직업과 자기에 대한 소개를 통하여 참가자들의 친밀도와 신뢰감을 형성한다. - 직업으로 별칭을 지어 달기 - 자기 소개하기 - 30년 후 친구들을 만나보는 역할극 하기	도화지로 만든 목걸이
2		나의 모습	• 나를 바르게 이해하여 남과 어떻게 다른지 말한다. - 자신의 모습 살펴보기 - 활동지 내용으로 누가 쓴 것인지 맞혀 보기 - 상대에게 비친 내 모습 이해하기	활동지
3		직업 가치관 경매	• 자신의 가치관을 점검해 보고 사람마다 제각기 다른 가치관을 가지고 있음을 안다. - 가치관 경매 활동하기(일반적인 가치관과 직업가치관 경매하기) - 경매하는 과정에서의 느낌과 생각 이야기하기	가치관 경매 목록표, 각 가치관별 매도증서
4	일과 직업의 세계	직업의 종류	• 여러 가지 직업의 종류와 하는 일을 파악한다. - 〈도전 골든벨〉 게임을 통하여 여러 가지 직업의 종류 파악하기	〈도전 골든벨〉판, 예상문제
5		인터넷과 직업의 세계	• 인터넷을 통해 미래의 직업세계와 유망한 자격증을 구체적으로 살펴본다. - 인터넷을 통하여 다양한 미래의 직업세계 탐방하기 - 21C의 유망한 자격증의 종류 파악하기	컴퓨터, 미래의 다양한 직업과 자격증 분류표
6		나의 적성 알아 보기	• 자신은 어떤 적성이 높은지 검사지를 통해 알아본다. - 적성검사하기 - 적성카드를 활용하여 적성의 종류를 알아보기 - 나의 적성 주사위 놀이하기	적성검사지 적성카드

7	진로 의사 결정	적성을 살려 성공한 인물들	• 적성을 살려 성공한 인물들을 알아보고, 자신의 적성과 흥미에 알맞은 직업을 탐색한다. – 적성을 살려 성공한 인물 발표하기 – 적성카드와 어울리는 직업 카드 오려 붙이기 – 각자의 흥미와 적성에 맞는 직업을 찾아 기준에 따라 평가하기	직업카드 적성카드
8		남자의 직업? 여자의 직업?	• 남녀에 따른 직업선택의 차이와 변화를 알아본다. – 동영상 보고 토의하기 • 자신의 직업을 결정하는 데 고려해야 할 점을 알아본다. – 직업선택의 과정에서 생긴 갈등을 역할극으로 해보기	동영상 자료
9		자서전 쓰기	• 나의 〈자서전〉 쓰기를 통하여 미래의 자기 모습을 능동적으로 인식한다. – 나의 어린 시절, 지금의 나, 미래 나의 모습을 〈자서전〉으로 꾸미기 – 프로그램의 활동소감 나누기	활동지

출처: 김창현 외(2016). 청소년활동론. 동문사.

3) 진로지도 방법

청소년 진로지도방법을 교과활동을 통한 지도, 특별활동을 통한 지도, 상담을 통한 지도로 구분하여 살펴보고자 한다(김창현, 2023).

첫째, 교과활동을 통한 지도는 교과별 진로지도 관련 요소를 추출하고 그 교과와 관련된 일과 직업세계를 이해할 수 있는지를 판별하여 교과별로 진로지도의 가능성을 탐색한 후 각 교과 진로지도 관련 단원의 연간 지도계획을 수립하고 진로지도 학습지도안을 작성·활용하는 것이 좋다. 진로교육 관련 교과지도과정은 교과목표를 설정하고 내용을 선정한 후 지도계획을 수립하고 교수학습지도안을 작성한 후 지도하고 목표 달성도를 평가한다.

둘째, 특별활동을 통한 지도는 적응활동, 계발활동, 행사활동 등을 통하여 다양한 진로지도 프로그램을 개발·적용하도록 한다. 예를 들어 적응활동을 이용한 조사 발표, 토의하기, 그리기, 역할극 등 다양한 방법을 구상할 수 있다. 부모 형제의 직업 소개하기, 일의 종류 및 일의 세계 조사·발표하기, 장래의 희망 발표하기, 미래의 유망직종(첨단기술) 조사·발표하기, 타협이 요구되는 과제에 대하여 자신의 의사결정 과정 발표하기, 소비경제와 관련하여 어느 직업이 자기에게 좋은지 열거하기, 자기의 학습습관과 장래 직업관의 관계에 대하여 글짓기, 과거의 직업, 현재의 직업, 미래의 직업 간의 관계에 대하여 토의하기, 여러 가지 직업군을 소개하는 포스터 그리기 등을 할 수 있다. 계발활동을 통한 지도의 예는 부서별로 관련된 일의 종류 알아보기, 현장견학을 한 후 소감문 발표하기, 여러 분야의 자원인사를 초청하여 직업의 종류와 일에 대한 강연 듣기, 직업에 대한 역할극 하기, 과학기술이 직업에 어떠한 영향을 주는지에 대하여 작문 짓기, 진로를 결정하는 사례연구 발표회 갖기, 각종 봉사활동에 참여하기, 우리나라의 직업 전망에 대한 토론회 갖기 등의 활동이 있을 수 있다.

셋째, 상담을 통한 지도는 개인의 잠재 가능성을 인식·탐색하고 개발시켜 내담자가 원하는 진학 직업을 선택하고 적용하게 함으로써 만족과 행복을 느끼며 생활할 수 있도록 도와주는 과정이다. 초등학교에서는 구체적인 교수법을 사용하고 다양한 교육매체를 통해 진로발달을 위한 준비와 지도를 하고 직접경험과 간접경험을 제공한다. 중학교에서는 구체적인 방법을 제시해야 하고 감정의 표현과 탐색기회를 제공하며 교과와 관련해 통합 지도하고 집단토의, 집단상담을 통한 문제해결력을 증진해야 한다. 고등학교에서는 구체적·추상적인 방법을 적용할 수 있고 수집된 정보의 활용으로 장래의 현명한 결정, 자아의 탐색과 능력, 흥미, 가치관을 인식하도록 해야 하며 산학협동을 활성화한다.

12
Chapter

청소년 인성교육 지도방법

1. 인성 및 인성교육의 이해

1) 인성교육의 개념

인성(character)이란 인간이 태어나면서부터 기본적으로 형성되는 그 사람의 가치관이라고 할 수 있다. 가치관이란 인간에게 주어지는 환경 속에서 옳고 그름을 판단하고 인간으로서 해야 하고, 하지 말아야 한다는 것을 생각과 판단을 통해 행동으로 옮기는 과정이 인성이다. 다시 말하면 인성은 바르게 알고, 바르게 느끼고, 바르게 행동하는 것이 인성의 요체이다. 또한 인성은 기계가 따라잡을 수 없는 전우애, 애국심, 충성심, 양심과 진심 등 인간을 아름답고 영화롭게 하는 생기력, 회복탄력성, 예측 불허함에도 맞서는 도전정신, 호기심, 비전과 창의력, 그리고 타인에 대한 배려 등 인간만이 할 수 있는 이런 마음 씀씀이라고 하였으며, 생기력은 또 다른 이름의 인성이다(조벽, 2016). 인성은 여러 가지 의미로 인격, 인품, 성격, 기질, 사람됨 등 여러 가지로 학자마다 달리 정의를 내리고 있다. 하지만 결국 인성은 옳고 그름을 판단하여 바르게 행동하는 것이다. 아무리 시대가 변하고 오늘날 제4차 산업혁명의 시대라 할지라도 기계가 대신해 줄 수 없는 내적이고 본질적 측면의 인간 가치관을 심어주는 인간다움을 위한 교육이 바로 인성교육일 것이다. 다시 말하면 인간의 가치관과 인격을 깨우쳐 주는 사람다운 교육을 통해 비인간화 현상을 예방하고 극복하는 교육이 인성교육이다. 인성교육의 목표는 전인(全人) 육성이다. 즉, 온전한 인간을 의미한다. 온전한 인간이란 지성과 교양, 감성과 배려 그리고 실천력 등을 겸비한 사람이다.

한편 「인성교육진흥법」의 인성교육 정의를 보면 "자신의 내면을 바르고 건전하게 가꾸고 타인 · 공동체 · 자연과 더불어 살아가는 데 필요한 인간다운 성품과 역량을 기르는 것을 목적으로 하는 교육"을 말한다. 바람직한 인성교육이란 개개인의 자아발견, 우주와 사회에서 자신의 위치인식, 심미적 소양, 긍정적인 생활태도, 선악의 분명한 구별, 도덕적 책임의식, 도덕적으로 일관성 있게 행동할 수 있는 판단과 용기, 다른 사람에 대한 이해와 동정, 사회의식과 희생정신, 인권과 정의의 존중 등의 소양들을 함양하는 교육인 것이다. 결론적으로 인성의 개념에서 언급하였듯이 인성교육이란 바르게 알도록 하고, 바르게 느끼도록 하며, 바르게 행동하도록 하는 인간의 내외적으로 총체적인 교육이다.

인성교육은 각 사람이 가지고 있는 고유한 특성(personality 또는 personal traits) 또는 개성(individuality)을 증진하거나 바꾸는 것이 아니라, 사람으로서 지녀야 할 됨됨이, 즉 인격(personhood)을 의미하고, 그 인격은 보편적 도덕 가치, 이른바 덕(德)의 습득으로 성취된다(DeVitis et al., 2011). 인성은 어원적으로 후천적 개발 가능성을 암시한다. '개인의 행동 패턴, 즉 도덕적 체질(moral constitution)'을 의미하는 어휘로 발전해 왔다(Ryan et al., 1999). 이런 인성의 어원적 의미는 인성은 선천적 영향보다 후천적으로 꾸준한 노력으로 개발된다는 것을 의미하고, 새겨진 흔적이나 표시가 오래 지속되듯이 인성 또한 새겨진 도덕적 체질로 삶에서의 사건들과 도전에 반응하는 사람들의 행동을 일관성 있게 예측할 수 있어 다른 사람들로부터 신뢰 또는 불신을 얻는 중요한 요인이 된다. 아울러 인성은 학교교육을 통해 개발될 수 있음이 경험적으로도 증명되고 있다(Rusnak, 1998a; Benninga et al., 2011).

많은 학자는 인격으로서의 인성은 보편적인 도덕적 가치에 대한 지식과 수행으로 구성된다고 보고 인성교육은 그런 가치에 대한 지식과 수행 능력의 습득을 도모하는 명시적이고 의도적이고 종합적인 노력으로 이해한다. 허드(Hudd)는 인성교육을 "핵심적인 도덕적 가치의 교수와 좋은 행동의 함양을 위해 이루어지는 노력"으로(Hudd, 2011), 리코나 등(Lickona, Schaps, & Lewis)은 "모든 문화에서 널리 수용되는 핵심적인 윤리적 가치와 수행적 가치를 개발시키기 위한 의도적인 노력"으로(Lickona et al., 2011), 록우드(Lockwood)는 "학교가 지역사회와 협력하여 절대적 가치를 명시적으로 제공함으로써 학생들의 행동을 직접적으로 그리고 체계적으로 조형하려는 프로그램"으로(Lockwood, 1997), 라이언 등(Ryan & Cooper)은 "학교가 학생들에게 도덕적으로 옳고 그름에 대한 감각과 좋은 삶을 영위해 나가는 데 필요한 습관을 형성시키기 위한 의도적인 노력"으로(Ryan et al., 2000), 윈턴(Winton)은 "학생들에게 도덕적 가치를 가르치기 위한 학교의 명시적인 학교의 노력"으로 정의한다(Winton, 2011).

이렇게 인성교육은 도덕적 가치를 다루기 때문에 인성교육은 도덕교육과 같은 것으로 간주하기도 하고 또 어떤 경우에는 도덕교육에 대한 특별한 접근으로 간주하기도 하지만, 현대 인성교육은 다루는 내용을 보편적인 도덕적 가치에 초점을 맞추고 있다. 그리고 그 보편적인 도덕적 가치는 덕(virtues)이라고도 불리기 때문에 인성교육은 덕(德)교육(virtues education)이라고도 불린다(DeVitis et al., 2011; Noddings, 2002; McClellan, 1999; Lickona, 1991).

덕이란 옳은 것을 옳은 방식으로, 옳은 시간에, 옳은 이유로 행할 정착된 성향이다(Aristotle, 1985). 따라서 사람들이 덕을 많이 소유할수록 인성도 더 좋아지고 강해지기 때문에 덕은 좋은 인성을 정의하는 하나의 표준이다(Lickona, 2011). 덕은 한 문화의 규범에 의해 정의되고 구성원들의 양심적 배경에 반영되어 있다(Covaleskie, 2011). 덕은 내재적으로 선하기 때문에 변하지 않으며 범문화적이고 범시대적으로 일종의 황금률(Golden Rule) 형태로 상당한 공통성이 존재하고, 현대 인성교육은 이런 보편적 덕에 초점을 맞춘다(Ryan et al., 1999).

덕은 사람들이 인생을 살아가는 데 중요한 몇 가지 기능을 지니고 있다(Pincoffs, 1986; Ryan et al., 1999).

첫째, 덕은 선과 악, 옳고 그름을 구별하는 기준이 된다. 덕은 객관적인 도덕적 진리로서 도덕적 판단의 준거로 기능한다.

둘째, 덕은 선한 것이기 때문에 덕을 행하는 개인에게 선하고 풍요로운 삶을 살게 해 준다.

셋째, 덕은 공적인 성격을 지닌 보편적 가치이기 때문에 사회의 안녕과 조화를 이루는 사회적 접착제로서 사람들이 상생적으로 살아가는 선한 사회를 만들게 해 준다.

넷째, 덕이란 다른 사람들이 자신을 좋게 생각하도록 할 이유를 제공한다.

발달심리학자 아이작(Issacs)은 인격의 성장은 발달적 특징을 지니고 있어 학생들의 학년 수준에 맞게 인성교육을 펼쳐야 한다고 주장했다. 7세 이하의 아동에게는 스스로 판단을 내리는 데 필요한 지식이나 경험이 부족하기 때문에, 그를 돌보아 주는 성인을 신뢰하고 따르도록 해야 하므로 순종(obedience)이 근본적인 덕목이 된다고 본다. 그리고 질서(order)가 이 시기 아동이 성취해야 할 덕목이다. 8~12세 사이의 아동에게는 근면(diligence)과 인내(fortitude)라는 덕목을 습득하여 자신의 에너지와 욕구를 충동적으로 사용하기보다는 바른 방향으로 이끌도록 해야 한다. 그리고 12세 이후의 청소년에게는 이해, 실천적 지혜, 좋은 판단력을 집중적으로 지도해야 한다고 주장한다(Issacs, 1976). 라이언 등(Ryan & Bohlin)도 발달적 관점에서 인성 교육의 머리(head), 가슴(hear), 손(head)의 측면이 다 관여되도록 지도해야 하지만 연령대에 따라 강조하는 비중은 달라져야 한다고 본다. 어릴 적에는 강조점이 손에 주어져서 습관 현상이라는 행동적 측면이, 그 후에는 머리와 가슴의 지적·정의적 측면이 비중 있게 다루어야 한다고 주장한다(Ryan et al., 1999).

| 표 12-1 | 연령별 인성교육 덕목

연령대	덕목
7세까지(유치원)	복종, 성실, 질서
8~12세(초등학교)	용기, 인내, 근면, 끈기, 책무성, 정의, 관용
13~15세(중학교)	겸손, 절제, 순수, 사회성
16~18세(고등학교)	신중, 융통성, 이해, 충성, 대담성, 겸손, 자기, 지식, 낙관

출처: Issacs, D. (1976). Character building in schools. San Francisco, CA: Jossey-Bass.

우리나라 교육부도 학교 급별로 초점을 둘 덕목을 제시한다. 초등학교에서는 '나'라는 개념을 중심으로 정직과 책임이라는 덕목에, 중학교에서 '우리'라는 개념을 중심으로 존중, 배려, 공감이라는 덕목에, 고등학교에서는 '사회'라는 개념을 중심으로 소통과 협동이라는 덕목에 초점을 맞추어 지도할 것을 제시하고 있다(강충열 외, 2017).

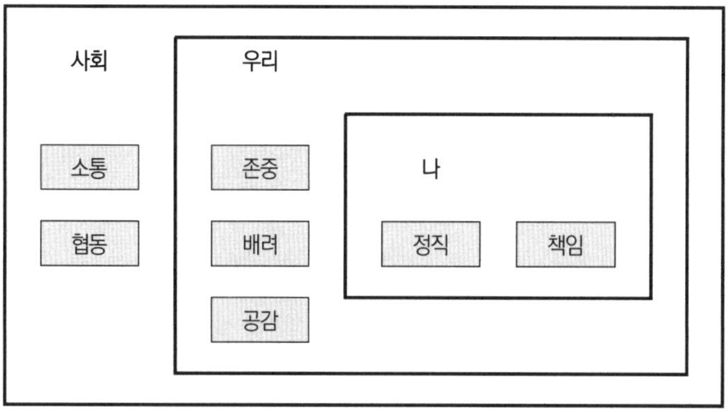

| 그림 12-1 | **교육부 인성교육 덕목**

출처: 강충열 외. (2017). 창의 · 인성 교육의 이론과 실제. 서울: 학지사.

2) 인성교육의 필요성

1990년대 중반 이후 학교폭력과 자살 등 아동 · 청소년의 정신건강 문제가 심각한 사회문제로 대두되면서 국가적 차원에서 인성교육 강화 정책을 지속적으로 펼쳐왔지만 미흡한 점들이 지적되고 있다(강선보 외, 2008). 기존의 인성교육은 문제 중심적 접근에 치중해 왔고, 체계적이고 꾸준한 운영이 부족했으며, 학생들의 내적 동기와 지속적인 실천을 이끌어내지 못했다는 한계점을 지닌 것으로 분석 · 평가되고 있다. 따라서 향후 인성교육은 기존의 문제 중심적이고 지속적 · 실제적이지 못한 접근에서 벗어나 학생의 긍정적 성장과 발달에 초점을 둔 접근으로 전환할 필요가 있고, 보다 체계적인 운영을 위하여 관련 교육 자료를 종합적으로 마련 · 보급 · 활용해야 하며, 학생에게 잠재된 바람직한 가치 실현에 대한 내재적 동기를 발견하도록 도움으로써 지속적인 실천을 촉진할 필요성이 제기된다. 또한 교사 중심의 일방향적이고 지시적인 교육에서 벗어나 교사-학생 간 상호작용을 통한 학습과 나눔, 친밀감 증진을 위한 교사-학생 동행 인성교육이 필요하다(김광수 외, 2017).

청소년기는 논리적인 사고를 통해 부모로부터 심리적인 독립을 하게 되며, 사회적으로 옳고 그름에 대한 판단능력이 생긴다. 따라서 이 시기는 학교와 사회에서 이루어지는 다양한 상황에 대한 판단능력이 확립되므로 인성교육이 필요하다. 청소년기는 삶의 가치관과 진로를 정하게 되는 시기이며, 자신의 자아정체성을 형성하는 시기이다. 이 시기에 올바른 인격형성을, 올바른 삶의 가치관을 가지게 하여 민주시민으로 성장하는 전 단계를 경험하게 한다(윤정진 외, 2017). 따라서 인성교육의 필요성을 다음과 같이 설명한다(김창현 외, 2016).

첫째, 학생들의 정서와 심성의 황폐화 방지를 위해서이다. 최근 우리 사회에서 빈번하게 나타나고 있는 초·중등학교 학교 폭력 및 청소년 자살, 인터넷 및 스마트폰 중독 등과 관련해 청소년들의 일탈행위가 급속도로 증가하고 있다. 이러한 청소년 문제로 인해 결국 학교를 자퇴하게 하거나 자살에 이르게 하고 있다. 또 학업 부진과 입시로 인한 좌절감에서 자살의 길을 택한 학생들도 나타나고 있다. 이들의 메마르고 비뚤어진 그리고 절망감에 빠져 있는 마음을 치유하고 극단적인 자해 행동을 억제할 수 있는 대책을 마련하는 것보다 더 시급한 교육적 과제는 없다고 생각된다.

둘째, 인성교육이 필요한 이유는 학교교육의 교육기능을 활성화하자는 것이다. 초·중등교육은 학교 인성교육에 대하여 관심을 기울여 왔고, 인간중심 교육과정이 학교에서 표방된 지 오랜 세월이 흘렀다. 따라서 인성교육을 전담하는 도덕·윤리과는 물론 그 외 타 교과나 특별활동 및 생활지도에서도 인성교육을 추진해 왔으나, 실질적으로 교육의 초점은 학업성취도와 공부 잘하고 못하는지에 치중하고 있다. 한편 학교교육은 오래전부터 국·영·수 교과 성적 위주의 상급학교 진학을 위한 입시지도 중심으로 운영되어 왔기 때문에, 인성교육이 경시될 수밖에 없는 교육환경이 조성되어왔다. 이러한 학교교육의 복합적인 문제들로 인해 학교현장에서의 인성교육은 성과 달성을 어렵게 하고 있다. 따라서 이를 극복할 수 있는 새로운 인성교육 방안이 바로 청소년활동인 것이다.

셋째, 가정의 인성교육 기능의 이전이다. 현대사회에서는 가정의 인성교육을 학교가 떠맡아야 하는 실정이다. 우리의 전통 사회에서는 인성교육은 가정교육의 몫이었다. 대가족 제도하에서는 조부모가 서당과 가정의 중간 교사 역할을 맡았었고, 특히 인성교육을 전담하는 경우가 많았다. 그러나 요즈음 핵가족 제도하의 젊은 부모들은 인성교육의 중요성을 인식하고는 있지만, 그것을 추진할 마음의 자세나 능력 등 여건의 어려움으로 인하여 인성교육을 학교에서 학교생활을 통해 자연스럽게 적응할 수 있는 체험적 교육이 필요하게 되었다. 하지만 학교로부터 귀가한 후에는 자녀들이 대부분의 시간을 학원과 기타 과외 장소에서 보내기 때문에 인성교육을 위한 접촉의 시간 또한 충분치 않은 것이 오늘의 실정이다. 따라서 가정 내 인성교육을 학교가 담당하지 않으면 안 될 상황에 있다.

2. 인성교육의 3요소와 교육 목표

1) 인성교육의 3요소

인성교육의 덕목들은 선한 것이라고 보고, 세 가지 측면에서 균형 잡힌 발달을 도모한다. 그것은 선한 것을 아는(knowing the good) 인지적 요소, 선한 것을 사랑하는(loving the good) 정의적 요소, 선한 것을 행하는(doing the good) 행동적 요소다(Jarolimek et al., 1995; Lickona, 1993, 2011). 인성교육 3요소를 다음과 같이 설명한다(Ryan et al., 1999).

첫째, 선한 것을 아는 인지적 측면은 선과 악을 이해하는 것이다. 이런 이해를 하려면 현재 상황을 요약하고, 해야 할 옳은 것을 숙고하며 선택하는 능력이 필요하다. 아리스토텔레스는 이를 실천적 지혜(practical wisdom)라고 불렀는데, 현재 상황이 요구하는 것이 무엇인지를 아는 것을 의미한다. 실천적 지혜는 삶의 모든 영역에서 우선순위를 바르게 설정하고 선택하는 것에 관한 것으로 어떤 것에 현명하게 헌신하고 유지하고자 하는 능력과 같다.

둘째, 선한 것을 사랑하는 것은 선한 것과 악한 것에 대한 도덕적 감정과 정서를 충분히 개발시켰을 때 나타난다. 어떤 사람의 행위가 잘못되었음을 알고 그것이 잘못되었음을 지적하면서도 그가 사람이기에 사랑할 수 있도록 한다.

셋째, 선한 것을 행하는 것은 선한 것을 알고 사랑하게 되었을 때 나타난다. 선한 것을 행하는 것은 인간 행동의 최고 수준에 해당하며 달성하기 쉽지 않은 경지다. 세상의 많은 사람이 선한 것을 알기는 하지만 실천하지 못하고 있는 현상을 통해 증명된다. 그러나 학생들이 선한 것을 행하지 못하면 인성교육이 성공적으로 이루어졌다고 말하기 어렵다.

2) 인성교육의 목표

라이언 등(Ryan & Bohlin)은 인성교육의 3요소인 인지적·정의적·행동적 요소의 통합을 '3H(Head, Heart, Hand)'의 통합이라고 불렀는데, 청소년들의 이러한 통합은 단순히 도덕적 가치를 알고 행하는 수준을 넘어 도덕적 양심인이 된다(Ryan et al., 1999). 양심(conscience)이란 자신의 행위와 사고에 관해 판단을 내리는 내면의 소리로서, 옳고 그름에 대한 좁은 의미의 감각 이상의 것이며, 나타난 결과와 그것을 수행한 기능을 평가하기도 한다(Covaleskie, 2011). 학생들은 이런 도덕적 양심인이 되면 좋은 사람(good person)이 되고, 그런 좋은 학생이 모여 좋은 학교(good school)를 만들게 되고, 더 나아가 좋은 사회(good society)를 만들 수 있게 되는데, 이것이 인성교육이 추구하는 목표가 된다(Ryan et al., 1999; Lickona, 2011, Noddings, 2002).

| 그림 12-2 | **학교 인성교육**

3) 인성교육의 지도 원리

「인성교육진흥법」에서 인성교육을 위한 핵심가치를 제시함과 동시에 동법 제5조에서는 인성교육의 기본방향을 ① 인성교육은 가정 및 학교와 사회에서 모두 장려되어야 한다. ② 인성교육은 인간의 전인적 발달을 고려하면서 장기적 차원에서 계획되고 실시되어야 한다. ③ 인성교육은 학교와 가정, 지역사회의 참여와 연대하에 다양한 사회적 기반을 활용하여 전국적으로 실시되어야 한다고 규정하고 있다. 따라서 인성교육의 방향을 위에서 제시한 여덟 가지(예(禮), 효(孝), 정직, 책임, 존중, 배려, 소통, 협동)의 핵심가치 · 덕목을 통해 인성교육의 원리와 방법에 따른 바람직한 교육방법의 모색이 중요하다. 따라서 먼저 인성교육의 원리를 크게 여섯 가지로 제시하고자 한다(김창현, 2023).

첫째, 통합성의 원리이다. 인성교육은 학교교육의 모든 영역에서 통합적으로 이루어져야 한다. 교과활동, 생활지도, 특별활동, 학교경영, 학급경영, 환경 등 모든 영역을 통해 인간적인 덕목의 학습기회를 얻도록 해야 하며 전 영역 간의 일관성 있는 지도가 이루어져야 한다.

둘째, 지속성의 원리이다. 학교, 가정, 사회 속에서 꾸준히 학습될 수 있도록 지속해서 안내하고 지도해야 한다. 간혹 학생이 어떤 계기로 특징적이며 바람직한 행동을 했다 할지라도 그것이 꾸준히 실천되지 못하면 내면화 · 습관화되지 못한다.

셋째, 관계성의 원리이다. 인성교육은 어떤 요인보다도 교사, 학생, 학부모 간의 관계가 중요하다. 학생들의 모범이 되고 자상한 안내자가 되는 교사와 학부모의 역할이 학생과 서로 교감이 이루어질 때 교육적 효과가 더 높아질 수 있는 것이다.

넷째, 자율성의 원리이다. 인성교육은 궁극적으로 학생 각자가 스스로 올바른 의식을 갖고 이를 실천해 나가도록 돕는 과정이어야 한다. 자율적인 인격을 갖추기 위해서는 일상생활 속에서 당면하는 제반 문제를 학생 스스로 선택하고 결정하며 그 결과를 실천하는 기회가 제공되어야 한다.

다섯째, 체험의 원리이다. 언어적인 일러주기 방식의 교육방법을 지양하고 실천을 통하여 직접 체험하거나 활동하는 기회를 풍부하게 제공해 주어야 한다.

여섯째, 열린교육의 원리이다. 학습자의 인격적 존엄성에 대한 엄숙한 태도를 바탕으로 한다는 것이다. 인간은 그 자체로서 목적적 존재라는 인간관을 바탕으로 그가 추구하는 이상과 가치를 존중하고 그가 실현하고자 하는 가능성과 잠재력을 귀하게 여기며, 자유로운 의지에 의한 선택을 행사하면서 성장할 수 있도록 돕는 것을 교육의 중심적 과업으로 삼는다는 것이다.

3. 인성교육의 덕목과 특징

1) 인성교육의 8대 핵심덕목

「인성교육진흥법」에서는 인성교육을 위한 핵심역량이란 “핵심가치 · 덕목을 적극적이고 능동적으로 실천 또는 실행하는 데 필요한 지식과 공감 · 소통하는 의사소통 능력이나 갈등해결 능력 등이 통합된 능력"을 말한다고 규정하고 있으며, 핵심가치·덕목이란 인성교육의 목표가 되는 것으로 "예(禮), 효(孝), 정직, 책임, 존중, 배려, 소통, 협동 등의 마음가짐이나 사람됨과 관련되는 핵심적인 가치 또는 덕목"을 말한다고 규정하고 있다. 따라서 미래 인재에게 요구되는 친사회적 8대 핵심덕목을 크게 세 가지 영역으로 정리해 보면, '나'라는 개인적 입장에서는 예(禮), 효(孝), 정직(正直), 책임(責任)으로 나누고, '우리'라는 공동체 속에서는 존중(尊重), 배려(配慮)가 필요하며, '사회와 국가'라는 큰 틀에서 중요한 것은 소통(疏通)과 협동(協同)이라는 것이 인성교육에 있어서 핵심가치이며, 핵심덕목이다. 이것을 다음과 같이 제시하고자 한다(김창현, 2023).

| 표 12-2 | 인성교육의 8대 핵심덕목

구분	핵심덕목	주요내용
나	예(禮)	예(禮)는 사회(社會)의 한 시민으로서 마땅히 행(行)하고 지켜야 할 도리(道理)인 것이다. 예는 믿음의 표시이기 때문에 상대방에게 신뢰감을 주어야 한다.
	효(孝)	효(孝)는 가정윤리(家庭倫理)다. 사람이란 누구나 조상을 갖고 있고 뿌리가 있다. 뿌리 없는 나무가 없고, 조상 없는 후손이 없듯이 오늘날 우리가 존재하는 것은 부모(父母)의 덕분이요, 부모가 존재한 것은 조상의 덕분임을 잊어서는 안 된다.
	정직(正直)	정직은 동서고금을 막론하고 개인생활 영역에서 대표적인 도덕적 덕목이며 친밀하고 깊이 있는 인간관계의 기반이며, 정직은 인성교육을 통해 강조되어야 할 덕목들의 우선순위 중 제1순위가 정직이다.
	책임(責任)	책임은 존중과 더불어 도덕적인 학교와 사회를 만들기 위한 기본 핵심가치이며 오늘날 책임감의 중요성이 가장 중요시되고 있다.
우리	존중(尊重)	전통적으로 한국인이 중시해 온 덕목이다. 존중은 높이어 귀하게 여긴다는 뜻으로 사람이나 사물 및 환경의 고귀한 가치에 대한 경의를 표하는 것이다.
	배려(配慮)	배려는 도와주거나 보살펴 주려고 마음을 쓴다는 뜻인데, 상대방에 대한 걱정, 우려, 염려가 행동으로 옮겨지는 실천적 행동이다.
사회	소통(疏通)	소통은 가지고 있는 생각이나 뜻이 서로 통하는 것이며, 서로 통하여 오해가 없는 것을 말한다.
	협동(協同)	서로 마음과 힘을 하나로 합하는 것으로 공동의 문제를 해결하는 데 적극적으로 참여하는 사회적 역량이다.

출처: 김창현. (2023). 청소년지도방법론(2판). 파주: 정민사.

2) 인성교육의 특성

오늘날 학교에서 가르치는 교과는 크게 '지식', '기능', '태도'의 세 분류로 구분된다(김창현, 2023).

첫째, 수학이나 역사, 지리, 사회과처럼 지식의 이해가 교과의 주된 목표가 되고, 그것을 측정해서 평가해도 평가의 자족성(self-completeness)이 성립되는 교과이다.

둘째, 음악, 미술, 체육, 실과, 컴퓨터 등과 같이 지식의 이해와 더불어 기능의 숙달이 함께 교과의 주된 교육목표가 되고, 이것을 함께 측정해야만 평가의 자족성이 보장되는 교과이다.

셋째, 지식의 이해와 더불어 기능의 숙달이 필요하고, 이에 부가해서 결단과 의지의 변화까지를 교과의 교육목표로 삼는 교과목인바 도덕(윤리) 및 시민성 교육이 여기에 해당한다. 그래서 이 과목에서는 지식만을 측정해서는 평가가 불완전하게 느껴진다. 다시 말하면, 초·중·고에서 가르치는 수많은 교과는 각각 그 목표하는 바가 달라, 어떤 교과목은 지식의 이해만으로 충분하나, 어떤 교과는 기능의 숙달도를 포함하여야 하며, 어떤 교과는 결단과 의지의 변화까지도 교육목표로 넣어야 한다. 따라서 도덕(윤리)을 포함하는 인성 및 시민교육은 여타의 다른 교과와는 판이한 교과적 특성이 있으므로, 당연히 교육내용과 방법적 원리가 타 교과와는 달라야 한다. 그간의 인성 및 시민교육은 이런 교과적 특성을 충분히 고려한 특성화된 교육이 되지 못했다. 오히려 이렇게 독특한 특성의 교과교육을 일반 교과와 동일한 방식으로 교육하려 고집해 온 감이 없지 않아 있다. 인성 및 시민교육은 행동의 변화를 전제로 하는 가치 덕목의 내면화를 지향하는 교육활동이다.

이와 같은 내면화가 가능하기 위해서는 지식의 이해가 기본적으로 구비되어야 하고, 행동의 연습과 습관화가 병행되어야 하며, 필요한 장소와 시기에서 요구되는 행동을 할 수 있도록 결단과 의지가 형성될 수 있어야 한다. 따라서 청소년활동 시설에서는 인성교육의 특징을 이해하고 프로그램을 개발하여 적용하고 실행하는 데 있어서 세 가지로 정리해 보면, 첫째, 인성교육은 단순한 이론적 지식과 배경만을 전달하는 강의식 교육은 배제하여야 하며, 둘째, 협동과 소통 및 자기표현 중심의 체험활동으로 구성하여야 하고, 마지막으로 모둠별 또는 학급별로 조를 편성하여 학생 간 교류 증진 및 협동과 리더십을 배양할 수 있도록 하여야 한다(김창현, 2023).

4. 청소년 인성교육의 지도

1) 인성교육 지도방법

인성교육의 방법은 다양하게 구성하여 운영할 수가 있다. 활동 시설별, 운영 주체별, 지도자의 역량에 따라 다양한 방법을 통한 청소년들의 특성에 부합되는 프로그램을 개발하여 적용하여야 한다. 특히 청소년지도자와 활동시설 경영자는 현장에서 체험적인 인성교육을 주어진 영역별 내용을 토대로 인성교육 방법을 모색하여야 한다.

| 표 12-3 | 인성교육 방법

영역	주요 교육내용
사회적 기술	의사소통 기술, 감정표현 및 분노조절 기술, 주장적 자기표현 기술
대인관계 능력	이타성 훈련, 공감능력 기르기, 용서능력 함양, 갈등해결 능력 신장
자기성찰 및 자기통제 능력	자아존중감 가지기, 스트레스 및 불안관리 능력 함양, 자아탄력성(회복력) 훈련

출처: 김창현. (2023). 청소년지도방법론(2판). 파주: 정민사.

한편 청소년지도자가 청소년활동시설에서 청소년활동을 통한 다섯 가지 영역의 인성교육 방법을 제시하고자 한다(김창현, 2023).

첫째, 교육과정을 통한 창의적 체험활동의 인성교육이다. 청소년활동 시설에서 교육과정을 통한 인성교육을 하기 위해서는 교수·학습과정의 개별화가 필요하다. 청소년지도사가 재량껏 인성교육 프로그램을 개발하고 진행하는 데 제약이 적기 때문에 효과적이다. 또 청소년지도사가 일방적으로 지식을 전달하는 획일적인 방식이 아니라, 청소년 스스로 체험학습에 대한 능동적인 입장이 되도록 하는 것이다. 그리고 청소년을 평가할 때도 결과보다는 과정에 더 중요한 비중을 두고 청소년 입장에서 평가하는 것이 바람직하다.

둘째, 실천을 통한 기본 생활습관 형성 및 공동체 의식 배양을 위한 지도이다. 구체적인 행동지침을 정해 놓고 청소년들로 하여금 자발적 참여로 실천에 옮기게 만드는 방법이다.

셋째, 지역사회 및 가정연계를 통한 인성교육 프로그램을 적용하여야 한다. 학부모에게 협조를 요청하여 가정에서부터 바른 인성교육 풍토를 조성하도록 하고, 청소년활동시설에 학부모들을 초청하여 바른 인성교육을 위한 대화의 시간을 갖는 것도 좋을 것이다. 또, 학생들에게 본보기가 될 만한 어른의 모습을 보여주고, 각종 사회단체와의 유대를 강화한다. 지역사회와 연계되는 프로그램을 개발하거나 지역사회의 문화탐방을 통해 인성함양 방법도 고려해 볼 수 있다.

넷째, 다양하고 폭넓은 체험학습의 실행을 위한 프로그램과 지도방법을 강구하여야 한다. 획일적인 교과서 내용에서 벗어날 것을 주장하는 인성교육이 형식적이고 딱딱한 교실 안 활동으로만 이루어진다면 모순적인 일이 될 것이다. 각종 야외 체험학습을 이용하여 좀 더 효과적으로 인성교육을 실천할 수 있다. 전시회나 발표회 등의 체험학습에 참여하도록 유도하고, 수련활동과 청소년단체 활동을 활성화하는 방법이 매우 효과적이라고 생각한다.

다섯째, 독서교육을 통한 인성교육이다. 청소년들 마음의 양식을 기를 수 있는 것이 독서이며, 간접경험을 제공할 수 있어야 한다. 따라서 학생들의 인격을 도야하고 감화시키는 데 독서는 매우 중요한 역할을 한다. 책을 읽고 난 후 독후감 발표회나 독서토론을 통하여 인성교육을 효과적으로 실천할 수 있다.

2) 운영목표와 프로그램 지원

청소년활동 시설에서 인성교육의 운영목표를 학교 급별로 크게 대학생과 초·중·고등학생으로 구분하여 제시해 본다면, 먼저 대학생은 학생자치 중심의 다양한 프로그램 운영과 사회성, 감성, 사명감 및 도덕성과 창의적 사고를 겸비한 미래 사회인으로서의 역할 수행과 자기이해와 성찰 및 타인과의 원활한 소통능력 향상에 중점을 두고 프로그램을 운영하여야 한다. 그리고 초·중·고등학생들에게는 청소년들의 다양한 성장특성과 발달단계를 고려하여 프로그램을 운영하여야 한다. 특히 학교폭력 예방에 대한 관심을 제고할 수 있는 프로그램과 다양한 부적응학생에 대한 학교적응을 유도하는 방안을 모색하고, 나눔과 배려를 실천할 수 있는 다양한 프로그램 운영, 그리고 긍정적이고 진취적 사고를 길러주어 모두가 정상적 학교생활에 만족과 행복한 학교생활이 될 수 있는 프로그램 운영에 목표를 두고 프로그램을 개발하여야 한다.

「인성교육진흥법」 제11조는 인성교육 프로그램을 운영하기 위한 "인성교육 지원"을 다음과 같이 규정하고 있다.

첫째, 국가 및 지방자치단체는 가정, 학교 및 지역사회에서의 인성교육을 지원하기 위한 교육 프로그램을 개발·보급하여야 한다.

둘째, 국가와 지방자치단체는 인성교육 프로그램의 구성 및 운용 등을 전문단체 또는 전문가에게 위탁할 수 있다.

셋째, 교육감은 인성교육 프로그램의 구성 및 운용 계획을 해당 학교 인터넷 홈페이지에 게시하는 등의 방법으로 학부모에게 알릴 수 있도록 하여야 한다.

넷째, 학부모는 국가, 지방자치단체 및 학교의 인성교육진흥 시책에 협조하여야 하고, 인성교육을 위하여 필요한 사항을 해당 기관의 장에게 건의할 수 있다.

다섯째, 그밖에 가정, 학교 및 지역사회에서의 인성교육진흥 등에 필요한 사항은 대통령령으로 정한다.

위와 같이 국가 및 지방자치단체에서는 인성교육을 지원하기 위하여 프로그램을 개발하고 보급하여야 한다고 규정하고 있다. 특히 청소년활동 시설에서 기본적으로 운영하는 심성수련 프로그램 등 여러 가지 프로그램들은 인성교육과 같은 맥락에서 운영되고 있는 만큼 프로그램을 보완하고 새로운 「인성교육진흥법」상 8대 덕목에 명시되어 있는 내용을 중심으로 발전시켜야 할 것이다. 「인성교육진흥법」과 관련하여 학교 급별 프로그램의 예시를 다음과 같이 제시하였다(김창현 외, 2016).

| 표 12-4 | 인성교육 프로그램 종류와 내용

구분	프로그램	내용
대학생	집단활동 프로그램	미술심리치료 프로그램과 치유 및 명상을 통해 자기성장, 자기표현, 자기개발 등의 동기유발과 감수성을 배양
	특별강연	폭넓은 교양과 지식 함양, 사회적 경험의 노하우 전수
	체험활동	학생들의 교류와 소통, 모험심과 협동심 배양, 자기교육관 발표하기
초·중·고	창의인성 뇌교육	뇌 감각 깨우기, 자기 돌아보기, 활공(스킨십), 경청의 장, 신뢰의 장 의지의 장, 합심의 장, 나눔의 장, 감사의 장, 힐링 난타
	자연친화 체험활동	도전(모험)활동, 체력단련, 산행을 통한 도전정신과 모험심, 협동심을 배양
	봉사활동 및 통일교육	중증장애인시설 봉사활동, 역사 탐방 및 북한 바로알기 견학
	예절교육	우리나라 전통예절 익히기, 예절교육을 통해 상대방을 존중하고 배려하는 방법 익히기

출처: 김창현. (2023). 청소년지도방법론(2판). 파주: 정민사.

바람직한 인성교육을 통해 나타나는 효과는 첫째, 청소년들이 인성교육 프로그램을 통하여 서로 이해와 존중과 남을 배려하는 바람직한 인간관계가 조성되어야 하며(Hohg, 1994; Weber, 1994), 둘째, 스스로 자존감을 회복하여 삶의 가치를 알고 더불어 살아가는 기쁨을 느끼게 되도록 자신감을 심어주는 교육이 필요하다(Manning, 1989; Coopersmith, 1967). 셋째, 청소년들의 손상된 자아회복과 가족 및 부모님과의 관계를 회복하게 될 수 있는 교육이 되어야 한다(Ryan et al., 1999). 넷째, 예절 바르고, 양심이 밝고, 정직, 성실, 책임감 있는 삶의 태도를 길러 주는 교육이 되어야 한다(Hauck, 1991; Campbell, 1990). 마지막으로 다양한 청소년들의 특성을 통한 분노조절, 감정정화, 자기 극복의 체험을 통해 긍정적인 자기 정체성 회복에 기여하는 진정한 인성교육(Rusank, 1998a; 1998b)의 장이 청소년활동 시설에서의 성과가 나타날 수 있도록 제도적인 뒷받침도 필요하다.

3) 청소년지도자의 바람직한 인성교육의 방향

인성교육을 새롭게 인식하게 된 것은 1995년 교육개혁위원회가 신교육체제 수립을 위한 〈5·31교육개혁방안〉에서 "실천 위주의 인성교육 강화"라는 교육개혁의 과제를 제시하면서부터이다. 그 뒤 2007년 제7차 교육과정과 2009 개정 교육과정에서 인성교육을 강화되었으며, 학교는 교과와 창의적 체험활동 등의 교육활동을 통해 인성교육을 실천할 수 있도록 하였다. 이후 인성교육의 법적 기반을 마련하기 위해, 「인성교육진흥법」을 2015년 1월에 제정하여 7월 21일부터 시행하고 있다. 사실 인성교육만을 강제한 특별법은 전 세계적으로도 보편화된 특별법은 아니다. 매우 보기 드문 특별법이다. 이는 그만큼 한국의 청소년 인성교육이 얼마나 심각한 문제점을 안고 있고 또 시급히 개선해야 하는지를 방증한다고 볼 수 있다. 때문에 인성교육 5개년 종합계획은 정확한 현실 파악이 밑바탕 되어야 하며 인성의 개념 정립에서부터 다양한 인성교육방법론이 개발되어야 한다. 또한 학교 내에서의 인성교육뿐만이 아닌 지역사회 청소년수련시설에서도 다양한 인성활동 프로그램의 개발 및 보급이 이루어질 필요가 있다. 또한 인성은 인성 요소나 덕목을 단순히 합치거나 그것을 가르친다고 길러지는 것은 아니며, 인성 요소를 함양하는 유일한 교육방법이 있는 것도 아니다. 다양한 "청소년 인성활동거리"의 개발과 교류 확산이 필요하다.

인성활동 지도는 "교육 탄력성(Education Resilience)"이 필요하다. 정해진 인성교육을 위한 교수법과 지도법의 습득에서 벗어나 교육자 스스로 주도적으로 인성교육의 방향을 모색하고 관련 정보를 취합하여 사회적 상황과 교육 대상자의 특성을 고려한 효율적인 인성활동거리의 선택과 지도가 필요하다(신성철 외, 2023).

13

Chapter

청소년 안전교육 지도방법

1. 안전과 사고의 이해

1) 안전과 재난

(1) 안전의 개념

최근 위험을 사회문제로 인식하게 되면서 국가와 국민이 함께 해결해야 하는 문제로 부각되기 시작하였다. 세월호 참사 이후 안전의식·문화, 정부의 사회안전 확보 정책 및 학교와 각종 기관 등에서의 안전교육 등은 획기적으로 변화되고 강화되었다. 청소년과 관련된 안전사고는 미시적인 차원에서는 피해자와 그 가족, 그리고 거시적인 차원에서는 지역사회와 국가의 문제이기 때문에 안전사고의 영향은 광범위하고 파급효과도 클 수밖에 없다(조아미 외, 2016). 특히 우리 사회의 미래를 내다볼 때 자라나는 청소년의 안전의식 개선과 발전은 매우 중요한 과제로 대두되는 현실이다(유병열, 2019).

울리히 벡(Ulrich Beck)은 1986년 『위험한 사회(Risk society)』를 발간하여 '위험사회'라는 단어를 세상에 알렸다. 위험사회는 과학기술의 발전으로 일궈낸 사회 속에서 현대인들이 당면하게 된 예측 불가능한 불덩이와 같은 것이다(Beck, 1986).

'안전'이라 함은 위험이 없는 것으로 위험 가능성 혹은 사고를 제거하는 것을 목적으로 하는 인간행동에서 발생하는 상태 또는 위험의 발생을 없애고, 사고의 제거를 목적으로 하는 물리적 환경에서 발생하는 상태이다(권봉안 외, 1998; 최인범 외, 1997). 또한 모어즈(Morz)는 "사고의 예방과 개인적 피해 또는 사고로부터 오는 재산적 손실을 없도록 하는 것"이라고 하였으며, 마랜드(Marland)는 "인간이 행동수정을 위해 만들어진 조건이나 상태 또는 위험 가능성을 줄일 수 있도록 물리적 환경을 고안함으로써 사고를 감소시키는 것"이라고 정의하였다(Marland et al., 1973). 이것은 곧바로 안전에 위해가 되는 위험 요소를 감소시킬 수 있는 방향으로 인간의 의식 및 태도가 변화하는 것을 의미한다. 안전의 목적을 달성하기 위해 접근하는 방법으로서 가장 바람직한 것은 여러 가지 형태로 존재하는 위험들을 근원적으로 제거하여 주는 것이다(조철호, 2020).

한편 국어사전에서는 "안전을 위험이 생기거나 사고가 날 염려가 없다"라는 의미로 '편안하여 위험이 없는 상태'로 풀이한다. 그러나 모든 위험을 제거하여 안전한 상태로 만드는 것은 현실적으로 어렵다. 사고(accident)의 어원은 Accido로 이는 접두사 Ac와 '낙하', '떨어진다'는 의미의 Cido로 구성되어 있어서 근본적으로 떨어진다는 뜻을 가지고 있다. 따라서 사고란 사망하거나 부상을 당하거나 재산상에 손실을 주는 예기치 못한 사건이다(석혜민, 2005). 따라서 안전은 '위험요소를 극소화하거나 방호한 상태'로 표현하는 것이 바람직하다.

(2) 재난의 개념

재난이란 사회구성원들이 정상적인 활동을 하는데 필요한 정보, 안전한 물리적 환경, 공격으로부터의 보호, 식량, 주거, 소득의 제공과 같은 생활하는 데 필요한 조건을 상실하는 집합적인 스트레스 상황이다(전석균 외, 2017).

재난의 개념을 "국민의 생명, 신체 및 재산과 국가에 피해를 주거나 줄 수 있는 것으로서 태풍, 홍수, 호우, 강풍, 풍랑 해일, 대설, 가뭄, 지진, 황사, 조류대발생, 조수, 화산활동, 소행성, 유성체 등 자연우주물체의 추락·충돌 그 밖에 이에 준하는 자연현상으로 인하여 발생한 재해, 화재, 붕괴, 폭발, 교통사고, 화생방사고, 환경오염사고 그 밖의 유사한 사고로 인한 피해, 에너지, 통신, 교통, 금융, 의료, 수도 등 국가기반체제 마비와 전염병 확산 등으로 인한 피해"로 정의하고 있다. 이는 기존의 자연재해와 인위적 재난의 개념을 통합하고, 사회 전반에 걸쳐 기능이 마비되는 사회적 재난(전쟁, 쿠데타, 테러사건, 독가스 등)까지도 포함하여 재난의 개념을 새롭게 정의한 것이다(이진우, 2013). 특히 우리나라는 다른 해외국과 국제기구들의 정의와 달리 감염병 피해도 사회적 재난에 포함하고 있는데, 이는 우리나라에서만 나타나는 특징으로 볼 수 있으며, 다양한 국제기구들은 감염병 피해를 자연재난으로 분류하는 경우가 흔하다고 한다(강석훈 외, 2015).

자연적 재난은 예측 가능성을 기준으로 예측할 수 있는 자연재난과 예측 불가능한 자연재난으로 구분된다. 태풍, 홍수 등 주기에 따라 발생하는 자연재난은 현재의 과학기술로 인해 부분적으로 그 주기와 피해 규모가 예측할 수 있어서 예방과 대비를 중심으로 관리가 되며, 기후성 재난이라고도 한다. 반면, 지진, 해일, 화산활동 등은 발생 시점과 피해 규모를 과학기술로 예측하기 어려운 자연재난으로, 지구물리학적 재난이라고도 한다. 사회적 재난은 인간이 의도적으로 했는가에 따라 고의적 재난과 비고의적 재난으로 구분된다. 고의적 재난은 테러, 폭동 등과 같이 인간의 의도적 행동으로 발생하는 재난, 비고의적 재난은 오류 혹은 고장 등 인간의 의도가 없는 재난을 의미한다(신성철 외, 2020).

| 표 13-1 | **자연적 재난과 사회적 재난**

대분류	세분류	재난 사례
자연적 재난	예측 가능(기후성 재난)	태풍, 홍수, 강풍, 가뭄, 미세먼지 등
	예측 불가능(지구물리학적 재난)	지진, 쓰나미 등
사회적 재난	고의적 재난	테러, 폭동 등
	비고의적 재난(사고)	화재, 붕괴, 폭발, 환경오염사고 등

2) 사고의 원인과 발생이론

(1) 사고의 원인

하인리히(Heinrich)의 연구결과에 의하면 일반적으로 안전사고의 원인은 인적 요인, 물적 요인, 환경요인으로 구분할 수 있다. 사고의 88%는 인적요인에 의한 것이고 나머지 10%가 불완전한 물적 요인에 의한 것이며 어쩔 수 없는 환경요인에 의한 것은 단지 2%에 불과하다(Heinrich, 1950). 따라서 사고는 인적요인에 기인한다고 볼 수 있으므로 안전 생활습관이 형성된 사람들이 많아질 때 우리 사회의 사고율은 많이 감소할 것이다. 인적요인의 대표적인 예로, 연령이 어릴수록 운동기능이나 지각능력의 미성숙으로 인한 사고 발생이 잦다. 또 태도 및 심리적인 상태는 사고 발생과 밀접한 관련이 있는 것으로 알려져 있는데 긍정적인 태도 성향이 안전과 관련이 깊다(석혜민, 2016).

(2) 사고발생 이론

하인리히(Heinrich)는 사고발생 과정을 도미노이론을 이용하여 설명하고 있다. 즉, 사회적 환경이나 가정의 유전적인 결함요소가 개인의 결함으로 연결되는 요인이 되고, 이러한 결함을 지닌 사람이 위험한 장소에 노출되면 불안전한 행동을 하게 되며, 이러한 불안전한 행동이 위험한 장소의 불안전한 상태와 연결되면 사고를 일으키게 되어 인적 피해나 물적 피해를 주는 재해가 발생한다는 것이다. 이와 같은 사고발생의 연쇄과정을 **그림 13-1**과 같다.

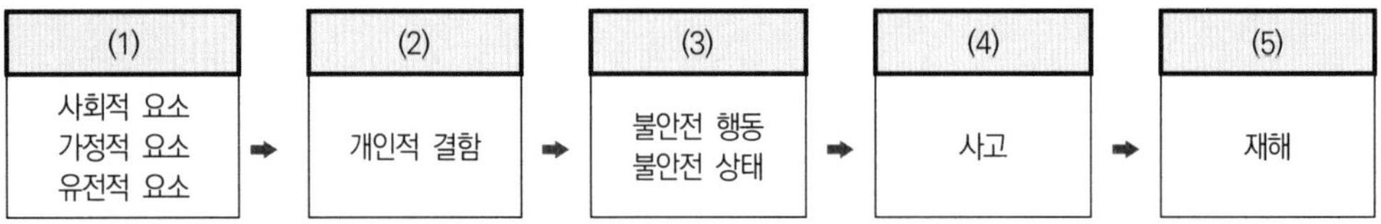

| 그림 13-1 | 하인리히의 사고발생 연쇄과정

출처: 김창현. (2023). 청소년지도방법론(2판). 파주: 정민사.

그림 13-1에서 (1), (2), (3), (4), (5)를 일정한 간격으로 세워 놓고, (1)에 힘을 가해 쓰러뜨리면 (2), (3), (4), (5)로 연속으로 넘어지나 (1), (2)가 넘어져도 (3)을 제거하면 사고나 재해로 연결되지 않는다는 것이다(Heinrich, 1950). 하인리히는 이 이론을 제시함으로 사고예방 대책이 인간의 불안전한 상태의 제거에 직결되어 있음을 제안하였다(Heinrich, 1950).

3) 사고방지의 기본원칙과 접근방법

(1) 기본원칙

사고방지 대책의 기본원칙은 다음과 같은 전제하에 연구되고 발전하였다.

첫째, 재해사고는 예방이 가능하며 예방이 불가능한 사고는 없다. 다만 인지와 노력에 한계가 있을 뿐이다. 모든 물질은 변하는 것이며 완전함이 없는 이상 사고는 예기되는 것이다. 그러므로 예방이 가능하다.

둘째, 재해는 단독으로 발생하는 것이 아니며 여러 가지 원인이 복합적으로 서로 연계하여 결정적인 순간에 사고로 발전하는 것이다. 그러므로 모든 원인은 종합적으로 검토되어야 하며 또한 제거되어야 한다는 것이다.

셋째, 손실우연의 원칙으로 사고발생 당시 주변조건에 따라 손실의 크기가 달라진다는 것이다. 그러므로 위기통제는 주변의 모든 환경적 조건까지 검토되어야 한다.

넷째, 모든 인위재난은 예방이 가능하다는 예방 가능의 원칙이다.

(2) 사고예방 접근방법

사고의 원인을 분석하여 예방대책을 수립하기 위한 접근방법은 다음과 같다. 사고는 교육부족으로 인한 위험 예지능력의 미비 및 불안전한 행동에서 발생하므로 일차적으로 교육적 대책(Education)이 가장 중요하며, 이미 일어난 사고가 다시 재발하는 것을 방지하기 위해서 사고원인 분석과 대책수립 등의 기술적 대책(Engineering)이 필요하고, 마지막으로 사고가 발생할 수 있는 위험요인은 미리 파악하고 이를 관리하는 관리적 대책(Enforcement)이 중요하다(한국산업안전공단, 2003).

사고는 사전에 반드시 예방되어야 한다. 그렇지 않으면 우리는 사고로부터 크나큰 인명과 재산상의 돌이킬 수 없는 큰 손실을 주기 때문이다. 하인리히(Heinrich)는 안전의 원칙을 네 가지로 제시하였다(Heinrich, 1950).

첫째, 원인연계의 원칙이다. 사고는 자연적으로 이유 없이 발생하는 것이 아니며 반드시 원인이 있어 그 원인에 의해서 사고로 발생하는 것이다.

둘째, 손실우연의 원칙이다. 사고의 결과로써 생긴 손실의 크기는 우연에 의해서 정해진다. 이것은 피해자의 기민도, 반사신경, 위험요소의 크기, 육체적 조건, 신체의 부위, 보호구의 착용 여부 등에 따라 달라진다.

셋째, 예방 가능의 원칙이다. 사고는 여러 가지 원인에 의해 발생하므로 그 원인만 제거하면 예방할 수 있다. 따라서 모든 사고는 예방이 가능하다.

넷째, 대책선정의 원칙이다. 모든 사고는 예방이 가능하므로 예방대책이 강구되어야 한다. 또한 사고는 여러 원인이 종합적으로 연계되어 발생하므로 종합연계 대책이 마련되어야 한다.

2. 청소년 안전교육과 사고예방

1) 안전교육의 필요성

창의적 체험활동의 여건조성과 청소년들의 청소년활동을 강조하는 특기적성과 다양한 체험활동을 해야 하는 학교에서는 청소년들에 대한 안전교육의 필요성이 강조되고 있다. 청소년들의 발달단계로 볼 때 안전사고에 대한 판단력과 돌발적 사태에 대한 적응력이 미흡한 때이다. 청소년 안전사고는 피해 청소년에게 신체적·심리적 상처를 남기고 부모 또한 심리적·경제적으로 큰 고통을 받게 된다. 따라서 이들에게는 생명과 직결되는 신체적 위험부담이 항시 도사리고 있다. 이런 현실을 감안하여 안전에 대한 전 국민적 각성이 필요하다는 소리가 높다. 즉, 청소년 안전에 관한 지식과 상황별 대처 방법 등을 체계적으로 다루는 안전교육을 철저히 실시하여 사고 발생을 예방하여야 한다.

지난 세월호 사고(2014.4.16.)를 통하여 있어서는 안 될 후진국형 안전사고를 우리는 잊을 수 없으며, 이러한 국민적 인재는 다시 우리 사회에 있어서는 안 될 것이다. 따라서 학교현장 및 가정, 직장에서 안전에 대한 교육은 학교교육 과정에 포함하여 제도적으로 정착되고 있지만 여전히 사고는 우리 주변에 늘 도사리고 있다고 본다. 특히 청소년 수련활동 간 안전사고 및 안전교육은 사각지대로 여겨왔으며, 아직도 수련시설들은 안전기준에 미달되는 시설도 있고, 안전사고가 발생하였을 때 대응조치 요령 및 안전교육과 응급처치 교육의 부실로 청소년 안전사고의 위험성은 항상 노출되어 있다. 이에 따라 청소년활동을 즐기기 위해서는 청소년시설의 안전성 확보가 매우 중요하다.

청소년시설에서는 내·외적인 안전을 위한 환경을 정비하고 위험 요소를 조기에 발견하는 등 관리를 철저히 해야 한다. 지속적인 안전교육과 실천을 통해 청소년과 청소년지도자의 안전의식이 강화되고 일상화될 수 있어야 하며, 나아가 안전 문화를 형성하고 정착시켜야 할 것이다(한국청소년활동진흥원, 2018).

2) 안전교육의 정의와 원리

안전교육이란 상해, 사망 또는 재산피해를 일으키는 불의의 사고를 예방하는 것으로서 안전행동에 기여하는 습관, 기능, 태도 및 지식의 발달과 긍정적으로 영향을 미치는 경험의 총체라 할 수 있다. 각종 매체, 부모, 기타 다른 사람들에 의해 부적절한 안전기법과 태도를 접하게 됨으로써 안전행동의 발달이 늦어지는 경우가 있는데, 안전교육은 생활 전반에 걸쳐 이루어지고 생애의 전 과정을 통하여 일상생활에서 개인 및 집단의 안전에 필요한 지식, 기능, 태도 등을 이해시키고, 자신과 타인의 생명을 존중하며, 안전하고 건강한 생활을 영위할 수 있는 생활습관을 육성하는 것이다(한국산업안전공단, 1997). 결국 안전교육은 교육이라는 수단을 통하여 일상생활에서 개인 및 집단의 안전에 필요한 지식, 기능, 태도 등을 이해시키고 자신과 타인의 생명을 존중하며 안전한 생활을 영위할 수 있는 습관을 형성시키는 것이다. 즉, 개인과 집단의 안전성을 인식시키는 것이다.

안전교육의 궁극적인 목표는 자타의 생명을 존중하는 정신을 육성시키도록 교육하는 것이며, "인간의 생명체"를 안전한 관념의식 속에서 그 인체에 필요한 교육여건과 환경적·심리적 조건, 활동방향 및 의식적 활동이 총 망라된 교육이 절실히 필요하다. 따라서 생활안전 교육의 원리를 네 가지로 정의할 수 있다.

첫째, 일회성의 원리이다. 인간의 생명은 탄생과 죽음이 한 번뿐(일회성)이라는 엄숙성과 학교, 가정 및 일상생활 속에서 지도상의 결함이 발생하면 생명을 잃게 되는 사고의 위험성이 존재하며, 일회성의 원리를 염두에 두지 않고, 생활 속에 안전교육이 제대로 이루어지지 않을 때 타인의 생명 존중 및 안전의식도 무너지는 것은 두말할 나위가 없다.

둘째, 자기통제의 원리이다. 안전능력을 위해 스스로 통제능력(지식, 태도, 자기통제)을 평소에 배양하는 것이 중요하다. 안전교육을 통해 지적·실천적 능력배양과 의지적 행동능력의 향상이 무엇보다 필요하다. 즉, 자신과 타인, 가정, 사회, 국가를 위한 통제능력이 주어지는 원리의 성립이 핵심요인이다.

셋째, 이해의 원리이다. 사고와 안전에 대한 지식을 실천적으로 이해하면서 행동으로 옮길 때 안전능력은 길러질 것이다. 생활안전지도는 지적 이해와 실천적 지도에 의해 수행되므로 반드시 실천이 뒤따라야 한다.

넷째, 지역성의 원리이다. 사고와 안전은 지역에 따른 유형이 상이하므로 지도방법은 특성을 고려하여 시행하여야 한다. 결과적으로 환경적 요인을 고려하여 도시, 농어촌, 공해 유무, 산간, 해안 등 다양한 지역 및 환경과 인간의 생활양상에 따른 지도방법을 고려하여 안전교육을 실시하여야 한다.

3) 청소년 안전사고와 유형

(1) 청소년 안전사고

청소년활동 현장에서 발생하는 청소년 안전사고에 대한 개념은 아직 법률·학술적 정립은 되지 않은 상태이다. 청소년활동에 있어 안전사고에 대한 개념에 대해 청소년이 참여하는 모든 활동에 대한 안전 수칙 미준수, 부주의, 안전교육 미비로 인해 청소년과 지도자, 교육 참여자의 생명과 신체에 피해를 발생하는 질병을 포함한 모든 사고라 정의하였다(김문수 외, 2021). 여기서 청소년활동이란 청소년의 균형 있는 성장을 위하여 필요한 활동과 이러한 활동을 소재로 하는 수련활동, 교류활동, 문화활동 등 다양한 유형의 활동으로 건강 보건, 과학정보, 교류, 모험 개척, 문화예술, 봉사, 직업체험, 환경보전활동 등을 포함한다. 이러한 청소년활동은 학교 교육을 보완하고 교과교육을 통합하는 기능을 가지며, 청소년의 지·덕·체를 고루 갖춘 전 인격체로 성장할 수 있도록 돕는 중요한 활동이라 할 수 있다.

「학교 안전사고예방 및 보상에 관한 법률」에서 학교 안전사고는 교육활동 중에 발생한 사고로서 학생·교직원 또는 교육활동 참여자의 생명 또는 신체에 피해를 주는 모든 사고 및 학교급식 등 학교장의 관리·감독에 속하는 업무가 직접적인 원인으로 학생, 교직원 또는 교육활동 참여자에게 발생하는 질병으로써 대통령령이 정하는 것으로 정의한다.

한편, 학교 현장에서 발생하는 학교 사고는 학교를 둘러싸고 피해를 본 학생을 피해자로 하는 사고로 보며, 교육현장에서 학생을 피해자로 하는 사고로 보며, 교육현장에서 학생을 피해자로 하는 사고, 학교의 관리책임 아래에서 발생하는 사고와 교육활동 및 그와 밀접한 관련을 갖는 활동에서 학생이 입는 사고로 정의하고 있다(안주열, 2007). 학교 안전사고는 학교 내(환경적)에서 정상적인 교육활동(물리적) 중에 발생하는 사고로 학생, 교직원, 교육활동 참여자의 생명, 신체에 피해를 주는 상해와 손실로 정의했다(박상환, 2017).

이를 종합해보면, 청소년 안전사고는 자연재해나 산업안전사고와 구별되는 특성이 있다. 청소년의 발달 단계적 특성상 안전사고는 활동의 축소와 경험 및 교육적 피해를 가져와 바람직한 발달을 어렵게 한다. 특히 청소년기에 사망, 상해로 이어지는 안전사고는 회복 불가능한 상태로 성인으로까지 이어지는 장애로 이어질 수 있다. 이러한 청소년 안전사고는 「청소년기본법」에 정해져 있는 청소년의 나이에 속하는 모든 청소년이 사망, 상해, 질병에 관한 신체적·경제적·심리적 손실을 주는 것이라고 할 수 있으며, 청소년활동 현장 및 학교 장면에서 발생할 수 있다.

(2) 청소년 안전사고의 유형

청소년이 많은 시간을 보내는 학교에서 안전사고는 매우 다양하게 발생하며, 청소년수련시설 또한 다양한 활동 영역에서 안전사고의 발생이 빈번하게 나타나고 있다. 이러한 안전사고는 청소년과 지도자, 학부모, 관계자 모두에게 피해를 주는 현상으로 이어질 수 있다. 청소년의 교육활동이 수행되는 학교시설과 청소년수련시설에서 발생하는 안전사고 유형과 원인을 살펴보면 다음과 같다.

첫째, 학교 안에서의 안전사고 유형으로 먼저, 학교의 천재지변에 의한 사고, 물품관리상의 사고 및 도난 등의 학교 관리상의 사고로 구분하며, 둘째, 교원과 사무직원의 여러 비행사고, 셋째, 교육활동에 관계되어 발생한 사고에 의한 교직원 심신의 재해와 명예훼손, 재산상의 피해인 공무 재해, 넷째, 교육활동과 관련된 사고에 의해 학생의 부상, 질병, 사망 등 심신의 재해와 명예훼손과 재산상 피해, 다섯째, 학교시설의 관리 소홀로 교직원 또는 학생의 심신 재해 및 재산피해, 여섯째, 학교 개방 중 일반인의 심신 재해 및 재산의 피해로 구분할 수 있다. 학교 안전사고를 시간, 장소, 내용 등에 따른 안전사고의 유형을 다음과 같이 살펴볼 수 있다(최윤진, 1998).

| 표 13-2 | 학교 안에서의 안전사고 유형

구분	내용
시간에 의한 분류	체육, 특별활동, 학교행사, 급식 시간, 휴게시간 사고, 등·하교 중 사고, 방과 후 동아리 활동 사고, 방학 중 사고 등
장소에 의한 분류	교실, 실험실, 특별교실, 학교 밖 사고, 운동장, 옥상, 복도에서 사고 등
학생과 교원 사이의 사고분류	학생과 학생, 학생과 교원, 학생 스스로에 의한 사고, 시설물의 불안전으로 인한 사고 등
피해 내용에 의한 분류	심신의 피해, 재산상의 피해, 명예훼손 등

출처: 최윤진. (1998). 청소년의 권리. 파주: 양서원.

둘째, 「청소년활동진흥법」에 따라 안전교육의 의무화를 통해 체계적인 청소년활동 안전교육을 실시하고 있다. 청소년시설의 안전교육은 청소년시설 점검을 위한 안전교육(건축물, 가스, 전기, 승강기, 소방, 위험물, 에너지 등), 청소년지도자를 위한 안전교육(안전교육, 개인정보보호법, 성희롱 예방교육 등)과 청소년시설을 이용하는 청소년을 대상으로 하는 안전교육의 세 가지로 구분할 수 있다. 청소년시설을 이용하는 청소년을 대상으로 하는 교육에 관해서 「청소년활동진흥법」 제18조의2 안전교육이 그 구체적인 내용을 여성가족부령으로 위임하고 있다. 「동법 시행규칙」 제8조의3 안전교육(여성가족부령)은 수련시설 이용 시 유의사항 및 비상시 행동 요령, 청소년 수련활동 유형별 안전사고 예방에 관한 사항, 성폭력·성희롱 예방 및 대처 요령에 관한 사항, 그 밖의 해당 수련시설의 이용 및 청소년 수련활동에 필요한 안전에 관한 사항을 안전교육 사항으로 규정하고 있다.

3. 청소년 안전교육의 지도

1) 안전교육의 목적 및 목표

안전교육은 인간의 존엄성을 바탕으로, 일상생활에서 개인이나 집단의 안전에 필요한 지식과 기능, 습관 또는 태도 등을 이해시키고, 자신과 타인의 생명을 존중하며, 안전하고 건강한 생활을 영위할 수 있는 습관을 체화시키는 활동이라고 할 수 있다. 또한 안전의 중요성을 인식시키고, 안전에 대한 포괄적 감수성과 위험인지 능력을 향상할 수 있어야 한다. 안전의 습관화 또는 내면화는 일회성 또는 단기간의 교육으로 이루어지는 것이 아니라, 생활 속에서 지속적이고, 반복적으로 이루어져야 한다(갈원모, 2005). 따라서 "청소년 안전교육"이란 청소년이 안전에 대한 중요성을 인식하고 각종 재난 및 안전사고 발생 시 이에 효과적으로 대처할 수 있도록 안전에 대한 지식이나 기능을 습득하는 교육이라고 할 수 있다.

안전교육에서는 우리 사회가 급격한 경제성장과 산업의 고도화로 안전을 등한시한 나머지 각종 사고를 경험하고 있으며, 일상생활 주변에서 항상 안전사고 발생의 개연성을 지니고 있음에 유의하여야 한다. 이러한 관점에서 안전교육의 구체적 목적을 다음과 같이 설정하고 실천해 가고 있다(중앙소방본부, 2016).

첫째, 안전교육의 궁극적인 목적은 화재 및 재난으로부터 '생존'을 위한 능력 배양과 자신뿐만 아니라 타인을 보호할 수 있는 능력을 갖추도록 하는 것이다.

둘째, 안전에 대한 인식과 이해를 높여 청소년의 무관심과 안전불감증을 해소한다.

셋째, 각종 안전사고에 대한 대응능력을 향상하기 위한 홍보활동을 지속해서 전개하여 안전교육의 중요성을 인식한다.

안전에 관한 지식과 안전행동을 구현할 수 있는 기능·능력 및 안전을 적극적으로 추구하고 몸소 실천하고자 하는 태도 교육이 종합적으로 이루어질 때 안전교육의 목표가 달성될 수 있다고 보는 것이다. 이때 안전 '지식'에 대한 교육은 안전생활과 관련하여 필요한 지식, 정보 등의 지적 기반을 구축하고자 하는 것이고, 안전 '기능'에 대한 교육은 체험, 실습, 경험을 통해 직접 실행할 수 있는 능력을 함양하고 필요 기술을 체득해 나가도록 하는 것이다. 안전 '태도'의 교육이란 바람직한 가치관과 마음의 자세를 형성하고자 하는 것으로, 안전과 관련하여 판단, 결정하고 행동으로 움직이게 하는 내면의 정의적 동력체계를 기르고자 하는 것을 말한다(유병열, 2016).

이러한 지식, 기능, 태도 각각의 요소는 유기적으로 연계되어 상호작용을 하는 관계에 있다. 이렇게 하여 안전교육을 통한 '지식의 습득, 기능의 습관화, 태도의 변화'를 통해 사고 예방을 위한 능력을 획득하는 것을 '종합적 능력'이라고 한다(행정안전부, 2012). 이런 안전에 관한 종합적인 능력이 바탕이 되어 안전행동 및 안전한 생활의 영위가 가능하므로 이러한 종합적 능력의 함양을 안전교육의 목표로 보는 관점이 중요하다.

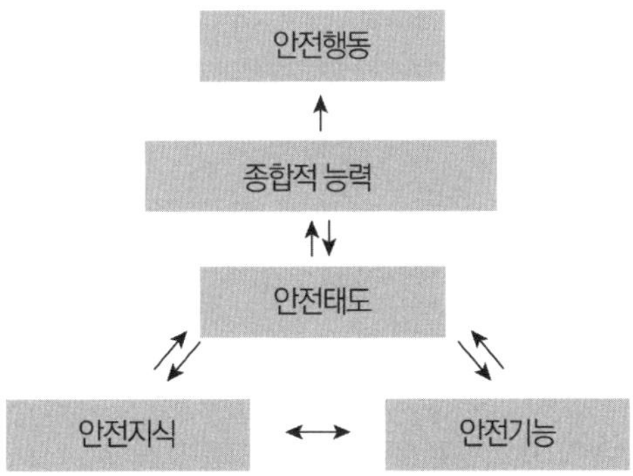

| 그림 13-2 | **안전교육의 목표**

2) 안전교육의 원리

안전교육은 안전해지고자 하는 인간의 기본 심리를 바탕으로, 사고의 가능성과 위험을 제거하기 위하여 자기 자신과 다른 사람에게 위험을 줄 수 있는 요건에 대해 적극적으로 대처하는 방법을 익히는 활동이다. 안전교육을 효과적으로 실시하기 위해서는 생명 존중의 정신을 구체적인 행동으로 표현하는 것에 대한 이해와 반복적인 훈련이 필요하다. 따라서 안전교육의 행동과 태도의 반복적인 실시와 효과를 높이기 위해서는 이론 주의가 아닌 행동주의적인 체험교육이 중요하다. 행동주의 학습이론은 모든 행동을 자극과 반응의 관계로 보며, 행동의 변화가 수반되었을 때 학습이 발생한 것으로 간주한다. 이 이론은 학습과제의 세분화를 통하여 청소년의 학습 동기를 유발하고, 외형적으로 표현되는 행동을 반복·연습할 것을 강조한다.

| 표 13-3 | 행동주의 안전교육의 종류와 내용

교육종류	내용
지식·사고	사고 발생 원인 및 위험이해, 사고, 판단 및 합리적인 의사결정, 창의적 문제해결 등
기능·실천	실험 실습 체험을 통한 안전행동 기능과 실천 능력학습 등
가치·태도	안전 수칙 준수, 타인 배려 등
반복·습관	지식 기능 태도의 반복을 통한 습관화

안전교육을 실시할 때는 이해 교육, 기능 교육, 태도 및 습관 교육 등 단계별 이론과 실습의 병행과 정기적 재교육, 학생의 발달단계와 생활 주기에 맞는 안전교육, 학교 내·외에서의 안전교육, 가정과 연계한 안전교육, 그리고 지역에 따라 차별화된 안전교육 등이 있다. 한편, 세계적으로 유명한 영국재해방지협회에서는 효과적인 안전교육을 위한 열 가지 원리(Ten Principles for Effective Safety Education)를 제시하고 있는데, 다음과 같다(RoSPA, 2012).

첫째, 안전교육은 더 넓은 공동체 속에서 전학교적 접근(the Whole School Approach)으로 이루어져야 하며 또 강화해야 한다.

둘째, 교수·학습에 있어 상호작용(Interactive)과 경험학습(Experiential Learning)과 같은 활동적 접근방식(Active Approaches)을 활용한다.

셋째, 안전을 지키는 데 도움을 줄 수 있는 실제적 의사결정에 아동과 청소년을 참여시킨다.

넷째, 아동과 청소년의 학습 요구(Learning Needs)를 반영한다.

다섯째, 사회 및 건강 교육(PSHE; Personal, Social and Health Education)의 포괄적 접근으로써 안전을 지도한다.

여섯째, 실제적이고 적절한 환경과 자료들을 활용한다.

일곱째, 가정 및 지역사회 유관 기관과의 동반자적 관계 속에서 안전교육을 실행한다.

여덟째, 위험요인과 보호요인(Protective Factors)들에 대한 이해를 도모한다.

아홉째, 안전에 관한 심리·사회적인 측면들, 예를 들어 자신감, 회복탄력성, 자부심, 자기효능감 등을 고려한다.

열째, 안전하고 지지적인 환경 속에서 안전한 행위를 보상하고 모델링하는 긍정적인 접근을 도모한다.

이상 안전교육의 기본 방향이나 지도 원리들에 대해 주요한 견해들을 기반으로 청소년 안전교육이 어떻게 실행하고 진행되어야 하는지를 종합적으로 제시하고자 한다(유병열, 2016).

첫째, 아동과 청소년이 일상생활 속에서 스스로 안전을 도모할 수 있도록 바른 습관을 기르고, 규칙 준수와 책임을 다하는 자세 등을 증진하며, 생명 존중의 가치관을 함양하여 참된 인간으로서의 인격 위에서 안전을 도모해 가도록 인격·인성교육으로서의 안전교육을 추구해 갈 필요가 있다. 생활 주변 곳곳에 잠재해 있는 안전사고의 위험 속에서 아동과 청소년 스스로가 적절하게 대처해 나갈 수 있는 능력을 기르는 동시에, 다양한 안전 지도를 통해 어릴 때부터 자신과 남의 생명을 존중하면서 책임 있고 성실하며 안전하게 행동하는 습관이 몸에 배도록 해야 하는 것이다.

둘째, 단 한 번의 사고라 할지라도 사망 또는 회복할 수 없을 정도의 중대한 상해를 입거나 재산상 막대한 손해를 입게 될 수 있으므로, 단 일회의 사고라도 일어나지 않도록 방지하고자 하는 자세가 안전교육의 대전제가 되어야 한다. 또한, 안전교육에서는 직접 경험을 통해 배우는 것이 가장 효과적이지만, 사고를 경험하도록 하거나 시행착오를 통해 안전을 배우도록 할 수는 없다. 따라서 단 일회의 교육 시행 여부에 따라 생존과 사망이 결정될 수도 있으므로, 잘 준비되고 완전한 안전교육이 실행될 수 있도록 늘 최선의 노력을 기울이는 일이 요청된다.

셋째, 안전교육은 궁극적으로 자신을 통제하고 적절히 대처해 나갈 수 있는 안전능력을 개발하는 것을 중요한 요소 중 하나로 해야 한다. 안전교육은 지적 능력, 실천적 능력 배양, 의지 함양 지도를 통해 궁극적으로는 자신과 타인, 가정, 사회, 국가의 안녕과 행복을 위해 자기를 통제할 수 있는 능력을 배양하는 데 그 본질이 있기 때문이다.

넷째, 안전에 관한 이해와 실천을 조화롭게 추구하되, 체험, 실습, 실기, 훈련 등을 통한 교육이 강조되고, 집중적이고 지속해서 이루어져야 한다. 안전행동 및 안전생활에 관한 지식, 이해, 사고·판단력, 합리적 의사 결정력 및 창의적 문제해결력 등의 함양을 통해 지적 기반을 잘 갖추도록 하되, 반드시 올바른 안전행동 기능 및 실천 능력을 기르는 데까지 나아가도록 해야 한다. OECD 주요국의 안전교육 분석에서도 공통으로 나타나고 있듯이(이덕난, 2015) 안전교육에서는 궁극적으로 체험과 훈련을 통한 안전한 삶의 역량 증진에 역점이 두어져야 하기 때문이다. 또한 무계획적이고 산만한 교육이나 일회성 및 단기간의 행사 위주가 아닌 집중적이고 응집된 교육, 그리고 나선형의 심화 반복과 지속적인 교육을 통해 안전행동이 습관화될 수 있도록 하는 것이 중요하다.

다섯째, 연령대별 발달단계에 따라 적절한 교육 내용, 방법, 교재, 자료 등을 활용한 안전교육이 이루어져야 한다. 따라서 지도 내용 및 방법, 자료 등을 결정할 때, 교육대상의 발달수준 및 경험 범위 등을 고려해서 그것에 맞게 내용과 방법 및 교재 등을 적절히 개발하여 적용하거나 기존의 것들을 잘 선정·조직·재구성하여 지도하는 것이 필요하다.

여섯째, 장소별 사고 및 대처 방법을 채택하여 각 장소에서 일어날 수 있는 다양한 경우를 중심으로 지도하는 일이 필요하다. 어디에서나 공통으로 나타나는 안전사고도 있겠지만, 지역 및 주위 환경에 따라 나타나는 안전사고 유형이 다를 수 있어서 실제적 삶의 현장에서 구현되는 그리고 실제로 피부에 와닿는 교육을 시행해야 하는 것이다.

일곱째, 가정 및 지역사회와 연계한 교육이 되어야 한다. 지역사회의 경찰, 소방·구조 기관 및 기타 유관 기관과의 협력적 안전교육은 필수적으로 요청되는 바이기도 하다. 따라서 가정과 지역사회의 연계 및 협력을 통해 넓은 공동체 속에서 안전교육을 실시하여 그 적절성과 실효성을 높여가도록 할 필요가 있다.

여덟째, 사고와 안전은 지역적 차이에 의해 그 유형이 다르므로 지도하는 데도 지역적 특성을 고려하는 것이 중요하다. 도시와 농어촌, 산업이 발달한 지역과 그렇지 않은 지역, 산간 지역과 해안 지역 등 인간의 생활 환경과 양상에 따라 차이가 있게 마련이므로 지역 차이에 따른 차별화되고 특화된 안전교육이 이루어질 필요가 있다. 따라서 지역의 특수성을 고려하여 그에 적합한 안전교육의 내용과 방법을 찾아내어 각각의 실정에 잘 맞으면서 그 특성 및 요구에 합당한 안전교육을 실시하여 그 실효성을 보다 증진할 수 있도록 해야 할 것이다(이상우 외, 1994).

14
Chapter

청소년상담 지도방법

1. 청소년상담의 이해

1) 청소년상담의 의미

상담(counseling)이란 용어는 라틴어의 'consulere'에서 유래된 것으로서 고려하다(to consider), 조언을 받다(to ask counsel) 그리고 조언을 구하다(to ask counsel of)라는 의미를 지닌다. 한자의 상담(相談)은 나무 목(木)과 눈 목(目)으로 이루어진 '서로 상(相)'은 두 그루의 나무가 눈을 맞대고 마주한다는 뜻으로 쓰이는 낱말이고 말씀 언(言)과 태울 염(炎)이란 두 글자로 조합된 '이야기 담(談)'은 마치 활활 타오르는 불과 같이 서로 말을 주고받는다는 의미를 지닌 낱말이다. 따라서 두 사람이 마주 보고 나누는 대화 가운데 한 사람은 도움을 받기 위해 다른 한 사람은 도움을 주기 위해 대화를 나누는 조력적 면담을 의미한다.

상담이란 도움을 필요로 하는 내담자가 전문적 훈련을 받은 상담자와의 안전한 대면관계 속에서 언어라는 매체를 통해 문제해결, 새로운 학습 그리고 인간적 성장을 경험하는 과정이라고 할 수 있다(오윤선, 김미숙, 2021).

청소년상담에 대해 구체적으로 살펴보면 다음과 같다(이형득 외, 1999).

첫째, 청소년상담 대상은 청소년 자신과 청소년지도사, 청소년상담사, 부모, 교사와 청소년 관련 기관 그리고 가정, 학교, 청소년 고용업체, 청소년 수용기관, 청소년 봉사기관 등을 포함한다. 청소년 개인뿐만 아니라 청소년 관련인 및 관련 기관도 포함된다.

둘째, 청소년들이 현재 당면하고 있는 정신적 질병의 치료 및 문제해결뿐만 아니라 정신적 질병의 예방 및 건전한 발달과업을 성취하도록 도움으로써 청소년의 전인적 성장과 발달을 촉진한다.

셋째, 진로, 학업, 비행, 정신건강 등의 다양한 문제에 대해 개인상담, 집단상담, 가족상담 등 다양한 형태의 상담을 제공한다. 그리고 교육, 훈련, 자문, 매체 등을 활용하여 개입할 수 있다.

정리하자면, 청소년상담이란 전문성을 인준받은 청소년상담자가 신체적, 인지적, 도덕적, 심리적, 정서적, 사회적 문제에 직면한 청소년들에게 청소년상담의 원리와 실제를 활용하여 청소년들이 의미 있는 변화와 성숙에 이르며 전인적 인간으로 성장할 수 있도록 체계적인 상담자와의 안전한 대면관계 또는 각종 매체를 통하여 돕는 과정이라고 할 수 있다.

2) 청소년상담의 필요성

청소년기는 어른이 아니면서 어른이 되고 싶은 시기이다. 부모의 지시나 간섭으로부터 벗어나고 싶다는 것이다. 다시 말하면 부모로부터 독립하고자 하는 시기인 것이다. 청소년기는 심리적 이유기로 발달단계상 부모로부터 심리적으로 독립하기 시작하고 자아정체감을 형성해 나가는 시기이다. 그러나 우리나라 청소년들은 과도한 학업 스트레스로 인해 극단적인 일탈행동이나 충동적인 행동으로 표출될 가능성이 크다. 이미 가정과 학교생활에 적응하지 못하는 일부 청소년들의 학업 부적응, 따돌림, 가출, 비행, 약물남용, 성 문제 등 다양한 문제행동이 돌출되고 있다. 그리고 급속히 진행되고 있는 사회변화로 인하여 청소년들의 가치관 및 태도 변화는 기성세대와의 복잡한 갈등과 혼란을 가중시키고 있다. 나아가 다양화, 전문화, 복잡화되어 가는 현대사회에서 청소년들은 과거보다 더 다양한 사회적 역할기대에 직면하면서 정체성 혼란이 가중되고 있다. 또한 세계 경제의 불확실성과 저성장은 청소년들에게 청년 실업에 대한 불안까지 가중하고 있다. 이로 인해 청소년상담의 중요성을 인식하고 다양한 곳에서 활발하게 진행하고 있다.

청소년의 의미 있는 변화와 성숙 그리고 전인적 인간으로 성장을 위하여 청소년지도가 청소년 집단의 수련활동이나 단체활동, 캠프활동 등을 체계적으로 지도하는 데 초점을 둔다면 청소년상담은 청소년들이 겪고 있는 심리적인 문제를 해결하고 청소년 개인으로 하여금 보다 주체적이고 적응적인 나와 우리가 되는 경험을 할 수 있도록 조력한다. 또한 부모는 청소년기에 부모와 자녀와의 갈등은 필연적이고 자연스러운 것이다. 청소년 스스로가 자기만의 정체성을 찾아가는 과정에서 생기는 성장통과 같은 것이다. 이 시기에 부모는 청소년인 자녀와 물리적으로도 심리적으로도 조금의 거리를 두고 지켜보고 격려해 주는 것이 청소년기를 슬기롭게 극복할 수 있는 지혜인 것이다.

3) 청소년기의 특징

청소년기의 큰 특징은 몸의 변화이다. 먼저, 공격성, 경쟁력, 독립성 등의 특성을 가진 호르몬(테스토스테론)이 증가한다. 또 제2차 성징으로 남자는 수염이 나고, 음경과 고환이 발달하고 여자는 가슴이 커지고 월경이 시작되는 시기이다. 프로이트의 심리성적 발달단계에서 태어나면서 가지고 나오는 본능적 욕구인 '이드'가 청소년기에 다시 활성화된다. 전두엽은 합리적 사고와 충동조절능력을 담당하는 데 청소년 시기는 전두엽이 충분히 발달하지 못해, 합리적 사고와 충동조절을 잘하지 못하는 것이다.

또 다른 청소년기의 특징은 마음의 변화이다. 인지발달 측면에서 청소년기는 형식적 조작기에 해당한다. 사고는 눈에 보이지 않는 추상적 개념(자유, 정의, 권력 등)을 사유할 수 있으며, 자기의 사고나 의견을 내세울 때 가설(증명이 안 된 원리)을 세워 자기 생각을 논리적으로 설명할 수 있는 시기이다(연역적 사고). 그리고 어떤 문제를 시간적으로 현재에서 과거로 또 미래로 넘나들면서 종합적이고 체계적인 사고도 할 수 있는 시기이기도 하다. 그 외에도 상상 속에 청중과 개인적 우화, 의존에서 독립, 자아정체성 형성 시기이다.

따라서 청소년상담은 발달적 특성 및 문제들을 고려할 때 성장 및 발달을 촉진하는 교육적 활동이 강조된다. 상담자의 역할 역시 교정과 치료보다는 가르치고 인도하는 교육적 역할, 주변의 환경에 적극적으로 개입하여 변화 및 협조를 꾀하는 중재 역할이 요구된다. 또한 사고 및 정서적 발달 측면에서 볼 때 구체적인 사고와 행동의 변화를 도와주는 적극적이고 융통적인 전략의 적용이 요구된다. 언어적 표현능력의 부족, 성찰능력의 부족, 감각적 경향, 또래관계 등의 청소년특성을 반영하여 대화중심, 치료중심 전략보다 체험적 활동이나 게임, 집단활동 등의 효과를 추가하는 것이 바람직하다고 할 수 있다. 마지막으로 청소년 내담자의 문제는 표면적으로 드러나거나 호소되는 문제뿐만 아니라 문제와 연관되어 있는 가족관계, 학교생활, 교우관계, 거주 환경 등에 대한 포괄적인 이해를 토대로 문제해결을 위한 다각적인 개입이 필요하다(박성수 외, 2014).

| 표 14-1 | 청소년상담활동

<table>
<tr><th colspan="3">영역구분</th><th>활동내용</th></tr>
<tr><td rowspan="3">상담
활동</td><td rowspan="2">개입활동</td><td>발달 성장
촉진 활동</td><td>• 교육활동: 성장 및 발달을 촉진하기 위한 정보제공
• 훈련집단운영: 삶의 기술훈련
• 성장집단운영: 자기 갈등이해 및 성장촉진
• 환경개선활동: 유해환경 재구성</td></tr>
<tr><td>문제해결적
활동</td><td>• 개인 및 집단상담활동, 가족상담활동, 전화상담, 방문출장상담
• 진단 및 평가</td></tr>
<tr><td colspan="2">자문활동</td><td>• 관련인 자문: 개인의 성장, 발달을 위한 간접적 조력
• 관련기관 자문: 환경구조 재구성을 조력</td></tr>
<tr><td rowspan="3">상담
지원
활동</td><td colspan="2">연구 및 프로그램
개발활동</td><td>• 개인 및 환경에 관한 연구, 상담과정과 기법, 프로그램 개발</td></tr>
<tr><td colspan="2">교육 및 훈련활동</td><td>• 상담자 교육 및 훈련, 상담자 슈퍼비전</td></tr>
<tr><td colspan="2">행정 및 정책활동</td><td>• 상담 행정활동, 상담 정책활동</td></tr>
</table>

출처: 류명구 외. (2024). 청소년지도방법론. 고양: 공동체.

2. 청소년상담의 지도방법

1) 수용과 공감

상담이란 상담자가 내담자에 대해 공감하고 이해하는 과정이다. 상담자가 내담자에 대하여 있는 그대로 받아들이는 무조건적 수용을 해야 하는 것이다. 즉, 상담자가 내담자의 말을 있는 그대로 수용하면, 내담자는 자신이 인정받고 존중받는다는 느낌을 가지게 되고 내담자는 자신을 인정하고 존중해 주는 사람에게 자신의 마음을 드러내게 된다. 수용이란 내담자의 말을 평가와 판단 없이 그냥 받아들이는 것을 말한다. 상담자가 내담자의 말을 적극적으로 반복적으로 수용하면 내담자가 상담자에게 신뢰감과 존중하는 마음이 생기고, 결국에는 상담자의 말과 요구사항을 받아들이게 된다. 상담자와 내담자가 '하나'가 되는 과정이다. 상담자가 내담자의 말을 조건 없이 수용하면 상담자와 내담자는 하나가 된다. 상담은 바로 내담자의 말을 적극적으로 수용하는 자세에서 시작된다.

수용하면서 공감하는 방법 공감방법 2단계는 ① 상대방의 말하는 그대로 다시 되돌려주기(~하구나?), ② 상대방의 말을 감정단어를 사용하여 되돌려주기(희로애락에 관한 감정 단어 사용) 등이 있다. 공감은 감정단어를 사용하여 맞장구쳐주는 것이다. 감정표현은 인간관계를 더 친밀하고 풍성하게 만든다. 인간관계는 감정을 서로 나누는 것이고, 감정을 서로 공유하는 것이 바로 공감이다. 수용과 공감은 내담자의 마음의 문을 활짝 여는 열쇠인 것이다.

2) 청소년상담이론

청소년상담자가 청소년 내담자를 만날 때 청소년상담사 자신이 효과적으로 사용할 방법을 수련한 후 사용하는 것이 바람직하다. 상담이론에는 여러 가지가 있는데 대표적인 상담이론은 다음과 같다.

| 표 14-2 | **현대 치료모형 개관**

상담이론	치료모형개관
정신분석 치료	• 주요 인물: 프로이트 • 성격발달 이론, 인간본성에 대한 철학, 치료 방법, 행동을 동기화시키는 무의식적 요인을 강조 • 후기 성격발달을 결정짓는 요인으로서 생후 6년의 사건에 관심
인간중심 치료	• 주창자: 칼 로저스 • 주요 인물: 나탈리 로저스 • 비지시적 접근은 정신분석에 반대하여 1940년대에 생김 • 인간 경험의 주관적 견해를 바탕으로 하며, 문제를 다룰 때 내담자를 신뢰하고 내담자에게 책임을 지게 함
행동치료	• 주요 인물: 스키너, 라자루스, 반두라 • 구체적 행동장애를 해결하기 위해 학습원리를 적용 • 결과는 지속적 실험에 따라 결정, 계속해서 수정 · 보완
인지행동 치료	• 주요 인물: 엘리스, 벡 • 엘리스는 합리정서행동 치료를 주창, 개인 문제의 근원으로 사고나 신념체계를 강조, 매우 교훈적이며 인지적이며 행동을 지향하는 치료모형 • 벡은 인지 치료를 주장했으며 사고가 행동에 중요한 역할을 함
현실치료	• 주창자: 글래서 • 주요 인물: 우볼딩 • 선택이론에 기반을 두며 현재에서의 내담자의 책임감을 강조 • 치료과정을 통해 내담자는 욕구를 만족시킬 수 있는 효과적인 방법 배움

출처: 조현춘 외. (2004). 심리상담과 치료이론의 실제(6판). 서울: 시그마프레스.

3) 청소년상담기법

청소년상담과정은 크게 상담 초기와 중기 그리고 마무리인 종결과정으로 나눈다. 상담 초기는 탐색 기간으로 상담자가 내담자의 말과 행동을 적극적으로 수용하여 내담자와 하나가 되어주는 과정이다. 이 과정에서 신뢰감이 형성되면 상담 중기로 넘어간다. 상담 중기는 상담 초기에 형성된 내담자와의 하나된 것을 토대로 상담 중기부터는 실제 내담자의 문제를 해결하기 위하여 상담자가 내담자를 주도하면서, 내담자의 문제를 내담자 스스로 직면과 해석의 과정을 가지게 만드는 과정이다. 마지막 종결과정에서는 상담목표 달성에 대한 평가와 현실에서 적용문제를 판단하는 것으로 마무리한다(신성철 외, 2023).

(1) 상담 초기

상담 초기 기법은 경청, 침묵, 장단 맞추기, 무조건 긍정, 공감, 신뢰, 재진술, 반영 등을 통해 상담자가 내담자와 하나가 되어 내담자의 말을 수용하고, 공감하고, 이해하여 내담자로 하여금 상담자를 전적으로 신뢰하게 만드는 과정이다. 일명 이것을 상담 초기의 라포(Rapport) 형성 과정이라고 말할 수 있다.

① 경청: 그냥 듣는 것만 아니라, 말하는 사람에게 적극적으로 반응해야 하는 대화 기법이다. 경청방법에는 눈 접촉, 고개 끄덕, 열린 자세 등을 들 수 있다.

② 침묵과 장단 맞추기: 상담자가 내담자에게 온 신경을 기울여 듣다가(침묵) 음, 아! 그렇군요, 거참, 재미있군요 등을 표현한다. 이 방법은 상담자가 내담자의 말에 깊이 몰입하고 있다는 것을 보여주는 것이다.

③ 무조건적 긍정, 공감적 이해, 진솔성 등의 로저스 상담 기법 사용

④ 진술: 재진술은 내담자가 한 말에 대해 다시 언급하는 것으로 내담자 말의 사실과 내용에 집중하는 것을 말한다.

⑤ 반영: 반영은 내담자가 한 말에 대해 다시 언급하는 것으로 내담자 말 중에서 정서와 느낌에 중점을 두는 것을 말한다. 재진술과 반영은 둘 다 상담자가 내담자의 말을 열심히 경청하고 있다는 것을 보여주는 것이다.

(2) 상담 중기

① 제안하기: 상담 중기부터는 상담자가 내담자의 문제를 구체적으로 다루는 시기이기에, 제안하기는 상담자가 내담자의 문제를 적극적으로 개입하

여 어떤 방법을 제시하는 과정을 말한다.

② 자기노출: 자기노출은 상담자가 내담자 문제를 내담자 자신만의 문제만 아니라 상담자 자신도 그런 경험을 가지고 있다고 점을 드러내는 것을 말한다. 이것은 내담자가 자신의 문제를 말하기를 주저하거나 머뭇거리는 것을 해제하는 방법이다.

③ 직면(도전): 직면은 자신의 문제를 피하지 않고 당당하게 마주하면서 타인은 다 아는 데 나만 모르는 자신의 문제를 깨닫게 하는 과정이다.

④ 해석: 해석은 자신의 문제를 새로운 각도로 이해하는 것을 말한다. 상담 중기는 자신이 문제를 하나하나 해결하는 과정인데. 좀 더 자세히 살펴보면 이 해결과정에서 주체적인 역할을 하는 사람은 바로 상담자가 아니라 내담자라는 점이다. 직면과 해석이 바로 내담자 스스로가 자신의 문제를 깨닫고, 이해하는 과정을 의미하는 것이다.

(3) 상담종결

상담목표 달성에 대한 평가와 현실적으로 일상생활에서 적용할 수 있는지 여부 등을 평가한다.

Reference

참고문헌

갈원모, 김용수, 최우진. (2005). **안전교육론**. 서울: 동화기술.

강석훈, 김대호, 김석주, 김성완, 김원, 김현수, 나경세, 박장호, 박한선, 방수영, 배활립, 백명재, 백종우, 석정호, 송영옥, 심민영, 오대영, 우종민, 이강욱, 이병철, 이상민, 이상혁, 이소희, 이승환, 이용석, 이재헌, 이정현, 전진용, 정경운, 정영은, 정운선, 조근호, 채정호, 최경숙, 허휴정, 홍나래, 홍현주, 재난정신건강위원회. (2015). **재난과 정신건강**. 서울: 학지사.

강선보, 박의수, 김귀성, 송순재, 정윤경, 김영래, 고미숙. (2008). **인성교육**. 파주: 양서원.

강영배. (2020). **진로상담 이론과 실제**. 고양: 공동체.

강인애. (2003). **우리시대의 구성주의**. 서울: 문음사.

강충열, 김경철, 신문승, 한상우. (2017). **창의 · 인성 교육의 이론과 실제**. 서울: 학지사.

고승희. (2007). 충청남도 자원봉사활동의 활성화 방안. **한국콘텐츠학회 종합학술대회 논문집, 5**(2), 743-746.

구승신, 나상운, 나직균, 임정문, 유정옥, 김태식. (2016). **자원봉사론(2판)**. 파주: 정민사.

권대훈. (2015). **교육심리학의 이론과 실제(3판)**. 서울: 학지사.

권봉안, 강정호, 김광성. (1998). **안전교육**. 서울: 금광.

권이종, 김천기, 이상오. (2011). **청소년문화론**. 고양: 공동체.

권이종, 이상오. (2001). **평생교육: 실제편**. 서울: 교육과학사.

권일남, 김성수. (1994). **청소년 수련활동 지도론**. 서울: 서울대학교출판부.

권일남, 김태균. (2010). 청소년활동의 활성화를 위한 청소년활동역량진단 척도개발에 관한 연구. **청소년시설환경, 8**(4), 45-61.

권일남, 김혁진, 오해섭. (2007). 청소년수련시설 관련 운영 방안에 관한 연구. 한국청소년정책연구원 연구보고서.

권일남, 정철상, 김진호. (2003). **청소년 활동지도론**. 서울: 학지사.

권일남, 정효진. (1998). 청소년 자연권 수련활동의 활성화 방안에 관한 연구. **대학원논문집, 2**, 43-65.

기은광. (2023). **청소년육성제도론(3판)**. 서울: 동문사.

김광수, 정종진, 공윤정, 송재홍, 하요상, 조붕환, 홍종관, 안태용, 오익수, 김혜숙, 허승희. (2017). **아동과 청소년 인성교육의 실제**. 서울: 학지사.

김동규, 이은수. (2019). **4차 산업혁명 시대 내 직업 찾기**. 서울: 한국고용정보원.

김문수, 지영섭(2021). 청소년안전사고 판례를 통해 본 청소년지도자의 법적 책임. **한국청소년연구, 32**(2), 61-89.

김범준, 구병두. (2007). **교육학개론**. 고양: 공동체.

김병욱. (2012). **교육사회학**. 서울: 학지사.

김봉환, 정철영, 김병석. (2006). **학교 진로 상담**. 서울: 학지사.

김봉환. (2000). 청소년진로상담 정책의 현황과 과제. **청소년상담연구, 8**(1), 146-169.

김봉환. (2019). **진로상담의 이론과 실제**. 서울: 학지사.

김상미, 남진열. (2013). 청소년 수련활동의 국내 연구동향 분석과 향후 과제. **청소년복지연구, 15**(4), 53-81.

김소희. (2007). 수련활동 체험이 청소년의 생활효과성에 미치는 영향. 명지대학교 대학원 박사학위논문.

김영인, 김민. (2017). **청소년 지도방법론**. 서울: 창지사.

김영인, 노경주, 정철영. (2006). **청소년진로 및 학업지도**. 서울: 한국방송대학교 출판부.

김영호. (1997). **자원복지활동의 활성화 방법**. 서울: 학문사.

김이준. (2020). 진로구성 상담에서 내러티브 접근에 대한 탐색적 논의. **내러티브와 교육연구, 8**(2), 7-33.

김정국. (2002). 청소년 수련활동의 만족도와 성취도에 관한 연구. 대진대학교 대학원 박사학위논문.

김정례. (2021). 기업 내 자기주도학습 과정에 대한 질적 연구: Kolb의 경험학습이론을 바탕으로. 한양대학교 대학원 석사학위논문.

김정열. (2015). **청소년지도방법론**. 고양: 공동체.

김종문, 강인애, 권성기, 남승인, 송언근, 이명숙, 이원희, 이종원, 이종일, 조영남, 조용기, 최신일, 최창우, 홍기칠. (2002). **구성주의 교육학**. 서울: 교육과학사.

김종옥, 권중돈. (1995). **집단사회사업방법론**. 서울: 홍익재.

김지자, 정지웅. (2001). 경험학습의 개념 및 이론과 발전방향. **평생교육학연구, 7**(1), 1-15.

김진한. (2020). 콜브(D. Kolb)의 경험학습이론에 대한 해석학적 연구: 가다머의 철학적 해석학 입장에서. 서울대학교 대학원 석사학위논문.

김진호, 권일남, 이광호, 최창욱. (2009). **청소년활동론**. 서울: 한국방송통신대학교출판부.

김진화, 송병국, 고운미, 이채식, 최창욱, 임형백, 이창식, 김경준, 김진호, 권일남, 양승춘. (2003). **청소년문제행동론**. 서울: 학지사.

김진화. (1999). 청소년지도사의 전문성과 자격검정제도에 관한 연구. 명지대학교 대학원 박사학위논문.

김진화. (2002). **평생교육 프로그램개발론**. 서울: 교육과학사.

김진화. (2004). **청소년지도방법론**. 파주: 교육과학사.

김창현, 김정현, 김영숙. (2016). **청소년활동론**. 서울: 동문사.

김창현. (2007). 청소년 수련활동의 만족도와 성취도에 관한 연구. 대진대학교 대학원 박사학위논문.

김창현. (2023). **청소년지도방법론(2판)**. 파주: 정민사.

김충기. (2001). **교육심리학**. 서울: 동문사.

김한별. (2019). **평생교육론(3판)**. 서울: 학지사.

김호순, 변윤언. (2006). 청소년정책 변화에 따른 청소년 수련활동 의미에 관한 연구. **청소년학연구, 13**(4), 103-125.

김호순. (2004). 청소년수련활동에서 체육활동의 정체성 및 활성화방안 연구. **청소년시설환경, 2**(1), 76-92.

김효선. (2013). 청소년과 부모의 사회적 활동이 청소년의 사회적 책임감에 미치는 영향: 대한민국인재상 수상자를 중심으로. **미래청소년학회, 10**(4), 161-178.

김훈기. (2013). **심리학의 이해**. 서울: 형설출판사.

노성덕. (2013). **전문상담교사 길라잡이: 핵심노트**. 서울: 학지사.

노혁. (2007). **청소년복지론**. 서울: 교육과학사.

류기형, 남미애, 박경일, 홍봉선, 강대선. (2013). **자원봉사론(4판)**. 파주: 양서원.

류동훈, 이승재. (2005). **현장 중심의 청소년수련활동 총론**. 파주: 양서원.

류명구, 박호문, 서영우, 정성옥, 조현아. (2024). **청소년지도방법론**. 고양: 공동체.

류인혜. (2021). 구성주의 기반 의사소통 중재가 미치는 학령기 발달장애 아동의 의사소통 행위 변화에 대한 종단적·질적 사례연구. 강남대학교 대학원 박사학위논문.

류정희, 이응택. (2024). **청소년지도방법론**. 서울: 북앤정.

마상욱. (2021). **청소년프로그램 개발 및 평가(2판)**. 고양: 공동체.

맹영임, 길은배, 전명기. (2010). 청소년시설 지도인력의 역량 강화 및 복지개선 방안연구. 한국청소년정책연구원 연구보고서.

문성호, 박승곤, 윤동엽, 정지윤(2016). 청소년진로활동의 실태와 프로그램 분석. **청소년학연구, 23**(4), 319-343.

문용린, 한준상, 최윤진, 한승희, 김두정, 권두승, 나일주, 최운실, 이종만, 강대근, 전성민, 이용교, 김혁진, 최영신. (1992). **청소년지도론**. 서울: 한국청소년연구원.

문용린. (1997). **청소년지도의 의미와 중요성**. 서울: 서원각.

민준기. (1990). **프로그램의 개발과 운영: 지도자 교재지침서**. 서울: 한국청소년정책연구원.

박노열. (1997). **사회교육방법론**. 서울: 형설출판사.

박상환. (2017). 학교 안전교육 필요성의 결정요인 분석. 경기대학교 대학원 석사학위논문.

박선영, 장미, 김주희, 진영선. (2013). **청소년활동론**. 파주: 정민사.

박성수, 김창대, 이숙영. (2014). **상담심리학**. 서울: 한국방송대학교출판부.

박소영. (2013). 청소년지도자의 직무스트레스가 소진과 이직의도에 미치는 영향에 관한 연구. 명지대학교 대학원 박사학위논문.

박영복. (2019). 켈러의 ARCS 학습동기이론을 적용한 타악기 수업 지도안 연구. 상명대학교 대학원 석사학위논문.

박운성. (1988). **현대조직행정론**. 서울: 박영사.

박윤희. (2012). **커리어코칭 입문**. 서울: 시그마북스.

박재용. (2020). 청소년 수련활동과 인성역량 간의 관계 분석. 중앙대학교 대학원 박사학위논문.

박찬열. (2019). 청소년지도자가 인식하는 기관장의 리더십유형이 조직효과성에 미치는 영향: 임파워먼트의 매개효과를 중심으로. 명지대학교 대학원 박사학위논문.

배규한, 김기헌, 김민, 김영인, 김진호, 김호영, 문성호, 박진규, 송병국, 이유진, 이창호, 조아미, 조혜영, 최창욱, 한상철, 황진구. (2014). **청소년학개론(2판)**. 파주: 교육과학사.

배규한, 김민, 김영인, 김진호, 김호영, 문성호, 박진규, 송병국, 이춘화, 조아미, 조혜영, 최창욱, 한상철, 황진구, 한국청소년정책연구원. (2007). **청소년학개론**. 서울: 교육과학사.

배호순. (2003). **프로그램 평가론**. 서울: 원미사.

서진원. (2012). 학교도서관 독서교육방법으로서의 구성주의 학습이론 적용에 관한 연구. **한국도서관 · 정보학회지, 43**(3), 265-289.

석혜민. (2005). 초등학교 안전교육 실태와 발전방향에 대한 연구. 서울시립대학교 도시과학대학원 석사학위논문.

석혜민. (2016). 재난대응공무원의 정신건강관리 문제점과 개선방안에 관한 연구: 소방공무원을 중심으로. 서울시립대학교 대학원 박사학위논문.

성열준, 우상용, 강세현, 김정일, 이복희, 김종찬, 김재원. (2016). **청소년지도방법론**. 파주: 양성원.

송병국, 김진화, 김경준, 권두승, 한국청소년개발원. (2007). **청소년 프로그램 개발과 평가론**. 서울: 교육과학사.

송인섭, 정미경, 김혜숙, 최지은, 박소연, 이희현, 김영아, 김누리, 김효원, 김희정. (2013). **교육심리학**. 파주: 양서원.

신명철. (2000). 청소년지도자 자격 검정제도에 대한 청소년지도자 의견조사 연구. 중앙대학교 사회개발대학원 석사학위논문.

신성철, 이동성, 조민식, 조현아, 정희정, 배외수. (2023). **청소년지도방법론**. 파주: 정민사.

신성철, 정희정, 이지복, 조민식, 김정일, 김동주, 이동성, 김윤배. (2020). **청소년활동론**. 파주: 정민사.

신성철, 정희정, 이지복, 조민식, 김정일, 김동주, 이동성, 김윤배. (2020). **청소년활동론**. 파주: 정민사.

신현숙, 오선아, 류정희, 김선미. (2022). **교육심리학: 이론과 실제(2판)**. 서울: 학지사.

안병환, 김창현. (2009). 청소년지도자의 리더십 유형에 관한 연구. **인문학논총, 14**(2), 219-242.

안은영. (2002). 자원봉사관리과정이 자원봉사활동지속에 미치는 영향에 관한 연구. 연세대학교 대학원 석사학위논문.

안주열. (2007). **학교사고와 학생의 안전권**. 서울: 지금여기.

양흥권. (2017). **평생교육론: 학습세기의 교육론**. 서울: 신성.

여성가족부. (2024). **2023 청소년백서**. 서울: 여성가족부.

오윤선, 김미숙. (2021). **청소년 심리 및 상담 이론과 실제**. 파주: 양성원.

오윤선, 황인숙. (2020). **청소년문화론**. 파주: 양서원.

오윤선, 황인숙. (2024). **청소년지도방법론(2판)**. 파주: 양서원.

오치선, 권일남. (1998). 청소년활동 연구의 동향과 과제. **청소년학연구, 5**(2), 109-127.

오치선, 조영승, 곽형식, 김성수, 조용하, 함병수, 박진규, 이창식, 이승재, 남현우, 김영선, 전명기, 김민, 김진숙, 김진화. (2001). **청소년지도방법론**. 서울: 학지사.

우영숙. (2005). **청소년 문화간 교류 지도자의 자질과 역할: 청소년 교류 전문가 교재**. 서울: 서울청소년문화교류센터 미지.

원혜경. (2020). 청소년지도자의 인권에 관한 연구: 노동권을 중심으로. 중앙대학교 사회개발대학원 석사학위논문.

유네스코 한국위원회. (1985) **청소년과 함께**. 이천: 유네스코청년원.

유병열. (2016), 초등 안전교육의 이론적 기초에 관한 연구. **한국초등교육, 27**(4), 457-479.

유병열. (2019). 학령기 아동들의 발달 특성과 안전교육. **한국초등교육, 30**(3), 239-257.

윤정일, 송기창, 조동섭, 김병주. (2015). **교육행정원론(6판)**. 서울: 학지사.

윤정진, 김병만, 김성원, 김정주, 김형재, 엄세진. (2017). **인성교육의 이론과 실제: 인성과 미디어**. 고양: 공동체.

윤철경, 이민희, 박선영, 박숙경, 신인순. (2011). **청소년 국제교류정책 현황 분석 및 발전방안 연구**. 서울: 한국청소년정책연구원.

윤혜승. (2000). **볼런티어활동의 정신: 특성과 그 방향**. 서울: 학문사.

이교봉. (2008). 청소년의 역량개발을 위한 청소년활동지도 프로그램의 발전방안에 관한 연구. 명지대학교 대학원 박사학위논문.

이길복, 전우천. (2005). 학습동기향상을 위한 웹기반 학습과제 관리 시스템 개발. **교육논총, 25**(2), 69-94.

이덕난. (2015). **OECD 주요국의 유 · 초등학교 안전교육 실태 및 한국교육에 주는 시사점:**

일본, 싱가포르, 노르웨이, 독일, 프랑스, 미국을 대상으로. 서울: 한국교육개발원.
이미리, 조성연, 길은배, 김민. (2014). **청소년학개론**. 서울: 학지사.
이민희. (2004). **청소년 교류의 이해: 청소년 교류론**. 서울: 교육학과학사.
이병순, 김효정, 오효근, 박미혜, 민승화, 김화진, 강정희. (2014). **자원봉사론(2판)**. 고양: 공동체.
이복희, 김윤아, 김종표. (2018). **청소년지도자와 평생교육사를 위한 청소년교육론**. 서울: 학지사.
이상우, 이준희, 정광복(1994). **신 안전교육**. 부산: 세종출판사.
이상현. (2004). **소년비행학(2판)**. 서울: 박영사.
이진우. (2013). 재난관리체계와 협력이 업무성과에 미치는 영향: 경상북도 소방기관을 중심으로. 계명대학교 대학원 박사학위논문.
이춘자. (2016). Kolb 경험적 학습이론을 활용한 유아수학교육이 예비유아교사의 수학신념, 수학지식 및 수학태도에 미치는 영향. **육아지원연구, 11**(4), 35-58.
이형득, 김계현, 김선담, 이숙영. (1999). **청소년 상담자론**. 서울: 한국청소년상담원.
이혜경, 김도영, 진은설. (2020). **청소년지도방법론**. 서울: 학지사.
임동호, 류동수, 성시한, 이경민, 정정란, 차승준, 최용희. (2019). **청소년육성제도론(2판)**. 고양: 지식공동체.
임미. (2021). 청소년지도자의 심리사회적요인이 인권감수성에 미치는 영향에 관한 연구: 대전·세종지역 중심으로. 공주대학교 대학원 석사학위논문.
임은희, 김성기, 홍숙자, 김범수, 이성은. (2010). **자원봉사론**. 파주: 학현사.
장선철. (2017). **진로상담의 이해**. 서울: 태영출판사.
전석균, 김정진, 권진숙, 성준모. (2017). **정신건강사회복지론**. 고양: 공동체.
전석균. (2016). **정신건강론(3판)**. 고양: 공동체.
전희일, 신명철, 류기덕, 신용식, 유용식, 정남환, 최은규. (2018). **청소년지도방법론**. 파주: 양서원.
정대련. (2022). '생각하는 힘을 기른다'의 교육적 의미-구성주의적 접근에서. **구성주의유아교육연구, 9**(1), 137-160.
정명진, 조은별, 임지숙, 김명섭, 박소희, 유애영. (2022). **청소년진로발달검사 개정 연구보고서**. 충북: 한국고용정보원.
정보현. (2021). **4차산업혁명시대 스마트 취업과 진로**. 서울: 동문사
정연우. (2020). Keller의 ARCS 동기이론을 적용한 관악합주 수업지도안: 중학교 방과 후 관악부 중심으로. 국민대학교 대학원 석사학위논문.
정옥분. (2019). **발달심리학: 전생애 인간발달(3판)**. 서울: 학지사.
정지웅, 김지자. (2000). **사회교육학개론(3판)**. 서울: 서울대학교출판부.

정형원, 이대웅. (2008). 최근 구성주의 학습이론 중심의 교육용게임의 이론적 배경 고찰. **한국컴퓨터게임학회논문지, 14**, 149-158.

조미영. (2011). 청소년활동의 경험학습 모형에 따른 경로분석. 명지대학교 대학원 박사학위논문.

조벽. (2016). **인성이 실력이다: 성공하고 행복한 삶을 위한 조벽 교수의 제안**. 서울: 해냄출판사.

조아미, 이진숙, 강영배. (2016). 청소년지도자의 청소년활동 안전의식 평가척도 개발. **청소년복지연구, 18**(3), 151-170.

조영범. (2018). 청소년을 위한 놀이중심 인성교육 프로그램의 개발 및 효과. 목포대학교 대학원 박사학위논문.

조영승, 박진규, 이광호, 김두현, 김문섭, 전명기. (2003). **청소년정책론**. 서울: 교육과학사.

조영승. (2002). 한국사회 청소년수련활동의 역사적 배경으로서 화랑도수련활동에 관한 고찰. **한국청소년연구, 36**, 103-127.

조철호. (2020). 청소년의 재난안전 의식수준 향상을 위한 안전체험 교육시설의 설치 및 운영 효율화 연구. 명지대학교 대학원 박사학위논문.

조현춘. 조현재. (2004). **심리상담과 치료이론의 실제(6판)**. 서울: 시그마프레스.

조혜영, 김회엽, 엄재춘, 정두배, 홍지명, 서동기, 권경애, 조영옥, 정일영, 전상준, 신봉호, 진로직업컨설팅연구소. (2019). **진로와 직업 워크북**. 파주: 정민사.

조휘일, 정재훈, 원미순, 박윤숙. (2009). **자원봉사론**. 고양: 공동체.

조휘일. (1994). **청소년 자원봉사활동 실천과 활성화 방안**. 서울: 한국청소년단체협의회.

주석진. (2017). **직업상담사 2급 기본서 직업상담과 직업정보(2판)**. 고양: 공동체.

차경수. (1998). 청소년학 연구의 현황과 과제. **청소년학연구, 5**(2), 1-16.

천대윤. (2004). **토론 · 토론 · 회의 방법론**. 서울: 선학사.

천정웅, 김민, 김진호, 박선영. (2011). **차세대 청소년학 총론**. 파주: 양서원.

천정웅, 김윤나. (2013) **청소년육성제도론**. 서울: 신정.

최동선. (2005). 평생 진로개발지원을 위한 연구 방향의 탐색. **직업과 인력개발**. 한국직업능력개발원.

최연구. (2020). 영화에서만 보았던 미래가 현실로 다가온다. 교육부 네이버 포스트.

최영우. (2020). 교육연극에 나타난 구성주의 학습법의 효과에 관한 연구: 초기 청소년기 학습법을 중심으로. 성결대학교 대학원 석사학위논문.

최윤진, 김혁진, 최순희. (1993). 청소년 지도자 연수과정 개발연구. **한국청소년연구, 13**, 83-97.

최윤진. (1998). **청소년의 권리**. 서울: 양서원.

최인범, 정용승. (1997). **안전교육**. 서울: 21세기교육사.

최정임. (1998). 구성주의 연구의 이해. **교육공학연구, 14**(3), 1-13.

최충옥. (1993). 청소년학 정립을 위한 시론. **청소년학연구, 1**, 1-15.

한국산업안전공단. (1997). **안전 · 보건교육 체계화 및 학교안전관리지침**. 인천: 한국산업안전공단.

한국산업안전공단. (2003). **안전 · 보건교육 체계화 지침**. 인천: 한국산업안전공단.

한국청소년개발원. (1997). **청소년지도론**. 서울: 서원.

한국청소년개발원. (2003). **청소년수련활동론**. 서울: 교육과학사.

한국청소년정책연구원. (2015). **청소년학개론**. 파주: 교육과학사.

한국청소년활동진흥원. (2018). **청소년 수련활동 안전 종합매뉴얼**. 서울: 한국청소년활동진흥원.

한상철. (1998). **청소년학개론**. 서울: 중앙적성출판사.

한상철. (2004). **청소년 문제행동**. 서울: 학지사.

한상철. (2008). **청소년학 청소년 이해와 지도**. 서울: 학지사.

한상철. (2014). **청소년학**. 서울: 학지사.

한준상. (1992). 청소년지도론의 학문적 성격과 과제. **청소년지도자론**. 서울: 한국청소년연구원.

한준상. (1999) 청소년 연구의 세계적 동향과 청소년학의 과제. 1999년 한국청소년학회 학술대회자료집.

한준상. (2001) **청소년학 연구**. 고양: 한국학술정보원.

함종한. (1992). **청소년원론**. 서울: 대한교과서주식회사.

행정안전부. (2012). **안전생활 길잡이 지도서**. 서울: 행정안전부.

현영섭. (2009). 지식의 창의적 활용의 설명체계로서 경험학습의 가능성: 경험에 대한 반성. 일반화된 개념, 원전이의 관계. **한국산업교육학회, 18**, 23-40.

홍혜원. (2020). 초등예비교사 교육실습지도를 위한 구성주의적 학습 환경 설계 원리 개발. 전북대학교 대학원 박사학위논문.

황고은. (2022). 학습 동기이론에 따른 중학교 '음악' 지도서 내용 분석 연구. 한국교원대학교 대학원 석사학위논문.

Barrows, H. S. (1988). *The Tutorial Process*. Springfield, Illinois: Southern IllinoisUniversity School of Medicine.

Bateman, T. S., & Crant, J. M. (1993). The Proactive Component of Organizational Behavior: A Measure and Correlates. *Journal of Organizational Behavior, 14*(2), 103-118.

Beck, U. (1986). *Risikogesellschaft: auf dem Weg in eine andere Moderne*. Frankfurt am

Main: Suhrkamp.

Benninga, J. S., Berkowitz, M. W., Juehn, P., & Smith, K. (2011). Character and academics. In J. L. DeVitis & T. Yu (Eds.), *Character and more education*. NY: Peter Lang.

Berelson, B., & Steiner, G. A. (1964). *Human Behavior: An Inventory of Scientific Findings*. NY: Harcourt, Brace &World.

Brown, J. S., Collins, A., & Duguid, P.(1989). Situated cognition and the culture of learning. *Educational Researcher, 18*(1), 32-42.

Campbell, J. D. (1990). Self-esteem and the clarity of the self-concept. *Journal of personality and social psychology, 59*(3), 538-549.

Claus, J., & Ogden, C. (1999). *Service learning for youth empowerment and social change*. New York: P. Lang.

Collins, A., Brown, J. S., & Newman, S. E. (1989). Cognitive Apprenticeship: Teaching the Craft of Reading, Writing, and Mathematics. In L. B. Resnick (Ed.), *Knowing, Learning, and Instruction: Essays in Honor of Robert Glaser*. Hillsdale, NJ: Lawrence Erlbaum Associates.

Confessore, G. J., & Confessore, S. J. (1992). *Guideposts to self-directed learning: expert commentary on essential concepts*. King of Prussia, PA: Organization Design and Development. 정지웅, 김지자 역. (1996). **자기 주도 학습의 길잡이**. 서울: 교육과학사.

Conrad D., & Hedin D. (1989). High school community service: A review of research and programs. Madison, WI: University of Wisconsin-Madison, National Center on Effective Secondary Schools.

Coopersmith, S. (1967). *The antecedents of self-esteem*. San Francisco, CA: W. H. Freeman.

Corey, G. (1977). *Theory and practice of counseling and psychotherapy*. Monterey, Calif. : Brooks/Cole Pub. Co.

Covaleskie, J. F. (2011). Morality, virtue, and democratic life. In J. L, DeVitis & T. Yu (Eds.), *Character and moral education*. NY: Peter Lang.

Csikszentmihalyi, M. (1975). *Beyond boredom and anxiety: experiencing flow in work and play*. San Francisco: Jossey-Bass Publishers. 이삼출 역. (2003). **몰입의 기술**. 서울: 더불어책.

Csikszentmihalyi, M. (1990). Flow: The Psychology of Optimal Experience. *Journal of Leisure Research, 24*(1), 93-94.

Csikszentmihalyi, M. (2000). Happiness, flow, and economic equality. *American Psychologist, 55*(10), 1163-1164.

DeVitis, J. L. & Yu, T. (2011). The "moral poverty" of character education, In J. L. DeVitis & T, Yu (Eds.), *Character and moral education*. NY: Peter Lang.

Dewey, J. (1916). *Democracy and education: an introduction to the philosophy of education*. New York: Macmillan. 이홍우 역. (2007). **존 듀이 민주주의와 교육: 교육철학 개론**. 서울: 교육과학사.

Dewey, J. (1938). *Experience and education*. NY: Macmillan Co.

Duffy, T. M., & Cunningham, D. J. (1996). Constructivism: Implications for the Design and Delivery of Instruction. In D. H. Jonassen (Ed.), *Handbook of Research for Educational Communications and Technology*. NY: Macmillan Library Reference USA.

Fornäs, J. (1989). *Youth culture & Juventology*. Stockholm University Press.

Fosnot, C. T. (1996). *Constructivism: Theory, Perspectives, and Practice*. Teachers College Press.

Gagné, R. M., & Briggs, L. J. (1979). *Principles of Instructional Design*(2nd Ed). New York: Holt, Rinehart, & Winston.

Gardner, H. (1999). *Intelligence Reframed: Multiple Intelligences for the 21st Century*. New York: Basic Books.

Ginzberg, E. (1951). *Occupational choice: An approach to general theory*. NY: Columbia University.

Glasersfeld, E. V. (1990). *An Expositism of Constructivism: Why Some like it Radical*. J.R.M.E Monograph Number4, NCTM.

Goldberg, K. I. (2000). Organizational learning in the public sector: A study of the university of arizona library learning organization. University of La Verne. Ph.D.

Guilford, J. P. (1967). Creativity: Yesterday, Today and Tomorrow. *The Journal of Creative Behavior, 1*(1), 3-14.

Hauck, P. A. (1991). *Overcoming the rating game beyond self-love & beyond self-esteem*. Louisville, KY: Westminster/John Knox.

Heinrich, H. W.(1950). *Industrial accident prevention: a scientific approach*. New York, McGraw-Hill.

Helve, H, & Holm, G. (ed.). (2005). *Contemporary youth research: Local expressions and global connections*. Burlington: Ashgate Publishing company.

Herr, E. L., & Cramer, S. H. (1996). *Career guidance and counseling through the lifespan: Systemic approaches*. New York: HarperCollins.

Holland, J. L. (1985). *The Vocational Preference Inventory*. Odessa, FL: Psychological Assessment Resources.

Holland, J. L. (1992). *Making vocational choices: A theory of vocational personalities and work environments*(2nd ed.). Odessa, FL: Psychological Assessment Resources.

Hong, J. K. (1994). *Personenzentriertes lehren und lernen für schule und hochschule*. Frankfurt am Main.

Hudd, S. S. (2011). Character education in contemporary America, In J. L. DeVitis & T. Yu (Eds.). *Character and moral education*. NY: Peter Lang

Hull, C. L. (1928). *Aptitude testing*. Yonkers-on-Hudson, NY: World Book Company.

Issacs, D. (1976). *Character building in schools: Practical ways to bring moral instruction to life*. San Francisco, CA: Jossey-Bass.

Jacoby, B. (1996). Service-Learning in Today's Higher Education. In B. Jacoby, & Associates (Eds.), *Service-Learning in Higher Education: Concepts and Practices*. San Francisco, CA: Jossey-Bass.

Jarolimek, J., & Foster, C, D. (1995). *Teaching and learning in the elementary school*. NY: Macmillan Publishing Company.

Jarvis, P. (1987). Adult learning in the context of teaching. *London: Adult Education, 60*(3), 261-266.

Kaye, C. B. (2004). *The Complete Guide to Service Learning*. MN: Free Spirit Pub.

Keller, J. M. (1987). Development and Use of the ARCS Model of motivational design. *Journal of Instructional Development, 10*(3), 2-10.

Kitson, H. D. (1925). *The psychology of vocational adjustment*. PA: J.B. Lippincott Company.

Kolb, D. A. (1984). *Experiential learning: experience as the source of learning and development*. New York: Prentice-Hall.

Konopka, G.(1972). *Social Group Work: A helping process*. NJ: Prentice-Hall.

Lang, H. R., & Evans, D, N. (2006). *Models, strategies, and methods for effective teaching*. Boston: Pearson/A & B.

Lepper, M. R., Corpus, J. H., & Iyengar, S. S. (2005). Intrinsic and extrinsic motivational orientations in the classroom: Age differences and academic correlates. *Journal of Educational Psychology, 97*(2), 184-196. Retrieved from

EBSCO database.

Lewis, L. H., & Williams, C. J. (1994). Experiential learning: past and present. *New directions for adult and Continuing Education, 62*, 5-16.

Lickona, T. (1991). *Educating for character: How our schools can teach respect and responsibility*. NY: Bantam Books.

Lickona, T. (1993). Lessons from 10 years of teacher improvement. *Educational Leadership, 50*(November), 6-11.

Lickona, T. (2011). Character education: Seven crucial issues. In J. L. DeVitis & T. Yu (Eds.), *Character and moral education*. NY: Peter Lang.

Lickona, T., Schaps, E., & Lewis, C. (2011). Eleven principles of effective character education. In J. L. DeVitis & T. Yu (Eds.). *Character and moral education*. NY: Peter Lang.

Lindsley, D. B. (1957). Psychophysiology and motivation. In M.R. Jones(Ed.). *Nebraska symposium on motivation*. Nebraska: University of Nebraska Press.

Lockwood, A. L. (1997). What is character education? In A. Molnar (Ed.). *The construction of children's character*. Chicago, IL: The National Society for the Study of Education.

Manning, P. C. (1989). *Family functioning, sibling relationships, and children's self-esteem, Unpublished doctoral dissertation*. San Francisco, CA: California Institute of Integral Studies.

Marland, S. K., James, A. E., Ralph, B. C., & John, E. R. (1973). *Fundamentals of Safety Education*(2nd ed). New York: Macmillan Co.

McClellan, B, E. (1999). *Moral education in America: Schools and the shaping of character from colonial times to the present*. NY: Teachers College Press.

McDaniels, C. (1989). *The changing workplace*. San Francisco: Jossey-Bass.

Merriam, S. B., Caffarella, R. S., & Baumgartner, L. M. (2007). *Learning in adulthood: A comprehensive guide*(3rd ed.). San Francisco, CA: Jossey-Bass.

Mezirow, J. (1991). *Transformative dimensions of adult learning*. San Francisco, CA: Jossey-Bass.

Miller, D. (1986). Configurations of strategy and structure: Towards a synthesis. *Strategic Management Journal, 7*, 233-249.

Moll, L. C. (2009). *Vygotsky and Education: Instructional Implications and Applications of Sociohistorical Psychology*. Cambridge University Press.

Morrissey, K. M., & Werner-Wilson, R. J. (2005). The relationship between out-of-school activities and positive youth development: an investigation of the influences of communities and family. *Adolescence, 40*(157), 67-85.

Neill, J. T. (2008). Enhancing life effectiveness: The impacts of outdoor education programs. University of Western Sydney.

Noddings, N. (2002). *Educating moral people: A caring alternative to character education*. NY: Teachers College Press.

Northouse, P. G. (2001). *Leadership: Theory and practice*(2nd ed.). Sage Publications, Inc.

Parsons, F. (1909). *Choosing a Vocation*. Boston, MS: Houghton Mifflin Company.

Perkins, D., & Miller, T. (1994). Presenting Key Concepts on Youth Development. www.cyfernet.org/youthdev/perkins.html

Perry, J. L., & Katula, M. C. (2001). Does Service Affect Citizenship?. *Administration & Society, 33*(3), 330-365.

Pincoffs, E. L. (1986). *Quandaries and virtues: Against reductivism in ethics, Lawrence*. KS: University Press of Kansas.

Pittman, K. J. (1996). What is youth development? Preventing Problems or Promoting Development. Competing Priorities or Inseparable Goals?. *Retrieved January 8*, 2002.

Robbins, S. P. (1983). *Organizational behavior: concepts, controversies and applications*. Englewood Cliffs; London: Prentice-Hall.

Rogers, D. J. (1972). Random search and insect population models. *Journal of Animal Ecology, 41*, 369-383.

RoSPA: Royal Society for the Prevention of Accident. (February 2012). Effective safety education revisited. https://www.rospa.com/School-College-Safety/Teaching-Safety/Ten-Principles.aspx

Rummler, G. A., & Brache, A. P. (1995). *Improving Performance: How to Manage the White Spaces on the Organizational Chart*. San Francisco: Jossey-Bass.

Rusnak, T. (1998a). Introduction: The six principles of integrated character education. In T. Rusnak (Ed.). *An integrated approach to character education*. NY: Macmillan Publishing Company.

Rusnak, T. (1998b). Integrating character in the life of the school. In T. Rusnak (Ed.). *An integrated approach to character education*. NY: Macmillan Publishing

Company.

Ryan, K., & Bohlin, K, E. (1999). *Building character in schools: Practical ways to bring moral instruction to life*. San Francisco, CA: Jossey-Bass.

Ryan, K., & Cooper, J. M. (2000). *Those who can, teach*. Boston, MA: Houghton Mifflin Company.

Ryan, R. M., & Deci, E. L. (2000). Self-determination theory and the facilitation of intrinsic motivation, social development, and well-being. *American Psychologist, 55*(1), 68-78.

Ryan, R. M., & Deci, E. L. (2000). Self-determination theory and the facilitation of intrinsic motivation, social development, and well-being. *American Psychologist, 55*, 68-78.

Schunk, D. H., Pintrich, P. R., & Meece, J. L. (2010). *Motivation in education: Theory, research, and applications*. NJ: Pearson.

Sears, S. (1982). A definition of career guidance terms: A national Vocational Guidance Association perspective. *The Career Development Quarterly, 31*(2), 137-143.

Sternberg, R. J., & Williams, W. M. (2010). *Educational psychology*(2nd ed.). Upper Saddle River, NJ: Pearson Education, Inc.

Super D. E. (1980). A Life-Span, Life-Space Approach to Career Development. *Journal of Vocationa Behavior, 16*, 282-298.

Super, D. E. (1957). *The psychology of career*. NY: Harper

Tiedman, D. V., & O'Hara, R. P. (1963). *Career Development: Choice and Adjustment*. NY: College Entrance Examination Board.

Torrance, E. P. (1977). *Creativity in the Classroom: What Research Says to the Teache*r. Washington DC: NEA.

Toseland, R. W., & Rivas, R. F. (2001). *An introduction to group work practice*. Boston: Allyn and Bacon.

Wade, R. C., & Saxe, D. W. (1996). Community Service-Learning in the Social Studies: Historical Roots, Empirical Evidence, Critical Issues. *Theory & Research in Social Education, 24*(4), 331-359.

Weber, W. (1994). *Wege zum helfenden Gespräc*h. München: Reinhart Ernst.

Williamson, E. G. (1950). *Counseling Adolescents*. NY: McGraw-Hill

Winton, S. (2011). Does character education really support citizenship education?:

Examining the claims of an Ontario Policy. In J. L. DeVitis & T. Yu (Eds.). *Character and moral education*. NY: Peter Lang.
Zunker, V. G. (1994). *Career counseling: Applied concepts of life planning*. Pacific Grove, CA: Brooks/Cole.

미래를 여는 청소년학회. (2024). f-youth.or.kr
청소년활동진흥법 시행규칙. (2024). www.law.go.kr
한국청소년복지학회. (2024). youthwelfare.org
한국청소년상담학회. (2024). koyca.net
한국청소년시설환경학회. (2024). kyouth.or.kr
한국청소년학회. (2024). kyra.or.kr/index.asp
한국청소년활동진흥원. (2024). www.youth.go.kr
한국청소년활동학회. (2024). youth.jams.or.kr/co/main/jmMain.kci

AUTHORS

저자소개

김동일

교육학박사

광신대학교 초빙교수

박경원

사회복지학박사

광주보건대학교 전임교수

천은영

문학박사

호원대학교 전임교수

유승창

문학박사

나주대학교 전임교수

강동주

사회복지학박사

한성대학교 전임교수

전대성

행정학박사

경북전문대학교 전임교수

고경자

다문화학박사

성운대학교 전임교수

오현숙

사회복지학박사

호산대학교 전임교수

청소년지도방법론

초판 1쇄 인쇄 / 2025년 2월 5일
초판 1쇄 발행 / 2025년 2월 10일

•

공저자 / 김동일 · 박경원 · 천은영
유승창 · 강동주 · 전대성
고경자 · 오현숙
발행인 / 이 중 수
발행처 / **동 문 사**

•

서울특별시 서대문구 홍제원 1길 12
(홍제동 137-8)
Tel: 02)736-3718(대), 736-3710, 3720
Fax: 02)736-3719

등록번호: 1974.04.27. 제9-17호
가격: 21,000원

•

ISBN: 979-11-6328-632-5 (93370)

E-mail: dong736@naver.com
www.dongmunsa.com